"十四五"时期国家重点出版物出版专项规划项目

城市地下空间出版工程·城市地下物流系统研究前沿

城市地下物流系统成本-效益评估研究

◎ 董建军　许元鲜　著

同济大学出版社
TONGJI UNIVERSITY PRESS
·上海·

图书在版编目(CIP)数据

城市地下物流系统成本-效益评估研究 / 董建军,许元鲜著. --上海：同济大学出版社,2025.5.
ISBN 978-7-5765-1430-8

Ⅰ. F570.8

中国国家版本馆 CIP 数据核字第 2024AA4023 号

城市地下空间出版工程·城市地下物流系统研究前沿
城市地下物流系统成本-效益评估研究
Research on the Cost-Benefit Assessment of Urban Underground Logistics System

董建军　许元鲜　著

策划编辑：吕　炜　胡晗欣
责任编辑：陆克丽霞
责任校对：徐逢乔
封面设计：潘向蓁

出版发行	同济大学出版社　www.tongjipress.com.cn (地址：上海市四平路1239号　邮编：200092　电话：021-65985622)
经　销	全国各地新华书店、建筑书店、网络书店
排版制作	南京文脉图文设计制作有限公司
印　刷	上海安枫印务有限公司
开　本	787mm×1092mm　1/16
印　张	13.25
字　数	331 000
版　次	2025年5月第1版
印　次	2025年5月第1次印刷
书　号	ISBN 978-7-5765-1430-8
定　价	118.00元

版权所有　侵权必究　印装问题　负责调换

前 言

在物流需求爆发式增长的背景下,物流供需矛盾日益加剧。传统的基于道路系统的城市物流模式给城市交通、环境和安全带来的负面影响已成为突出的民生问题,同时也是重大的经济问题和社会问题。向地下要空间来发展城市地下物流系统(Underground Logistics System,ULS)是中国式现代化背景下调和物流供需矛盾的必然趋势。2019 年,《北京城市副中心控制性详细规划(街区层面)(2016 年—2035 年)》提出利用地铁网络建设地下物流配送系统,并获得中共中央、国务院的批复。这是我国地下物流系统第一个正式的试点工程。2019 年 9 月中共中央、国务院印发的《交通强国建设纲要》以及 2022 年 1 月国家发展改革委印发的《"十四五"现代流通体系建设规划》均提出发展地下物流/货运系统、构建智能绿色综合交通体系的战略目标。发展地下物流系统能提高城市物流的可持续性,助力中国城市物流打造"中国创造"的新名片。

本人一直致力于隧道工程、城市地下空间规划和管理科学与工程领域的交叉学科研究,主要研究方向包括复杂工程项目管理、隧道与地下工程安全管理、地下空间规划与开发运营。近年来,本人在地下物流系统方面开展了大量的研究和实践工作,全程参与了多项国内地下物流项目的可行性研究,例如"雄安新区地下物流系统规划与设计""青岛上合示范区地下物流系统规划与设计""虹桥国家会展中心地下货物运输方案设计""上海港地下集装箱捷运系统方案""青岛市基于既有人防设施的地下物流系统设计""北京城市副中心地铁-地下货运系统规划"等;同时,承担了国家自然科学基金面上项目"基于地铁的城市地下物流系统成网机理、布局优化与实施路径"等众多的国家级课题。这些经历让我深刻地认识到中国特色地下物流系统正从理论研究向大规模落地应用跨越,急需成套的基础理论予以支撑。

地下物流系统具有复杂系统特征和多学科交叉属性,其研究融合了系统科学、土木交通、管理学、城市规划、物流与供应链等多个学科领域。近年来,随着试点项目的相继落地,地下物流系统的相关研究在数量、广度及所涉领域和认可度方面均逐年提升。从效益层面来看,不同城市背景下地下物流系统综合效益的生成机理及其测度的复杂边界条件不尽相同,且会对项目决策产生巨大影响。从成本层面来看,基于全生命周期理论,系统解构地下物流系统的成本要素,通过设计成套的规划方案来降低建设和运营成本是促进项目发展的一项重要任务。因此,有必要对地下物流系统的成本-效益评估理论进行梳理和总结,使相关专业人员和关注地下物流系统的从业人员对此能有更深刻的认知,从而对后续研究和实践工作起到一定的促进作用。

本书广泛收集了国内外城市地下物流系统成本-效益方面的最新研究成果和实践案例，并据此提出了复杂实施情景下的城市地下物流系统成本-效益评估理论。具体而言，本书围绕成本-效益的生成机理分析、以其为目标的基础设施网络规划和复杂利益相关者互动情况下的实施绩效评估等问题开展了深入探讨。就城市地下物流系统成本-效益评估而言，希望本书能为读者提供多方位的解读视角。

本书由本人与南京审计大学许元鲜讲师合著完成，所属丛书"城市地下空间出版工程·城市地下物流系统研究前沿"有幸被列为"十四五"时期国家重点出版物出版专项规划项目，并得到国内外同行专家的大力支持。特别感谢钱七虎院士在本书撰写过程中提供的指导和帮助。感谢中国岩石力学与工程学会地下空间分会的同仁、陆军工程大学任睿副教授、三江学院潘欣维讲师以及课题组的鲁世博、刘青、孙波、侯龙龙等同学为本书的出版所付出的辛劳工作。感谢同济大学出版社对本书出版发行的大力支持。

鉴于本人学术、科研水平有限，书中难免存在一些论述不够严谨的内容和值得商榷的观点，希望同行和专家予以批评指正。本书在撰写过程中参考了国内外一些专家学者的著作和论文，已在各章结尾的参考文献中一一列出，但部分文献可能会有遗漏，在此，向这些文献的作者表示深深的谢意。

董建军

2025 年春于南京

目 录

前言

第 1 章　地下物流系统概述　001
1.1　地下物流系统实施背景　001
1.2　地下物流系统相关研究　003
1.3　本章小结　012
参考文献　012

第 2 章　地下物流系统全生命周期成本评估方法　015
2.1　地下物流系统全生命周期成本理论　015
2.2　地下物流系统全生命周期成本影响因素　019
2.3　地下物流系统全生命周期成本模型　021
2.4　成本动因要素对地下物流系统全生命周期成本的影响　025
2.5　本章小结　032
参考文献　033

第 3 章　成本不确定情况下基于地铁的地下物流系统网络资源联合优化　035
3.1　基于地铁的地下物流系统网络资源配置问题描述　035
3.2　成本不确定情况下基于地铁的地下物流系统网络资源优化配置模型　039
3.3　NSGA-Ⅲ算法设计　047
3.4　网络资源配置优化结果分析　048
3.5　本章小结　056
参考文献　057

第 4 章　　　　　基于地铁的地下物流系统运作成本优化方法　　059
4.1　　　　　　　考虑能耗的成本优化问题分析　　059
4.2　　　　　　　列车节能运行成本优化模型　　062
4.3　　　　　　　考虑站点设备衔接调度的运作成本优化模型　　070
4.4　　　　　　　基于地铁的地下物流系统运作成本优化结果分析　　075
4.5　　　　　　　　　　　　　　　本章小结　　082
　　　　　　　　　　　　　　　　　参考文献　　083

第 5 章　　　基于 AnyLogic 的地下物流系统运作成本仿真研究　　084
5.1　　　　　　　　　　　AnyLogic 仿真技术概述　　084
5.2　　　　　　　基于地铁的地下物流系统运作流程仿真规则设计　　087
5.3　　　　　　　基于地铁的地下物流系统动态运行建模过程　　093
5.4　　　　　　　基于地铁的地下物流系统运行仿真结果及成本分析　　098
5.5　　　　　　　　　　　　　　　本章小结　　103
　　　　　　　　　　　　　　　　　参考文献　　104

第 6 章　　　考虑多式联运成本的城市级地下物流网络布局优化　　105
6.1　　　　　　　城市级地下物流网络多式联运成本分析　　105
6.2　　　　　　　城市级地下物流网络布局优化模型构建　　108
6.3　　　　　　　　　　　南京仙林地区案例分析　　113
6.4　　　　　　　　　　　　　　　本章小结　　134
　　　　　　　　　　　　　　　　　参考文献　　134

第 7 章　　　　　地下物流系统综合效益生成机理研究　　135
7.1　　　　　　　　　地下物流系统综合效益研究现状　　135
7.2　　　　　　　　　地下物流系统综合效益内涵刻画　　138
7.3　　　　　　　　地下物流外部效益货币化评估框架　　141
7.4　　　　　　　基于北京地下物流系统案例的综合效益研究　　150
7.5　　　　　　　　　　　　　　　本章小结　　156
　　　　　　　　　　　　　　　　　参考文献　　157

第 8 章　　　　　网络扩展下的地下物流效益研究　　161
8.1　　　　　　　考虑综合效益的地下物流网络扩展问题分析　　161

8.2 网络扩展模型构建 162
8.3 网络扩展模型参数设置和模型测试 169
8.4 网络扩展下的地下物流效益仿真分析 172
8.5 本章小结 176
参考文献 176

第 9 章 利益相关者互动视角下的地下物流效益研究 179
9.1 利益相关者互动视角下的地下物流发展及其效益分析 179
9.2 利益相关者互动视角下的地下物流效益仿真模型构建 180
9.3 北京市核心功能区案例数据检验与仿真场景设置 186
9.4 利益相关者互动视角下的地下物流效益仿真结果讨论 189
9.5 地下物流项目实施激励措施分析 193
9.6 本章小结 194
参考文献 195

第 10 章 地下物流系统成本-效益研究展望 197

第1章 地下物流系统概述

地下物流系统作为一类新型城市基础设施，具有鲜明的发展特征。本章主要围绕项目实施背景和既有相关研究成果开展系统性论述，从地下物流系统的基本概念和可行性、基于地铁的地下物流系统以及成本和效益几个方面的研究现状入手，对当前的研究热点和研究总体框架进行了分析，从而为后续章节提供基础理论支持。

1.1 地下物流系统实施背景

在物流需求爆发式增长的背景下，物流供需矛盾日益加剧。传统的城市物流模式是基于道路系统运行的，这种模式对城市交通、环境和安全产生了负面影响。如今，这些负面影响已成为突出的民生问题，同时也构成了重大的经济问题和社会问题。尽管近年来我国十分重视可持续发展，但是诸如交通拥堵、资源短缺、大气污染等由经济快速发展带来的一系列城市问题仍然十分严重。据《2023年第3季度中国城市交通报告》统计，2023年中国百城通勤高峰拥堵排名前十的城市中，北京依旧位列第一，其人均通勤耗时超过43 min。此外，根据瑞士空气净化信息科技公司IQair发布的《2022年全球空气质量报告》，世界上污染最严重的前150个城市中中国占了37个，这表明我国在发展经济和治理大气污染协同工作方面仍有很长的路要走。综上所述，城市经济健康可持续发展是我国各级政府、企业和学界需要关注的重点问题。

现代物流体系的高效有序运行为我国成为世界第二大经济体提供了有力支撑。然而，物流体系中的运输、仓储和配送活动却成了城市问题的病因。以电商为例，其快递需求量的增长（2023年全国快递业务量同比增长19.4%）导致城市交通堵塞愈发严重。世界经济合作与发展组织发布的《配送：21世纪城市货运的挑战》中指出，发达国家货运车辆造成的城市环境污染占比为40%～60%。此外，传统的城市货运还带来了噪声污染、地面土地资源紧缺等诸多问题。

地下物流系统（Underground Logistics System，ULS）是当前国际上公认的有效解决城市货运问题的一种创新模式，通过城市内部及城市之间的地下小直径管道或大直径隧道连接物流园区和终端;同时,ULS 也是具备高度智能化、集约化、绿色化的专用城市货运配送系统。ULS 具有释放地面土地资源、环境友好、自动化程度高等优势,作为未来城市货运交通系统的核心,是实现城市货运可持续化的一种有效方案。

当前,我国在地下空间、交通、物流领域的支持性政策(图 1-1)、绿色发展需求、整体技术实力等都为 ULS 的实施提供了"红利"环境。2015 年,党的十八届五中全会把"绿色"作为国家建设的五个发展理念之一。各行各业向可持续和绿色发展模式转变的需求变得更为迫切。北京、青岛、济南等地都积极开展局部地区 ULS 网络规划研究项目,京东、顺丰等"领头羊"企业也在探索 ULS 的原型设计。

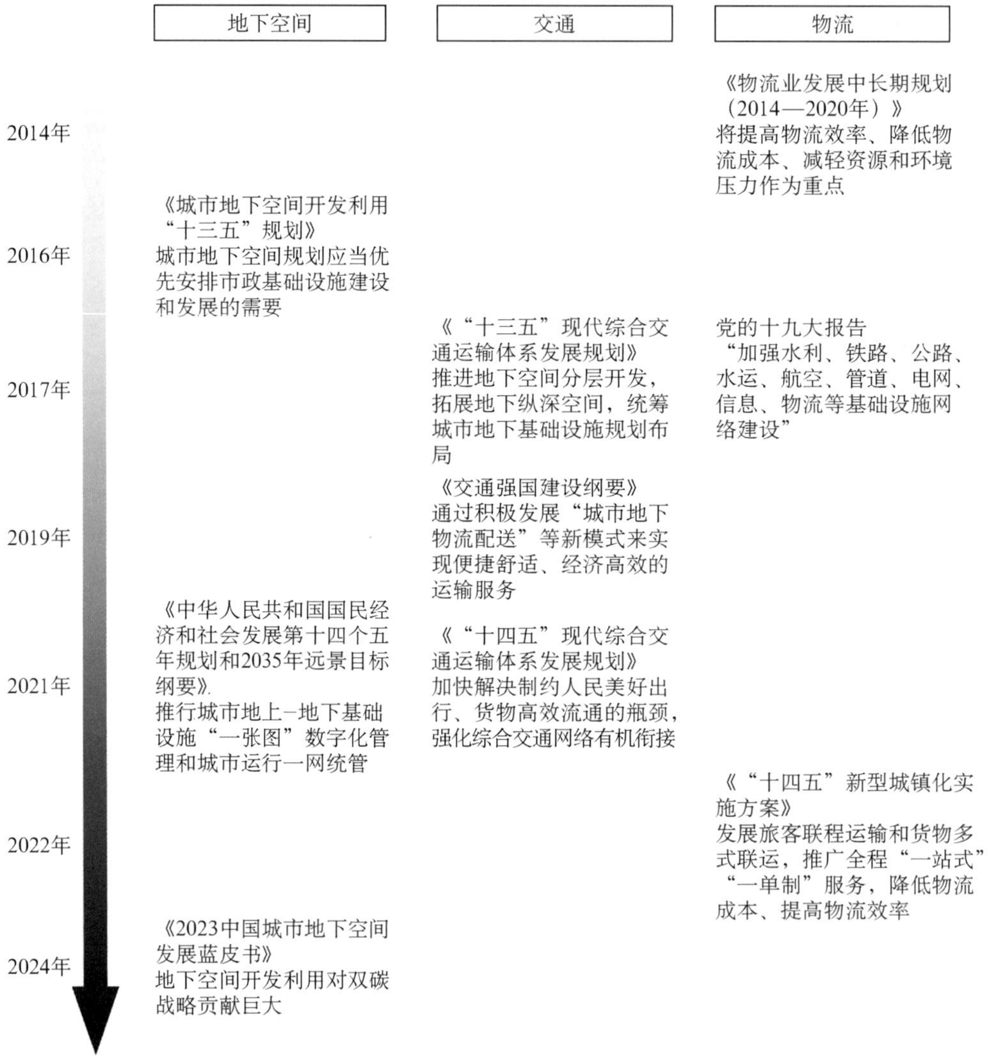

年份	地下空间	交通	物流
2014年			《物流业发展中长期规划(2014—2020年)》将提高物流效率、降低物流成本、减轻资源和环境压力作为重点
2016年	《城市地下空间开发利用"十三五"规划》城市地下空间规划应当优先安排市政基础设施建设和发展的需要		
2017年		《"十三五"现代综合交通运输体系发展规划》推进地下空间分层开发,拓展地下纵深空间,统筹城市地下基础设施规划布局	党的十九大报告"加强水利、铁路、公路、水运、航空、管道、电网、信息、物流等基础设施网络建设"
2019年		《交通强国建设纲要》通过积极发展"城市地下物流配送"等新模式来实现便捷舒适、经济高效的运输服务	
2021年	《中华人民共和国国民经济和社会发展第十四个五年规划和2035年远景目标纲要》推行城市地上-地下基础设施"一张图"数字化管理和城市运行一网统管	《"十四五"现代综合交通运输体系发展规划》加快解决制约人民美好出行、货物高效流通的瓶颈,强化综合交通网络有机衔接	
2022年			《"十四五"新型城镇化实施方案》发展旅客联程运输和货物多式联运,推广全程"一站式""一单制"服务,降低物流成本、提高物流效率
2024年	《2023中国城市地下空间发展蓝皮书》地下空间开发利用对双碳战略贡献巨大		

图 1-1 2014—2024 年我国关于地下空间、交通、物流发展方面的重大政策

美国、日本、荷兰等发达国家早就有将 ULS 落地的多次尝试,但是项目至今都没有成功运行。从 ULS 试点项目及以往的研究可以看出：第一，ULS 的各项高昂成本费用是其至今未能成功运营的一个重要原因；第二，ULS 效益研究侧重于定性分析、单个效益非货币形式的量化等，缺乏系统性研究，导致利益相关各方看不到高额投入背后的巨大回报；第三，ULS 只有形成网络之后，才能凸显出其在效益方面的巨大优势。

综上所述，与 ULS 效益相关的研究亟须由定性向定量、分散向系统、单线向网络、静态向动态转变，以促使 ULS 成功落地并运营。鉴于此，本书以国家自然科学基金重点项目《新型城镇化导向下的城市地下物流系统集成与管理研究》和国家自然科学基金面上项目《基于地铁的城市地下物流系统成网机理、布局优化与实施路径》为依托，从成本-效益生成机理、评估框架构建、成本-效益度量以及考虑成本-效益的网络布局优化与运行组织调度策略设计等方面开展 ULS 成本-效益评估相关研究。

1.2 地下物流系统相关研究

1.2.1 地下物流系统的原型设计与可行性研究

1. 技术形式与发展历程

ULS 的概念源自 Zandi 等于 1976 年首先提出的"将货物从地面转移到地下"的设想。经过 40 多年的研究和发展，ULS 被定义为通过地下隧道或管道在城外物流园区和城内需求点之间进行货物运输的运输系统。ULS 作为能够处理大多数城市货运需求的基础设施，可执行一切城市物流流程所包含的具体操作，例如满足不同包装类型的城市内干线运输，包括拆包装、转运、流通加工、仓储和配送过程。

在 ULS 的整个发展过程中，逐渐形成了两个流派。一个流派专注于 ULS 运输技术（如驱动力、机车原型等）的发展，目前已有多种技术形式在实践中得到应用。表 1-1 展示了世界范围内部分 ULS 案例实践，当前世界范围内的地下物流系统实践大多处于研发阶段。另一个流派则是从管理决策角度来研究 ULS 的设施布局和网络运营。随着 ULS 网络运行机制的提出，人们对 ULS 优势的认识也在不断深化。如今，ULS 网络已从单线模式发展为网络模式。从成本、效率和资源分配等多目标优化的角度进行考量，包含了多个管道直径的分层中心辐射型网络或许是 ULS 的最优网络形式。

表 1-1　　　　　　　　　全球地下物流系统实践案例

项目名称	国家/地区	技术形式	起止年份	状态
Pneumatic Despatch	英国伦敦	PCP[①]	1853—1869	废止
Underground Parcel System	美国芝加哥	轨道列车	1906—1959	废止
Freight Pipeline	美国	PCP、HCP[②]	1975—1988	规划取消
Sumitomo	日本	PCP	1980—2000	废止

（续表）

项目名称	国家/地区	技术形式	起止年份	状态
Alameda Corridor	美国洛杉矶	轨道列车	1994年至今	运行
OLS	荷兰阿姆斯特丹	AGV③	1994—2005	研究暂停
UCM	比利时安特卫普	传输带	2005—2010	研究暂停
Pipe§net	意大利佩鲁贾	真空管	2009年至今	研发
UCTS	中国上海	轨道列车	2010年至今	研发
Mole	英国曼彻斯特	轨道列车	2012年至今	研发
UFT	美国得克萨斯	轨道列车	2014年至今	研发
Hyperloop One	美国	真空管	2017年至今	建设中
Cargo Sous Terrain	瑞士	轮制列车	2018年至今	建设中
Magway	英国伦敦	磁悬浮	2019年至今	融资
雄安新区地下货运系统	中国雄安	轨道列车	2017年至今	研发

注：① PCP：Pneumatic Capsule Pipeline，气动胶囊管道。
② HCP：Hydraulic Capsule Pipeline，液压胶囊管道。
③ AGV：Automated Guided Vehicle，自动导向车。

经过多年深入研究，ULS的发展进程可分为以下三个阶段。

(1) 以缓解拥堵为目标的阶段。ULS最初是作为改善交通的专用定向货运管道出现的，主要服务于具有交通压力或货运效率提高需求的区域和路段。在此阶段，ULS仅作为以货运技术探索为主的专业货运设施。当时的主流技术形式包括气动胶囊管道（PCP）[1]、液压胶囊管道（HCP）[2]、电力驱动的CargoCap[3]和基于真空管的Pipe§net[4]。荷兰的地下物流系统(荷兰语Ondergronds Logistiek Systeem，OLS)利用自动导向车(AGV)作为运输工具在地下隧道运行。日本的两用卡车(Dual Mode Truck，DMT)被设计用于在一般道路和ULS特殊轨道上行驶。总结该阶段对ULS的研究，可以认为各种技术形式的ULS都应满足承担城市各类货运的需求，且独立于城市客运系统。

(2) 以物流效率为目标的阶段。自从将ULS定义为先进的地下货物运输系统以来，整合城市中所有货物运输和存储的ULS网络的概念逐渐发展起来。ULS一直被视为提升物流业服务质量、提高城市物流水平的有效手段，有望创造出更大的经济效益。当采用ULS替代地面大部分货运车辆时，不但能够有效缓解区域交通的拥堵状况，而且可以借助网络化物流资源集成以及稳定的物流环节运作来提升货物周转量。物流效率提升的同时大大降低了物流运输成本，使得ULS拥有更大的货运服务定价空间。

(3) 以多因素为目标的阶段。现代ULS旨在通过多层级网络化基础设施实现城市内的货物配送。ULS在能源与碳减排、城市可持续性背景下的非接触式分配等方面面临着新的要求，这使得ULS的规划与发展具有了更为复杂的优化目标。

2. 网络规划与效益评价

ULS 网络规划设计需依据城市区域货运需求的分析预测结果、地区自然地质条件以及发展规划要求等多方面因素来确定 ULS 的技术形式和网络规划形态。由于实际工程耗费金额巨大且国际上可借鉴的成功实践经验十分有限，当前研究常采用仿真手段来解决 ULS 的网络布局和优化问题。

ULS 网络规划主要集中于以下三种形式。

1) 局部区域专线货运网络

针对多个城市物流门户，如海港、空港、铁路枢纽、区域物流园区之间的集装箱或货运单元的转运或集疏运需求，设置"门户对接式"地下货运专线运输网络，用于解决大型物流终端货物快速疏散以及区域拥堵问题。例如，荷兰的 OLS，为了提升鲜花运输的效率，利用地下货运专线连接鲜花市场和机场物流终端；上海外高桥场桥与嘉定物流园区之间建立地下集装箱货运专线，以分摊港区集装箱转运量，降低区域拥堵率。

2) 独立 ULS 网络

城市内部的独立 ULS 网络主要服务于城市内各区域的货运需求。在城市周边大型物流园区和城市内关键货运站点之间建立 ULS 干线运输网络，依据城市物流需求特征和物流设施分布情况设置多层级 ULS 网络。尽管不同结构形式的独立网络化的 ULS 可以分阶段建设，并覆盖有城市干线运输需求的主要区域，但考虑到系统需求和经济性，ULS 网络难以覆盖城市物流环节中的上游货物接收和下游末端配送。因此，在系统运作过程中，其无法避免与城市综合交通系统进行多式联运。多层级的 ULS 网络被证明具有服务覆盖面广、物流配送效率高、系统集成管理程度高等优势。

3) 与其他基础设施相结合的地下货运网络

ULS 与其他类型的地下基础设施协同共建是城市地下空间综合利用的新趋势。一方面，由于不需要对原有地下工程结构进行重点更改，从而降低了 ULS 的建设成本；另一方面，增强了城市地下空间规划的整体性和可持续性。例如，与城市地铁相结合的地铁货运系统，利用地铁基础网络并改造部分车站和机车以满足货运需求设计；利用城市地下综合管廊沿街道布置小管径气动胶囊仓或传送带来实现 ULS 末端配送。

在地下物流网络的效益评价方面，现有研究主要基于工程实施管理视角，围绕交通效益、物流效益、环境效益和社会效益四个方面做了系统性研究。ULS 效益评价框架可以从宏观层面进行总结，如表 1-2 所列。当前对 ULS 的效益研究大多仅分析一个或几个效益指标，尽管缺乏评估 ULS 效益的系统框架，但相关的定量计算可被借鉴用于微观层面 ULS 效益指标公式的构建。

表 1-2　　　　　　　　　　ULS 效益主要类别

效益类别	解释
交通效益	ULS 通过替代道路货车来缓解交通拥堵，减少交通事故

(续表)

效益类别	解　　释
物流效益	ULS对城市无序货流的集成管理能够改善物流效益
环境效益	ULS通过替代燃油货车从而减轻环境负面影响
社会效益	ULS节约了土地资源并改善了城市立体空间结构的合理性

在环境效益层面,围绕地下物流系统的实施对于碳排放、环境污染的影响已经开展了大量的研究工作。研究结果表明,地下物流系统不仅可以从运输营收和减少污染中获得显著收益,而且比卡车运输更具经济竞争力,还能缓解交通拥堵,减少碳排放。在成本-效益层面,中国北京、韩国首尔、西班牙马德里、加拿大多伦多等研究案例表明,相较于传统地面货运,网络化运作的ULS不仅具有很好的成本优势,而且具有巨大的交通、环境及社会效益。尤其是在疫情等突发场景下,ULS凭借运营灵活、不受地面货运干扰、"无接触式配送"等优势,不仅有助于降低疫情传播风险,还能有效提高城市物流效率。此外,有学者从综合效益角度对ULS展开研究,讨论了不同融资策略下ULS的发展路径,并考虑了能源、安全、土地资源、交通和环境五种外部效益。研究结果表明,ULS在物流服务能力和盈利能力等方面具有一定的竞争力。

1.2.2　基于地铁的地下物流系统研究现状

1. 技术概念及运作模式

基于地铁的地下物流系统(Metro-based Underground Logistics System,M-ULS)作为ULS概念发展中的一条重要分支,旨在利用城市轨道交通基础设施(既有的或新建的)实现客货协同运输。由于无须重新建设一套完全独立的ULS,M-ULS便能大大减少前期建设成本,从而受到众多研究者的关注。

经过多个国家和地区的研究及工程实践,M-ULS的多种运作模式陆续涌现。1927年建造的伦敦邮政铁路系统利用地铁运输邮件,首次实现了客货共运的运作模式。以英国的Motraghi等[5]为代表的学者们,聚焦于纽卡斯尔地铁系统的网络特征,在无须对既有基础设施和网络大幅改造的情况下,提出了一种客货混运方案,并且还深入探讨了多种类型货物在M-ULS中运输的可行性。日本札幌于2010年开始在客运列车内设置单独的货物放置区,以实现基于地铁的货物配送[6]。苏黎世的Cargo Tram系统[7]和维也纳的GüterBim系统[8]则利用单线电车和轻轨在郊区工厂与城市内商场间运送原料和产品。这类M-ULS运作模式主要的设计理念是将小型移动集装箱放置在乘客舱内,或者将附加的货运车厢与客运车厢连接。尽管其对原有地铁基础设施的改变较少,附加成本很低,但这种运作模式的运力极其有限,且难以实现无人化操作。

为实现更大的运输能力,并考虑到未来朝着智能化、自动化方向发展的潜力,一种客运列车与货运列车协同运输的地铁货运系统运作模式应运而生,也就是客货分离式运作模式。在该模式中,两类机车共用地铁轨道,独立错班运行。货运列车的运行未与客运列车绑定,这一特性使其运输调度更具灵活性,可以实现地铁网络中大量货物的运输和周转。鉴于此,可以适度扩增地铁系统内物流相关设施设备的容量,并且在系统货运的各个环节嵌入全自动化机械设备,从而实现货物在系统内的快速流转。

总体而言,客货混载式、拖挂式和客货分离式是当前 M-ULS 三种主流的协同运作模式,如表 1-3 所列。然而,客货混载模式因货运承载量有限,且货物放置于客运车厢内可能对乘客和正常客运产生负面影响,因此该模式不适用于高需求量的地铁货运。拖挂式和客货分离式则基于地铁机车的协同运作,且具有更大的货运潜力,目前获得了较多的研究关注。拖挂式尽管运行受到客运列车排班的强约束,但广泛的服务范围以及低廉的改造成本使其依旧具有一定优势。客货分离式虽具备更大载货量以及更灵活的列车调度优势,但同时也存在建设成本高昂以及在客运高峰时排班困难等不可忽视的劣势。

表 1-3   M-ULS 的主流协同运作模式

协同运作模式	模式 1:客货混载式	模式 2:拖挂式	模式 3:分离式
案例	英国纽卡斯尔地铁项目	法国巴黎 Monoprix	荷兰阿姆斯特丹 CityCargo
	日本札幌地铁项目	意大利罗马 FRT-PRT 系统集成设计	英国伦敦地铁 Mail rail

2. 网络设计及运作优化研究

相较于工程实践与可行性研究而言,关于 M-ULS 网络规划方面的研究目前仍处于发展阶段,当下的研究正逐步从单线网络朝着多线网络和复杂网络转变。其中,枢纽选址、配送路径优化以及列车调度等相关问题已受到广泛关注。

针对地铁-货运的优化选址问题,目前学者们主要以服务能力、货流和区域可达性或最小成本作为目标,采用 Voronoi 优化算法等方法,结合 TOPSIS 方法进行评估,构建了混合整数规划最优选址模型,然后利用上海、南京等地的地铁案例来证明最优选址模型的有效性,得到的结论是不仅可以有效降低物流成本,还能提升物流效率。此外,胡万杰等[9]针对传统物流设施与统一物流系统之间的位置关系,讨论了统一货运组织模型下不同网络层次的成本节约效果。

在 M-ULS 运行组织调度方面,当前研究主要聚焦于时间窗约束下的客-货运协同调度。Hu 等[10]通过建模对 M-ULS 的运输策略进行比较,评估了 M-ULS 开发所需的

37项关键技术,并设计了一个同时承担客运和货运的地铁站改造方案。Ghilas等[11]考虑同时取货和交付及时间窗的约束条件,利用自适应大邻域搜索算法研究通过固定公交路线运输货物的车辆调度问题,并以荷兰阿姆斯特丹地铁网络作为案例进行验证。Behiri等[12]以地下货物总等待时间最小为优化目标,提出一套混合优化-仿真方法,以"大巴黎"项目为背景,研究了客货列车协同调度问题。Dong等[13]基于南京主城区构建了选址-分配-路径模型,并提出了具有多层级轴辐式网络结构的M-ULS布局优化方案。Ozturk和Patrick[14]提出将地铁线路里的部分站点改造为货运枢纽,在确定需求的基础上,综合考量不同客户的交货时间窗,进而研究客货分离模式下最优的列车排班和货物分配计划。周芳汀等[15]构建了以货物平均送达时间最小为优化目标的站点选址和路径规划模型,之后进一步考虑地铁列车运行时刻表,加入时间窗和配送车辆容量等约束,构建了地铁货物配送网络的优化模型[16]。Hu等[10]从不确定需求和成本角度出发,针对北京地铁货运项目设计了双层M-ULS网络,并以固定成本、运营成本及低负荷运行惩罚成本最小作为优化目标,构建了一套涉及选址、分配、设施容量和管道布局的联合优化决策模型。

研究表明,与道路货运相比,M-ULS具有明显的优势:一方面,利用地下基础设施可实现快速稳定的货运,且能提供更优的交付效率和运输成本;另一方面,网络化的M-ULS运营除了可以显著提升城市应急能力,还能减少地面货运给城市带来的负外部性。而面对工程实施,针对M-ULS运营模式的相关研究则刚刚起步。Xie等[17]通过构建最佳服务问题模型,分析了不同定价对M-ULS运营收益的影响。研究表明,货运服务的引入在一定程度上将造成客运收益的损失。Ma等[18]基于参与M-ULS运营的地铁运营商和物流公司的互动关系构建了博弈模型。研究表明,地铁开展货运服务可以带来巨大的运营收益。

可以发现,当前的研究主要集中在决策M-ULS在城市中的网络规划布局及以流量分配和车辆调度为主的运营问题,鲜少涉及M-ULS运营参与方之间的相互作用、运营模式决策及市场下经济可行性的评价研究。对M-ULS成本效益的评估也仅仅停留在单个或多个指标,且更多的是以粗略的固定成本和运营成本作为优化目标。然而,M-ULS的顺利实施与落地,不但需要有布局合理的网络规划方案,而且更完整的成本效益评价,以及在实际运营过程中各利益相关者的合作模式决策等问题都迫切需要进一步深入研究。

1.2.3 地下物流系统成本研究现状

目前,ULS的成本生成机理尚不清晰,对成本的研究也不充分。考虑到ULS具备一般地下基础设施的特性,故参考地下基础设施等网络化基础设施的成本管理,从而为ULS的成本分析提供参考。

1. 地下基础设施全生命周期成本研究

全生命周期成本(Life Cycle Cost,LCC)这一概念最初被提出主要是美国军方用于军事装备的采购、维护以及报废成本评估,以此实现对军费的管控。之后,该概念被推广至民用企业，并在建筑、电力、环境、基础设施等诸多领域的经济评估中得到广泛应用。基于对 LCC 的多种定义，总结而言，LCC 是指项目或系统在设计、建造、运营、报废回收的整个生命周期内包含的所有相关成本和效益的总和。全生命周期成本分析法（Life Cycle Cost Analysis，LCCA）是在项目开发或购买之前，全面考量项目系统全生命周期内的所有关联成本因素，并对这些因素进行权衡优化，旨在获得最小的 LCC 方案，而非仅仅着眼于短期内的成本节约。

ULS 作为一种典型的大型基础设施，具有建设成本高、使用寿命长、投资风险高的特征。LCCA 能有效地评估地下基础设施的经济可行性，从而为项目决策提供依据。瑞典国家铁路公司利用 LCCA 有效地提升了铁路系统的经济效益。Zoeteman[19] 以荷兰高速铁路为例，针对铁路的规划设计和运营维护阶段，基于 LCC 构建了决策支持系统模型。同时，一些学者也基于 LCC 理论，针对性地提出了包含平面成本结构矩阵以及成本映射模型的成本结构体系，并据此来分析考虑了 LCC 的轻轨交通系统的经济可行性。陈进杰等[20] 采用 LCCA 定量分析了地铁各类成本指标的比重，并构建了城市轨道交通 LCC 的数学分析模型。Li 等[21] 基于价值链理论，并考虑到城市轨道交通系统的准公共产品属性，从内部成本和外部成本两个方面对城市轨道交通成本展开分析。其中，内部成本包括规划和设计成本、施工成本、运营成本；外部成本包括空气污染成本、交通事故成本和噪声污染成本。该研究依据总成本计算结果为城市轨道交通票价的合理定价提供了参考依据。针对城市轨道交通系统的 LCC 计算，学者们考虑了轨道交通系统的各种属性，评估了轨道交通系统地上与地下模式的 LCC。研究结果表明，车辆购置成本相比运营维护成本对全生命周期成本的影响更大，且在全生命周期成本方面，地下模式更优。Shang 等[22] 将可靠性与 LCCA 相结合，针对嵌入式轨道系统构建了 LCC 优化模型，并采用荷兰铁路故障数据验证了该模型对轨道更换或维修的决策制定具有辅助作用。孙悦等[23] 针对传统招标模式忽视城市轨道车辆运营成本的问题，将车辆 LCC 引入招标分析中，统筹考虑城市轨道交通车辆全生命周期内的各项成本，以实现企业整体利益最优。

当前，针对轨道交通系统的 LCC 尚缺乏一个系统的计算框架，对成本的构成、分类也存在不同的定义，对 LCC 的估算普遍还需要依据类似工程项目的经验数据。同时，LCC 中所占比重巨大的运营维护成本由于受轨道交通系统未来运输需求量、实际能源价格、经济增长率、折现率等多种因素的影响，因此很难获得准确率较高的结果。

2. 地下基础设施成本优化管理

若将 ULS 作为半公共性质的基础设施进行考量，其成本效益评估结果会直接影响决策者对项目实施与否的决策。由于地下工程具有特殊性，其建设成本往往比地面项目高出数倍，并且因相关工程实践案例匮乏，不确定的投资回报还会进一步削弱决策者的信心，所以，成本优化管理在 ULS 项目决策阶段是一项极为关键的议题。当前针对轨道交通系统的 LCC 优化通常是就某一阶段的某些成本，建立数学优化模型或提供优化方案，因而大部分研究针对的是 LCC 的局部优化，且多数研究集中于建设和运营阶段，通过技术手段或是运筹优化方法来控制系统的施工及运作成本。

1) 成本动因识别

尽管与地铁系统类似,但由于客运与货运在流量、流向、运输条件等方面存在巨大差异,ULS 的建设与运作在考虑系统需求特征的同时,也要保证运作过程中系统的安全性和稳定性。对于这样一个复杂系统而言,成本管理是其在战略层面针对长周期、多阶段发展进程进行规划、实施、运营和控制等操作时的一个重要环节。对于建设规模庞大、协同关系复杂且生命周期长的准公共基础设施项目,成本管理在降低成本的传统目标之外,还应充分考虑 ULS 的外部性以及远期系统的可持续发展需求。因此,从全生命周期的视角开展成本动因分析、解构多阶段系统成本构成、揭示成本发生关系,是 ULS 成本管理的重要步骤。

成本动因理论作为作业成本法的核心,其形成最初是为了探究企业生产过程中成本发生的驱动因素。国内外多位学者从不同的角度对成本动因进行了解释。总结来说,成本动因是一项作业与其相关联的作业资源(成本)之间的因果关系。依据成本性态、精度以及对系统战略发展的影响,可以对成本动因进行不同层面的分类,以便梳理分析成本动因的具体因素。成本动因分析在成本核算、项目规划、系统优化等方面具有广泛应用。

对于 ULS 而言,利用成本动因分析法能够为系统网络规划、资源优化配置、运作优化控制等提供关键的成本动因影响因素,这对于实现系统全阶段成本优化控制具有重要意义。

2) 建设施工阶段成本优化控制

在建设施工阶段,现有研究大多聚焦于工程建设的成本、碳排放和能耗优化等方面。Damci 等[24]针对当前线性基础设施项目基于位置施工调度方法的技术难度,提出一种铁路轨道建设的资源均衡优化模型,以提升整体线路的施工进度。陈进杰[25]针对城市轨道交通项目全生命周期的每个阶段提出相应的优化内容,并提出广义 LCC 优化数学模型。Kaewunruen 等[26]采用全生命周期评价法分析了京沪高铁各个阶段的碳排放、能耗和成本,发现消耗最大的是建设阶段,其次是运营阶段,并提出通过改进施工工艺、选择机械化施工等措施,以降低成本和减少对环境的影响。同时,也有对优化方法的改良,例如将遗传神经网络和免疫粒子群算法相结合,以优化地铁隧道施工及降低成本。赖丽萍等[27]以北京市城市轨道交通网络为例,针对复杂地铁网络,基于图论理论提出以总建设成本最低为目标的联络线布设规划方案。段晓晨等[28]构建了地铁工程建设虚拟集成动态优化控制技术系统,实现了对车站土建工程的动态管理,以及对施工工期和成本的优化控制。

3) 运营阶段成本优化控制

在运营阶段,现有研究大多聚焦于运输成本、容量、时间等运维要素的优化方面。Shang 等[29]对比分析了 3 个城市的轨道交通案例,发现网络化的城市轨道交通的运营成本较单线轨道交通的运营成本要低。采用单位成本总和法估算运输系统的运营成本时,可能会因同类项目可参考性不强或缺乏完整的工程设计方案,导致运营成本估算出现巨大偏差。Zhou等[30]结合统计分析和机器学习算法,根据规划项目的地理、经济、系统信息等相关变量对运营成本进行预测,该方法能够大大提升成本估算的准确性。Caetano等[31]针对有砟铁路轨道的维护和更新问题,集成镇流器、轨道和轨枕退化模型,提出混合整数线性规划优化模型。研究结果表明,优化轨道组件的分组、轨道段和更新操作的时间间隔,可降低轨道更新成本。另外,通过合理资源配置及优化系统运作流程和流量分配,可以控制运营成本。例如,考虑库存列车数量、线路运营列车数量以及服务频率和容量等因素,以乘客总出行成本最小为目标构建非线性规划模型,从而提供系统运营分层服务优化方案及系统最优乘客分配结果。赵军等[32]考虑车组的溜放与连挂、列车编组和调车线能力,以总加权解编调车成本最小为目标构建线性规划模型,进而获得铁路运营中调车线运用的优化方案。

考虑到ULS作为地下大型基础设施,除具备一般轨道交通系统特征外,还具有网络规划难、建设周期长、运营协同关系复杂等特点,因此,针对ULS的成本计算和优化管理,有必要依据网络结构、系统构成和具体运作过程来梳理成本计算和优化的影响因素。

1.2.4 地下物流系统效益研究现状

历年来,国内外学者对于ULS效益的构成一直有着不同的见解。尽管说法不一,但是大致可以归结为直接效益和间接效益这两类。目前,对于直接效益的研究较少,大多数研究主要聚焦于间接效益。综合不同的研究背景,学者们将间接效益分为社会效益、环境效益、交通效益、经济效益和防灾效益等。除此之外,还有学者对ULS的综合效益进行了考量,总结归纳出了ULS效益评估指标体系,如图1-2所示。

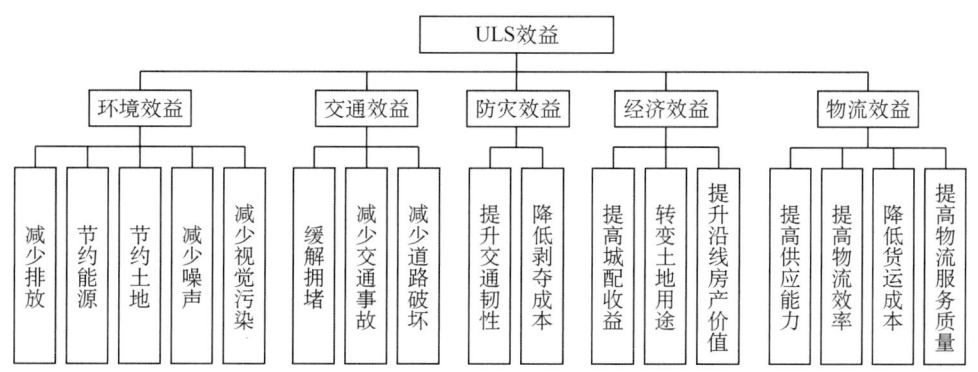

图1-2 ULS效益评估指标体系

结合ULS效益构成,近年来学者们开展了大量有关效益量化的研究。对于ULS效益量化的研究起步于21世纪初,直到2017年以后,国内外关于效益量化的研究开始逐渐增多。结合城市绿色可持续发展理念,学者们从系统动力学(System Dynamics,SD)方法、全生命周期方法以及货币化和非货币化形式出发,开展了两方面工作:一是进行交通、环境碳减排方面的量化研究,二是分析其对城市交通、物流、资源等方面的影响。有学者通过对具体城市以及ULS实施案例的研究,证明了ULS的集约化运作特点可以显著改善城市物流的负外部性,不仅可以缓解附近的交通拥堵、减少碳排放,也可以实现智能无人化运输,进而提高城市物流效率。目前,在对ULS效益的分析中,大多数研究基于单一案例,以碎片化的方式对单个效益进行定量分析。

ULS具有网络化和集约化的运输特征,可以显著缓减城市货运带来的负面影响。在效益指标体系构建方面,系统原型设计的相关研究中已涉及部分指标,案例实证研究中则针对单一或部分指标开展了相对零散的定量分析。针对不同的技术形式和网络形态,ULS效益评估需采用不同的方法。研究表明,ULS项目的实施在改善交通拥堵、提升物流效率、缓减空气污染、节约能源和土地资源等方面收效显著。虽然,现有研究大多仅定义并量化了单个效益或部分效益,并未形成一套完善的效益评估框架,但是既有的效益定量化计算方法可作为ULS效益评估指标构建的理论支撑。

早在1980年,国内学者就对城市地下空间综合效益中的社会效益进行了一系列研究。彭芳乐等[33]认为,城市地下空间的综合效益可分为五个方面:经济效益、社会效益、环境效益、防灾(含战备)效益和国土效益。他们使用模糊数学原理首次提出了城市地下空间综合效益的评价方法。姜韡和陈志龙[34]针对城市地下交通建设项目的社会效益和环境效益,提出了货币化计算方法,并总结得出地下交通建设项目方案的综合造价并不高于地面交通建设项目方案的综合造价。国内学者对城市地下空间综合效益的研究主要分为两类:一类是定性研究,以罗周全等[35]为代表,他们将地下空间总效益分为直接效益和间接效益,并分析各子效益对综合效益的影响与作用;另一类是定量研究,以王洋等[36]为代表,他们通过"有无对比法"和"地上地下对比法",构建了社会效益、环境效益、防灾效益量化指标体系的计算模型,以及综合效益评价指标的货币化计算方法。

1.3　本章小结

本章介绍了ULS的实施背景,梳理了ULS相关研究现状,并从两个方面对后续章节内容进行概括:

(1) 现代物流体系是中国经济的有力支撑,但城市物流需求的急剧增长引发了城市交通、环境污染、安全隐患等一系列问题。早期发达国家的实践经验表明,ULS是解决城市问题的一种可持续方案。同时,在我国政策支持下,国内学者围绕ULS展开了广泛研究。

(2) 本章回顾了ULS的发展历程。已有研究表明,ULS的成本和效益生成机理尚不清晰,亟须参考地下基础设施的相关研究,围绕ULS的成本-效益分析开展系统性研究。

参考文献

[1] Zahed S E, Shahandashti S M, Najafi M. Financing underground freight transportation systems in

texas: identification of funding sources and assessment of enabling legislation[J]. Journal of Pipeline Systems Engineering and Practice, 2018, 9(2): 6018001.1-6018001.5.

[2] Asim T, Mishra R, Abushaala S, et al. Development of a design methodology for hydraulic pipelines carrying rectangular capsules[J]. International Journal of Pressure Vessels and Piping, 2016, 146(31): 111-128.

[3] Kersting M, Klemmer P, Stein D. CargoCap-wirtschaftliche Transportalternative im Ballungsraum [J]. Internationales Verkehrswesen, 2004, 56(11): 493-498.

[4] Cotana F, Rossi F, Marri A. Pipe§net: application study and further development of system[C]// Proceedings of the 6th ISUFT, 2010.

[5] Motraghi A, Marinov M V. Analysis of urban freight by rail using event based simulation[J]. Simulation Modelling Practice and Theory, 2012, 25(1): 73-89.

[6] Kikuta J, Ito T, Tomiyama I, et al. New Subway-Integrated City Logistics System[J]. Procedia-Social and Behavioral Sciences, 2012, 39: 476-489.

[7] Strale M. The Cargo Tram: current status and perspectives, the example of Brussels[J]. Sustainable Logistics, 2014, 6: 245-263.

[8] Cleophas C, Cottrill C D, Ehmke J F, et al. Collaborative urban transportation: recent advances in theory and practice[J]. European Journal of Operational Research, 2019, 273(3): 801-816.

[9] 胡万杰,董建军,任睿,等. 基于客货协同的地铁货运系统设施规划研究[J]. 地下空间与工程学报, 2021,17(5):1351-1361,1375.

[10] Hu W, Dong J, Hwang B G, et al. A preliminary prototyping approach for emerging metro-based Underground Logistics Systems: operation mechanism and facility layout[J]. International Journal of Production Research, 2021, 59(24): 7516-7536.

[11] Ghilas V, Demir E, Van Woensel T. An adaptive large neighborhood search heuristic for the pickup and delivery problem with time windows and scheduled lines[J]. Computers and Operations Research, 2016, 72: 12-30.

[12] Behiri W, Belmokhtar-Berraf S, Chu C. Urban freight transport using passenger rail network: scientific issues and quantitative analysis[J]. Transportation Research Part E: Logistics and Transportation Review, 2018, 115: 227-245.

[13] Dong J, Hu W, Yan S, et al. Network planning method for capacitated metrobased Underground Logistics System[J]. Advances in Civil Engineering, 2018: 6958086.1-6958086.14.

[14] Ozturk O, Patrick J. An optimization model for freight transport using urban rail transit[J]. European Journal of Operational Research, 2018, 267(3): 1110-1121.

[15] 周芳汀,周国华,张锦. 基于地铁开展城市配送的选点-路径问题[J]. 控制与决策,2018,33(7): 1247-1254.

[16] 周芳汀,张锦,周国华. 带时间窗的地铁配送网络路径优化问题[J]. 交通运输系统工程与信息, 2018,18(5):88-94.

[17] Xie C, Wang X, Fukuda D. On the pricing of urban rail transit with track sharing freight service [J]. Sustainability, 2020, 12(7): 1-29.

[18] Ma M, Zhang F, Liu W, et al. A game theoretical analysis of metro-integrated city logistics

systems[J]. Transportation Research Part B: Methodological, 2022, 156: 14-27.

[19] Zoeteman A. Railway Design and Maintenance from a Life-Cycle Cost Perspective: A Decision-Support Approach[D]. Delft: Netherlands TRAIL Research School, 2004.

[20] 陈进杰,陈峰,梁青槐,等.城市轨道交通全寿命周期成本分析[J].交通运输工程学报,2010,10(1): 82-87.

[21] Li W, Yin S. Analysis on cost of urban rail transit[J]. Journal of Transportation Systems Engineering and Information Technology, 2012, 12(2): 9-14.

[22] Shang Y, Boomen M, Man A, et al. Reliability-based life cycle costing analysis for embedded rails in level crossings[J]. Proceedings of the Institution of Mechanical Engineers, Part F: Journal of Rail and Rapid Transit, 2020, 234(8): 821-833.

[23] 孙悦,张光准.城市轨道交通车辆全寿命周期成本招标分析[J].城市轨道交通研究,2020,23(7): 153-157.

[24] Damci A, Polat G. Resource leveling of railway track construction operations using the linear scheduling and genetic algorithm techniques[C]//Proceedings of the International Conference on Construction and Real Estate Management, 2010.

[25] 陈进杰.城市轨道交通项目广义全寿命周期成本理论与应用研究[D].北京:北京交通大学,2011.

[26] Kaewunruen S, Sresakoolchai J, Peng J. Life cycle cost, energy and carbon assessments of Beijing-Shanghai high-speed railway[J]. Sustainability, 2019, 12(1): 1-18.

[27] 赖丽萍,万传风,赖焱彬.城市轨道交通联络线建设成本优化法的研究[J].铁道工程学报,2011, 28(7):112-116,129.

[28] 段晓晨,张新宁,孔卫超,等.地铁工程建设工期成本虚拟动态优化管理技术研究[J].铁道学报, 2015,37(5):101-106.

[29] Shang B, Zhang X. Study of urban rail transit operation costs[J]. Procedia-Social and Behavioral Sciences, 2013, 96: 565-573.

[30] Zhou G, Etemadi A, Mardon A. Machine learning-based cost predictive model for better operating expenditure estimations of U.S. light rail transit projects[J]. Journal of Public Transportation, 2022, 24: 100031.

[31] Caetano L F, Teixeira P F. Optimisation model to schedule railway track renewal operations: a life-cycle cost approach[J]. Structure and Infrastructure Engineering, 2015, 11(11): 1524-1536.

[32] 赵军,张思宇,彭其渊.考虑解编调车成本的铁路技术站调车线运用优化[J].铁道学报,2020,42 (8):10-22.

[33] 彭芳乐,侯学渊,陈立道.城市地下空间综合效益评价的一种新方法:模糊(Fuzzy Set)评价模型[J]. 地下空间,1991(3):190-195.

[34] 姜犇,陈志龙.城市地下交通建设项目社会效益和环境效益货币化方法研究[J].岩石力学与工程学报,2003,22(z1):2434-2437.

[35] 罗周全,刘望平,刘晓明,等.城市地下空间开发效益分析[J].地下空间与工程学报,2007,3(1): 5-8.

[36] 王洋,彭芳乐.地下空间社会与环境效益的定量评价模型[J].同济大学学报(自然科学版),2014, 42(4):659-664.

第2章
地下物流系统全生命周期成本评估方法

成本评估是开展地下物流系统可行性分析和项目规划的基础。本章以全生命周期视角为切入点，梳理了地下物流系统全生命周期的成本分类及构成，从地下物流系统网络规模、网络布局、建设技术、流程技术、参与方协同等多个方面分析了成本影响因素，并构建成本动因分析框架。在此基础上，进一步提出地下物流系统全生命周期成本模型，通过仿真模拟量化分析关键影响因素对成本的作用机理，为后续地下物流系统基础设施网络布局、资源配置、成本优化以及运作绩效仿真等研究提供理论支撑。

2.1 地下物流系统全生命周期成本理论

2.1.1 地下物流系统全生命周期成本内涵

1. 地下物流系统全生命周期成本含义

地下物流系统（ULS）全生命周期是指从项目决策、施工、运营到报废的全过程，经历项目评估、规划、设计、施工、保修、报废回收等各个阶段[1]。ULS全生命周期成本则是在这一过程中的累计成本。

尽管在全生命周期中，项目成本的发生主要集中在实施阶段，但项目的决策和规划对LCC的影响是巨大的，如图2-1所示。尤其对于ULS这类网络化的复杂地下基础设施而言，其投资高昂且对社会甚至城市发展有着深远影响。从全生命周期视角来看，规划设计对系统成本的优化管理起到关键作用。

类似于其他的城市轨道交通基础设施，ULS具有很长的运营周期。尽管相比于建设施工成本，单年的运营成本较小，但若考虑折旧条件，运营成本占系统的LCC的比例是巨大的。因此，在规划设计阶段和运营阶段，成本控制对于ULS全生命周期成本优化而言是至关重要的。

2. 全生命周期成本分类

ULS项目全生命周期是指从ULS项目开始到结束的时间期限。由于系统内不同的

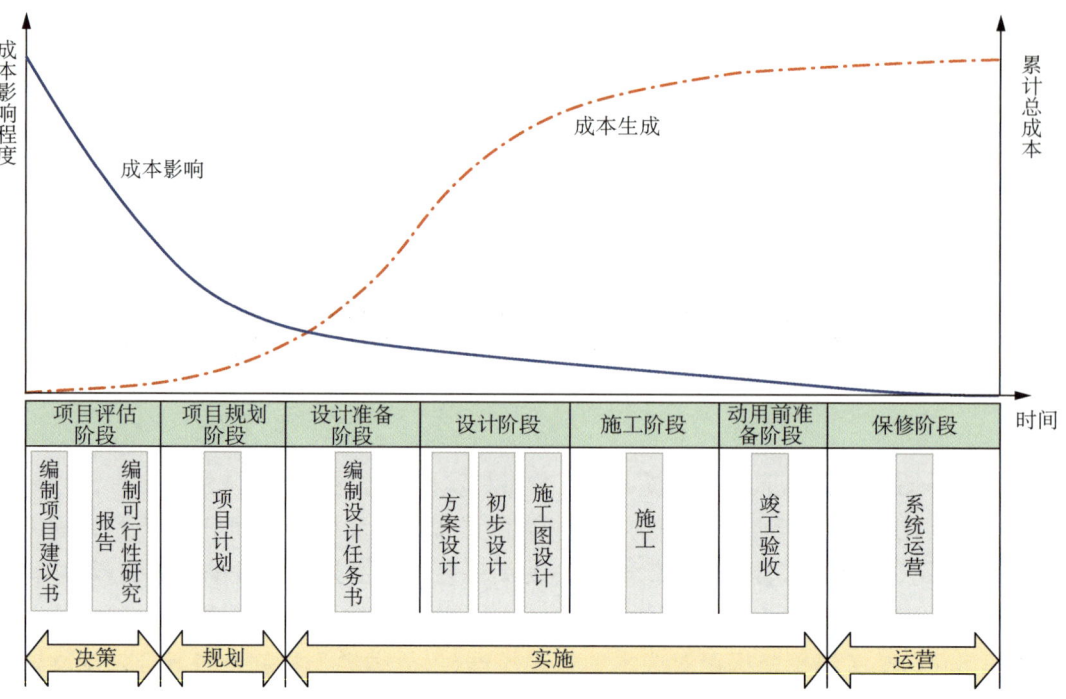

图 2-1 全生命周期成本及成本影响程度曲线

设施和设备具有各自的折旧年限,系统生命周期的选择对项目成本计算有着直接影响。

全生命周期成本构成可以从不同的角度进行分类,常见的有根据生命周期阶段、成本类型、成本构成要素以及承担主体进行划分[2,3]。不同的分类方式各有优劣,其对项目全生命周期成本构成的梳理和成本计算会产生不同的影响。

1)按生命周期阶段划分

在系统项目的生命周期内,不同阶段会产生不同的成本,因此依据全生命周期阶段进行划分,有利于获取更全面的成本分项,进而构建系统全生命周期成本体系。参照传统工程建设项目的划分习惯,ULS 的全生命周期也可划分为 4 个阶段:决策设计阶段、施工建设阶段、运营维护阶段和报废回收阶段。

(1) 决策设计阶段是影响系统项目方案规划以及长期发展走向的重要阶段。项目技术、经济可行性的分析,项目的实施方案、建设计划、投融资策略和运营模式会直接影响后续整体项目的建设及运营成本。

(2) 施工建设阶段是项目实施建设的主要阶段,也是项目投资成本最为集中的阶段。项目方案通过审批后,依据决策设计阶段确定的项目规划方案来制订合理的施工方案并实施。施工建设过程中涉及拆迁、土建、设备采购、设备安装、试运营等环节。科学有序的施工组织计划是有效控制该阶段成本的关键。

(3) 运营维护阶段是指 ULS 投入运营至报废的全过程。在此阶段,除了系统运营产生的常规成本(如设备使用费、维修费、能耗费、管理费等)外,部分自动导向车的协同运作还会产生一系列附加成本，这些附加成本同样应归入 ULS 运营成本。

（4）报废回收阶段是 ULS 全生命周期的末期。当继续运营无法保证系统的安全与正常使用时，需要对系统剩余有价值的设备进行报废回收处理，以实现资源的循环利用。

2）按成本类型划分

（1）资金成本：在项目全生命周期内，用于系统投资、建设、经营等过程中，因使用资金而产生的一切费用。

（2）环境成本：由于 ULS 在全生命周期内对环境造成影响而产生的成本，包括环境资源消耗成本、环境维护成本和环境损失成本。

（3）社会成本：由于 ULS 在全生命周期内对区域经济、安全、区域发展造成影响而产生的成本。

3）按成本构成要素划分

根据系统建设和运营中成本的不同产生方式，对成本进行分类，具体如下。

（1）人力成本：项目设计、建设、运营过程中所消耗的诸如招聘、培训、保障、使用等方面与人力相关的费用。

（2）材料成本：生产运营过程中，与材料相关的生产、购置、使用、回收等环节产生的成本。

（3）设备成本：系统建设和运营过程中，设备在购置、使用、维护、修理、更新、报废等阶段产生的成本。

（4）管理成本：项目全生命周期内，用于系统管理和人力管理所产生的成本。

对于 ULS 而言，若按成本类型划分，不同成本之间可能存在交叉，计算时容易造成重复。若按构成要素划分，虽然能够详尽地实现项目成本核算，但对于不同成本的发生时机和条件不甚清晰，这不利于项目成本优化，这种划分方式更适用于针对某一要素的成本分析。按生命周期阶段划分能够明确不同成本之间的发生关系，有利于对系统全生命周期成本构成进行梳理。

3. 全生命周期成本分析对地下物流系统的影响

ULS 作为一种地下基础设施，具有地下工程施工复杂、成本高昂且一旦开挖便难以返工的特点。在系统设计和建设过程中，ULS 需满足运作需求以及技术和安全标准，这使得其在投资决策、项目施工以及系统运营等全生命周期多阶段的规划，相比一般城市基础设施更为复杂。

ULS 兼具城市公共基础设施以及物流设施的双重属性，其货运系统的运营不仅能带来缓解城市交通压力、减少能耗和环境污染、提高城市韧性等外部效益，还能为城市物流企业提供网络化的全自动物流基础设施[4]。一方面，集成化的多层级物流网络避免了同质物流设施自建造成的资源浪费，实现城市内部多类型物流资源的共享；另一方面，货运机车在地下实施全自动化运行，受外界环境影响甚小，能够保障货物运输高效流转，进而节省大量物流成本。ULS 对社会资本尤其是物流业相关企业的投资吸引力是巨大的，而经济可行性是资本进行 ULS 投资决策的关键依据。因此，LCC 分析对于 ULS 的投资决策、方案制订、运营管理及系统多阶段发展规划均具有重要意义。

1）投资决策的重要参考

对 LCC 的梳理以及计算方式的构建，能够清晰地展示 ULS 从决策设计到报废回收的所有必要成本。结合系统成本动因分析，可探讨影响系统综合成本的关键因素。相关利益主体可依据系统 LCC 的影响因子关系，对系统投资产出效率进行估算，分析系统的经济可行性，进而为投资与融资策略的制定提供依据。

2）建设方案的决策支持

基于对 ULS 建设和运营成本因素的分析，结合系统运作需求和设计要求，能够确定影响系统综合成本的关键网络基础设施的优化布局方案，以及系统关键运作资源的配置方法，从而为 ULS 待选建设方案的比选提供科学依据。

3）成本管理的基础

ULS 建成投入运营后，需对固定成本与可变成本进行有效管理，从而实现成本控制。应依据系统实际运作情况，对 ULS 局部运作策略加以升级，以达成本的优化管理目标。通过开展不同场景下的系统成本效益分析，调整项目管理与融资模式，并据此制定系统网络的后期规划与发展策略，推动 ULS 实现多阶段的良性发展。

2.1.2 地下物流系统全生命周期成本构成

ULS 属于网络化的城市地下基础设施，是一个复杂巨系统，涉及土建工程、机电设备、车辆控制、信息管理等多学科领域。相较于一般的建设工程项目，ULS 的全生命周期成本（LCC）具有生命周期长、运营维护成本高、边际成本较低等特点。通过分析 ULS 作为基础工程设施以及城市物流供应链集成者的双重特征，能够更精准地确定系统的成本构成。

作为准公共产品，ULS 在宏观、中观层面的协同关系决定了其建设运营将对城市的经济、交通、环境、物流等方面产生不可忽视的影响。在宏观层面，ULS 为外部协同对象带来外部成本与效益的同时，其建设方案与运营模式的选择也受城市环境的制约和影响。在微观层面，ULS 内部各子系统间的协同运作直接影响自动导向车的运行方式、双系统运作关系及系统流程安排等，进而影响运营成本。纵观 ULS 全生命周期，决策设计、施工建设和报废回收阶段的成本构成与传统工程项目类似，但运营维护阶段的成本不仅需考虑传统的系统运营成本，还需考虑其作为城市物流供应链重要集成者所产生的系统运营层面的协同成本。

1. 决策设计阶段成本

ULS 的方案设计基于城市自然资源条件、交通状况、经济结构和城市发展需求等因素确定，因此 ULS 的决策设计需以城市实际情况及中长期规划为抓手，以保障系统安全、有序、高效运营为基础，以解决城市现实问题、推动未来可持续发展为目标。尽管决策设计阶段发生的成本相对较少,但该阶段是控制项目建设成本的关键阶段。ULS 方案中的网络规模、地下物流自动导向车制式、行车编组、运行方式、控制系统、施工技术等关键技术会直接影响项目总成本预算。ULS 作为网络化的地下基础设施,其隧道开挖成本高昂,且一旦成形便难以更改。因此,需从城市实际需求出发,紧密结合系统功能与安全保障要求,对方案进行经济、技术、社会等多方面综合论证与评价。科学合理的决策能够显著降低 ULS 工程的项目成本。决策设计阶段成本主要包括前期调研费、项目建议书编制费、可行性研究费及勘察设计费等。

2. 施工建设阶段成本

在施工建设阶段,需依据 ULS 的不同运作模式选定建设方案。该阶段的费用构成涵盖城市轨道交通工程的各项费用,包括前期准备费、建筑工程费、安装工程费、设备购置费、车辆购置费、其他资产费、基本预备费和施工准备费等。若为基于既有地铁基础设施改建的地下物流系统,还会涉及原有地铁基础设施之上的改建费用,具体包括轨道改建费、站点改建费和机车改造费。

在施工建设成本中,占比最大的是与站点、区间、轨道新建或改建相关的建筑工程费以及车辆购置费。这类费用的产生与集中投入大量人力、材料与机械设备有关,并且会受到 ULS 运作模式选择、设施设备选型、施工技术条件及建设施工方案等多种因素的影响。尽管这类费用高昂,但其具有较强的可控性。相比之下,基本预备费以及供电、通信、通风等系统的成本占比相对较小。

3. 运营维护阶段成本

ULS 的运营维护成本是指其在完成货运任务过程中所产生的费用支出。该阶段成本由系统组织模式、ULS 运作模式、运输量、系统运营管理模式、固定资产折旧以及资金筹备方式等多种因素共同决定。依据成本与运营工作量的关系,可将运营成本划分为固定成本和可变成本。

固定成本是指在系统运营过程中,不随运营工作量变化而变化的成本,包括员工工资、维修费、管理费以及其他费用中不受运营工作量影响的部分;可变成本则是直接受系统运营工作量影响的费用支出,例如系统电费、设备使用费(仓储、流通加工等)、机车维修费、客货协同成本、其他费用等。在 ULS 全生命周期中,可变成本是系统成本优化的关键部分。

4. 报废回收阶段成本

在 ULS 全生命周期末期,需对系统内仍具备一定价值的固定资产(如机车、轨道、信息控制系统等)进行报废回收处理。扣除报废回收过程中消耗的人力、材料、机械成本后,剩余资金可用于推动系统资源的循环利用,助力实现可持续发展目标。

2.2　地下物流系统全生命周期成本影响因素

成本动因是指企业生产或系统运作中促使成本发生变化的因素。成本动因理论形成于20世纪80年代,其不仅推动了成本管理的相关研究[1],还对系统资源优化配置、提升系统运作效率具有重要意义[5]。通过分析全生命周期成本组成可知,土建规模是影响ULS成本的最关键因素。系统网络规模不仅直接影响拆迁、土建、设备购置、系统运营等多方面成本,还与系统给城市带来的正外部性呈正相关。系统建设技术方案的选择,如ULS运作模式的选择,涉及具体机车类型、站点形式、安全设施等各项技术,会对实际的建设、设备购置和运营成本产生很大影响。从系统运营层面来看,面对不同类型的需求,系统可通过合理调配为客户提供个性化服务,而在复杂系统网络中,不同类型的货物可能经历不同的运作流程,每个操作环节都会产生相应的运营成本。此外,系统供应链参与方的协同管理模式对ULS的投资和成本分担也起着重要作用。

通过以上分析可知,ULS的成本动因包括:网络规模、网络布局、建设技术、流程运作和参与方协同。这些成本动因会从网络结构和运营两个层面,对ULS全生命周期成本产生直接影响。通过合理调整和资源整合可有效控制成本投入。

1. 地下物流系统网络规模

网络规模所涉及的成本动因包括货运需求预测和线网规划。网络规模的确定须基于对当地物流货运需求的预测,既要满足当前的货运需求,也要适应城市未来的物流发展需要。由于ULS通常依托城市客运地铁基础设施进行规划建设,且货运需求与客运需求存在差异,线网规划需考虑既有网络的改造方案,或某些区域的新建网络方案。

2. 地下物流系统网络布局

网络布局所涉及的成本动因包括货运站点的分布、货运站点的分级和线路的走向[6]。以能够满足区域需求为目标,依据需求和服务范围,在客运站点中选择设置货运站点。依据城市货运OD需求,明确货物在网络中的基本走向,构建一套包含不同等级货运站点的分层网络。同时,考虑线路铺设的施工环境(如自然地质环境、对城市交通的干扰以及区域拆迁成本等),并结合机车运行距离,进而确定网络中线路的走向。

3. 地下物流系统建设技术

建设技术所涉及的成本动因包括施工技术标准、设备选型、机车类型和设备维修与更新[7]。由于ULS在国内尚未有大规模推广实施的施工经验,当下缺乏统一的技术标准,所以应结合当地实际情况来确定系统技术制式。系统包含供电、信号、通风、通信等多种设备,这些设备的选型和布置会直接影响系统施工建设成本。机车购置成本在整个系统投资成本中占比颇高,需依据ULS运作模式方案,确定货运机车的制式、编组设计以及改造或购置所需的成本。不同的设施设备,其养护维修成本与生命周期各异。通过合理选择设施设备型号,并制定科学的养护与维修管理制度,能够有效控制这部分成本。

4. 地下物流系统流程运作

流程运作所涉及的成本动因包括设备资源配置和运力调配[8]。确定ULS运作模式后,需依据系统网络的运行情况,规划货物在系统中的运作流程,以运作成本最低和效率最高为目标,合理配置网络中的设备资源。同时,针对货运需求制定科学的自动导向车行车计划，以实现系统运力的最优调配。

5. 地下物流系统参与方协同

参与方协同方面涉及的成本动因包括参与方协同目标和合作模式[8]。在ULS物流服务供应链的不同发展阶段，参与运营的主体之间存在不同的协同关系，各参与方有着自身的协同目标。为确保系统运营发展的可持续性，须在满足参与方各自基本目标的前提下，以系统供应链的整体利益为导向，从而推动系统的健康运营。此外，基于不同的参与方合作模式，能够开拓出更多的ULS投资渠道，形成多样化的成本与运营风险分担策略，逐步降低对政府投资的依赖。

2.3 地下物流系统全生命周期成本模型

2.3.1 地下物流系统全生命周期成本结构分解

通过对ULS全生命周期成本构成和特征的分析，能够总结出基于ULS系统全生命周期阶段划分的成本分项。考虑到系统不同分部（或分项）工程在全生命周期各个阶段可能产生相应的成本，依据ULS工程系统结构分解和全生命周期成本结构分解的对应关系，可以识别出系统各阶段不同成本的产生过程，从而有利于对各阶段的成本进行管理和优化控制。ULS全生命周期成本结构矩阵如图2-2所示。图中，横向各成本的求和所得的C1～C12为工程各子项目全生命周期成本的总和。例如，C1和C2分别为新建车站和改建车站在全生命周期内所发生的成本之和，C1和C2之和是系统车站工程全生命周期成本。纵向成本求和能够得到系统所有子项目关于某项内容的成本总和，如S1和S2分别是ULS所有子项目发生的施工准备费和土建费的总和，S1和S2之和则为系统建筑工程费总和。据此规则逐层向上累计，能够得到工程不同方面的全生命周期成本及全生命周期中不同阶段的系统总成本。该系统全生命周期成本产生过程，将作为后文构建ULS全生命周期成本计算模型、分析成本影响因素关系的理论基础。

2.3.2 地下物流系统全生命周期成本模型构建

1. 决策设计阶段成本

ULS在项目决策设计阶段的主要成本包括前期调研费、项目建议书费、可行性研究费和勘察设计费。尽管该阶段的成本仅占建设成本的约2%[9]，却对项目后期施工运营成本的影响巨大。通过全面考察当地人口、社会、经济、自然等客观条件，并深入分析研究，进而选择合适的ULS建设方案、网络规划方案、运作模式及投融资模式，能够有效降低ULS的总体建设成本与运营成本。考虑资金时间价值，决策设计阶段的成本模型计算公式见式(2-1)。

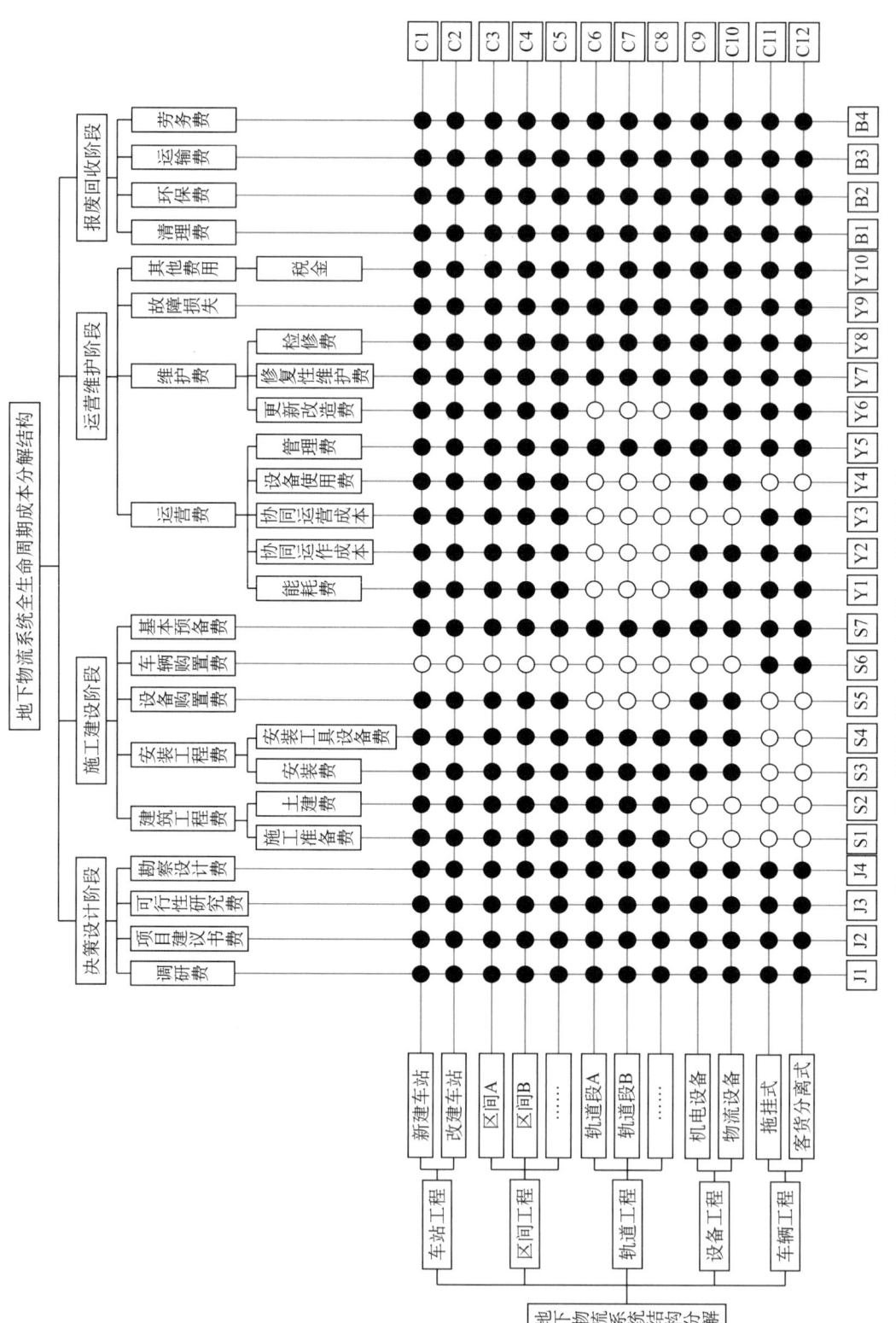

图 2-2 地下物流系统全生命周期成本结构矩阵

$$IC_{\mathrm{d}} = \sum_{t=0}^{T_{\mathrm{d}}-1} \frac{\sum_{i=1}^{m_{\mathrm{d}}} C_{dti}}{(1+r)^t} \tag{2-1}$$

式中 IC_{d}——折算为现值的项目决策设计阶段成本；

C_{dti}——年度决策设计单项成本；

m_{d}——年度决策设计成本的项目数；

T_{d}——决策设计年限；

r——折现率；

t——决策设计年限中的某一年，$t \in (0, T_{\mathrm{d}} - 1)$。

2. 施工建设阶段成本

ULS在施工建设阶段的成本与系统网络规划及运作模式选择有关[10]。建设成本包括建筑工程费、安装工程费、设备购置费、车辆购置费、基本预算费等。值得注意的是，ULS运作模式的选择直接关系到系统是基于既有基础设施改建，还是新建隧道和站点，这对最终建设成本影响显著。施工建设阶段的成本模型计算公式见式(2-2)。

$$IC_{\mathrm{c}} = \sum_{t=T_{\mathrm{d}}}^{T_{\mathrm{d}}+T_{\mathrm{c}}-1} \frac{C_{ct}}{(1+r)^t} \tag{2-2}$$

$$C_{ct} = \sum_{i=1}^{m_{\mathrm{c}}} C_{cti} \tag{2-3}$$

式中 IC_{c}——折算为现值的施工建设阶段成本；

C_{ct}——年度施工建设成本；

C_{cti}——各类年度施工建设成本；

m_{c}——年度施工建设阶段成本的项目数量；

T_{c}——ULS施工建设年限。

3. 运营维护阶段成本

ULS的运营维护成本主要包括运营费、维护费、故障损失、税金等。运营维护阶段的简化成本计算模型见式(2-4)。

$$IC_{\mathrm{o}} = \sum_{t=T_{\mathrm{d}}+T_{\mathrm{c}}}^{T_{\mathrm{d}}+T_{\mathrm{c}}+T_{\mathrm{o}}-1} \frac{C_{ot}}{(1+r)^t} \tag{2-4}$$

式中 IC_{o}——折算为现值的运营维护阶段成本；

T_{o}——运营维护阶段年限；

C_{ot}——年度运营维护成本。

$$C_{ot} = \sum_{i=1}^{m_{\mathrm{o}}} C_{oti} + \sum_{j=1}^{m_{\mathrm{r}}} C_{rtj} + \sum_{h=1}^{m_{\mathrm{c}}} C_{cth} + \sum_{k=1}^{m_{\mathrm{u}}} \gamma_{tk} C_{utk} \tag{2-5}$$

式中　C_{oti}，C_{rtj}，C_{cth}——单项年度 ULS 运营成本、设备维修成本、城市级地下物流系统客货协同成本；

m_o，m_r，m_c——运营、设备维修和协同的成本项数；

C_{utk}——第 t 年第 k 项设备的更新成本；

γ_{tk}——更新系数，当 t/f_k 为整数时，$\gamma_{tk}=1$，否则 $\gamma_{tk}=0$，其中 f_k 为设备 k 的更新周期，不同设备的更新周期不同；

m_u——设备更新发生频数。

4. 报废回收阶段成本

当 ULS 项目达到设计使用寿命，项目中的各种关键设施设备相继达到使用寿命上限时，需对其进行折旧或报废处理。由于 ULS 项目中土建工程、设备等固定资产种类繁多，使用年限各异，故在计算报废回收成本时有必要分类处理。

$$IC_s = \frac{\sum_{\zeta=1}^{g}\left[\frac{C_{r,\zeta}}{y_\zeta}\left(\frac{T_d+T_c+T_o}{y_\zeta}\cdot y_\zeta - T_d - T_c - T_o\right)\right]}{(1+r)^{T_d+T_c+T_o}} \quad (2-6)$$

式中　IC_s——折算为现值的报废回收阶段成本；

g——ULS 设施设备的数量；

$C_{r,\zeta}$——设施设备 ζ 的更新成本；

y_ζ——设施设备 ζ 的寿命周期。

2.3.3　地下物流系统全生命周期成本计算相关参数

通过对上述 ULS 全生命周期成本构成的分析及成本计算模型的构建可知，系统全生命周期中各类成本的计算参数各不相同，这将直接影响系统全生命周期成本的计算结果。因此，需根据 ULS 的特征，梳理系统成本计算基本参数的取值。

1. 折现率

折现率是投资者将项目未来预期收益折算为现值的比率[11]，是投资项目可接受的最小收益率，它是项目选定投资方案需达到的收益预期，也是评价项目未来收益水平的关键指标。在计算 ULS 全生命周期各成本现值时，折现率的选取对计算结果影响显著，直接关系到决策的科学性。

在投资决策中，首先需确定合适的折现率。折现率受众多因素的影响，如资金成本、风险补贴率、投资者的损失厌恶、通货膨胀率[12]等。针对 ULS 项目投资，需要综合考虑系统作为半公共产品的特征，以及参考同类型基础设施（如城市轨道交通项目）的投资案例，结合社会、经济、政治、项目自身特征等因素，合理确定折现率取值。根据《建设项目经济评价方法与参数（第三版）》，基于建设项目的收益期和风险情况，折现率通常取 6%～8%。

2. 项目生命期

项目生命期是指项目从建设到终止运行的经济活动期。项目生命期的设定通常会考虑四种概念：项目设计生命、项目折旧生命、自然生命和经济生命[13]。ULS 项目生命期的确定直接关系到项目全生命周期成本的计算结果。ULS 项目全生命周期成本包括了决策设计、施工建设、运营维护和报废回收四个阶段的成本。由于项目固定资产折旧年限各异，且 ULS 兼具城市基础设施和物流设施的双重属性，故可根据具体的决策需求，综合考量后选择合适的项目生命周期的概念。本书在计算 ULS 全生命周期时，选择项目的经济生命这一概念。

ULS 由多种系统设施设备构成，不同的设施设备的生命周期存在巨大差别。例如，地铁无砟轨道主体结构的生命周期通常为 50～60 年；地铁自动导向车的使用年限一般为 30 年，约每 10 年进行一次大修；系统设备折旧年限为 15 年。ULS 的日常运营包括系统运作和设施设备维修，可预测系统运营期为 45 年。

3. 折旧率和残值率

在报废回收阶段，即 ULS 全生命周期末期，系统建筑物、设施设备折旧或报废处理后产生的剩余价值需在成本测算中有所体现。折旧是指系统的设施设备等固定资产的磨损价值；折旧率是磨损价值在资产总价值中所占的比率；残值率则是系统固定资产报废时可回收价值在总价值中所占的比率。由于不同设备的折旧率和残值率存在差异，为了方便计算，可采用固定值进行相关运算。

2.4 成本动因要素对地下物流系统全生命周期成本的影响

2.4.1 地下物流系统成本动因要素分析

通过对 ULS 的属性、需求、成本和效益特征进行分析可知，ULS 的成本与收入作为系统成本管理的重要目标，会受到成本动因的直接影响。这种影响会进一步作用于系统网络发展及运作管理模式决策。

图 2-3 展示了 ULS 成本动因与成本管理目标之间的关系。其中，成本动因包括网络规模、网络布局、建设技术、流程运作和参与方协同。具体而言，系统收入受网络规模、网络布局和参与方协同影响；施工建设成本受网络规模、网络布局和建设技术影响；运营维护成本受网络布局、建设技术、流程运作和参与方协同影响；报废回收成本受网络规模、网络布局和建设技术影响。

ULS 网络规模的拓展与网络布局的优化会促进货运需求增长。这不仅能带来更丰厚的经济收入，也会增加系统成本。而货运需求的增长又可能进一步推动系统网络规模扩大和网络布局优化。ULS 的净收益由系统收入和成本共同决定。净收益会影响建设技术的升级、流程运作的优化以及参与方协同模式的调整。

对于 ULS 成本动因与成本管理目标之间的影响关系需要进行定量分析。5 个成本动因各自包含多个影响因素，可依据 ULS 全生命周期成本计算模型和成本分解结构，结

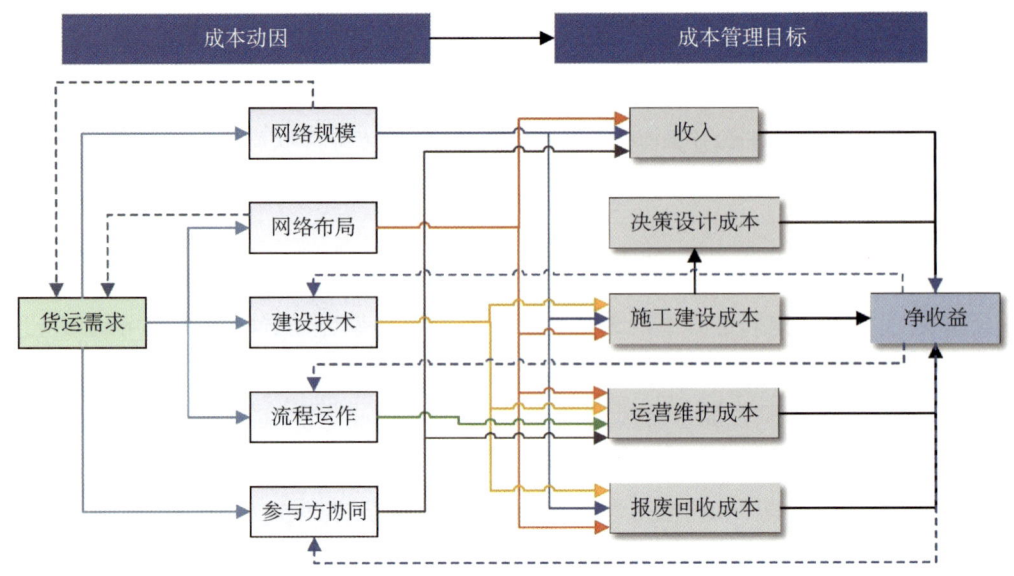

图 2-3 成本动因与成本管理目标的关系

合地铁系统建设经验,构建成本动因和成本管理目标之间的数量关系,并分析 ULS 成本动因对成本管理目标的动态影响。

由于影响 ULS 成本和收入的要素众多,且有些难以被定量化描述,故无法将所有影响要素都纳入模型。基于 ULS 全生命周期成本计算模型,结合文献整理及工程经验,对 5 个成本动因要素进行梳理和筛选(表 2-1),以此确定 ULS 成本管理边界。

表 2-1 地下物流系统成本动因要素

成本动因	要 素
网络规模	货运站点数量、线路总长、站点单位建设成本、线路单位建设成本
网络布局	货运站点分布、货运站点等级、站点间距、线路敷设方式、线路建设成本、站点建设成本
建设技术	机车类型、机车数量、设备选型、设备数量、设备维修、更新周期、机车购置成本、设备购置成本、机车维修成本、设备维修成本、单位机车购置成本、单位机车维修成本、单位设备购置成本、单位设备维修成本
流程运作	运输距离、列车发车间隔、运输作业效率、仓储作业效率、流通加工作业效率、货物运输要求、协同运作成本、列车运输成本、仓储成本、流通加工成本、单位运输成本、单位仓储成本、单位流通加工成本
参与方协同	成本分担比例、融资模式
其他	货运需求量、货运单价

2.4.2 地下物流系统成本动因要素影响关系构建

基于以上分析,针对 ULS 成本动因要素之间的数量关系,可以对式(2-1)—

式(2-6)进行重构。

(1) 决策设计阶段成本。系统中各子项目的设计规划产生的费用,可基于项目施工建设成本,按一定比例系数进行计算。

$$IC_\mathrm{d} = \sum_{t=0}^{T_\mathrm{d}-1} \frac{\mu \cdot IC_{ct}}{(1+r)^t} \tag{2-7}$$

式中,μ 是决策设计阶段成本占施工建设总成本的比例。

(2) 施工建设阶段成本。该阶段的成本由站点建设成本、线路建设成本、设备购置成本和机车购置成本构成,计算公式如下:

$$IC_\mathrm{c} = \sum_{t=T_\mathrm{d}}^{T_\mathrm{d}+T_\mathrm{c}-1} \frac{C_{ct}}{(1+r)^t} \tag{2-8}$$

$$C_{ct} = \sum_{\alpha=1,2,3} n_{\alpha,t} \cdot c_{\mathrm{no}}^{\alpha} + \sum_{\beta=1,2} l_{\beta,t} \cdot c_{\mathrm{li}}^{\beta} + \sum_{\kappa \in E} m_{\kappa,t} \cdot c_{\mathrm{p}}^{\kappa} + h_t \cdot c_{\mathrm{p}}^{tr} \tag{2-9}$$

式中 $n_{\alpha,t}, l_{\beta,t}, m_{\kappa,t}, h_t$——第 t 年建设和购置的站点、线路、系统设备及机车的数量;

α, β, κ——站点等级、线路敷设方式及设备种类;

$c_{\mathrm{no}}^{\alpha}, c_{\mathrm{li}}^{\beta}, c_{\mathrm{p}}^{\kappa}, c_{\mathrm{p}}^{tr}$——$\alpha$ 等级站点建设单位成本、敷设方式 β 的线路单位建设成本、κ 种类设备单位购置成本及 tr 种类机车单位购置成本。

站点、线路、设备和机车的数量与区域货运需求量及流向有关,并非简单的线性关系。

(3) 运营维护阶段成本。该阶段的成本主要由运营成本(包括列车运输成本、仓储成本、流通加工成本)、设备及机车的更新成本和维修成本构成。若为基于地铁的 ULS,运营成本还需包含协同运作成本。运营维护阶段成本的计算公式如下:

$$IC_\mathrm{o} = \sum_{t=T_\mathrm{d}+T_\mathrm{c}}^{T_\mathrm{d}+T_\mathrm{c}+T_\mathrm{o}-1} \frac{C_{ot}}{(1+r)^t} \tag{2-10}$$

$$C_{ot} = \sum_{i \in P} q_{i,t} \cdot d_i \cdot c_{\mathrm{tc}} + \sum_{i \in P} q_{i,t} \cdot t_i \cdot c_\mathrm{w} + \sum_{i \in P} q_{i,t} \cdot c_{\mathrm{cp}} + \sum_{\delta=1,2,3,4} c_{\mathrm{ct}}^{\delta} + \\ \sum_{\kappa \in E}(\gamma_{\kappa,t} \cdot c_{\mathrm{p}}^{\kappa} + c_{\mathrm{r}}^{\kappa}) + (\gamma_{tr,t} \cdot c_{\mathrm{p}}^{tr} + c_{\mathrm{r}}^{tr}) \tag{2-11}$$

式中 $q_{i,t}$——第 t 年由 ULS 运输的第 i 批次货物的货物量;

P——货物批次的集合,$P=\{1,2,\cdots,g\}$,满足 $\sum_{i \in P} q_{i,t}=Q_t$,$Q_t$ 为系统第 t 年的货运需求总量;

d_i——第 i 批次货物的运输距离;

t_i——第 i 批次货物的仓储时间;

$c_{\mathrm{tc}}, c_\mathrm{w}, c_{\mathrm{cp}}, c_{\mathrm{ct}}$——系统单位运输成本、单位仓储成本、单位流通加工成本和协同运作成本;

δ——客货协同成本的类别;

$\gamma_{\kappa,t}$,$\gamma_{tr,t}$——系统设备、机车的更新判断系数;

E——系统设备种类的集合;

c_r^{κ},c_r^{tr}——设备、机车的维修成本。

（4）报废回收阶段成本。该阶段的成本由系统设施设备（包括机电设备、机车、线路和站点基础设施）按原有购置或建设成本折旧计算，公式如下：

$$IC_s = \left\{\sum_{\kappa \in E}\left[\frac{c_p^{\kappa}}{y_{\kappa}}\left(\frac{T'}{y_{\kappa}} \cdot y_{\kappa} - T'\right)\right] + h \cdot \left[\frac{c_p^{tr}}{y_{tr}}\left(\frac{T'}{y_{tr}} \cdot y_{tr} - T'\right)\right] + \sum_{\beta=1}^{2}\left[\frac{c_{li}^{\beta}}{y_{\beta}}\left(\frac{T'}{y_{\beta}} \cdot y_{\beta} - T'\right)\right] + \sum_{\alpha=1}^{3}\left[\frac{c_{no}^{\alpha}}{y_{\alpha}}\left(\frac{T'}{y_{\alpha}} \cdot y_{\alpha} - T'\right)\right]\right\} / (1+r)^{T'} \quad (2-12)$$

式中 y_{κ},y_{tr},y_{β},y_{α}——设备、机车、线路和站点基础设施的设计使用年限;

T'——系统从决策到报废的全生命周期，$T' = T_d + T_c + T_o$。

（5）系统收入。受货运需求、货运单价及运输距离的影响，系统收入的计算公式如下：

$$In = \sum_{t=T_d+T_c}^{T_d+T_c+T_o} \frac{\sum_{i \in P} q_{i,t} \cdot d_i \cdot pr}{(1+r)^t} \quad (2-13)$$

式中，pr 为 ULS 的货运单价。

由系统的成本和收入可以得到 ULS 的净收益：

$$B_{net} = In - IC_d - IC_c - IC_o + IC_s \quad (2-14)$$

基于以上对 ULS 成本动因要素的分析，可以绘制成本动因要素与成本管理目标之间的影响关系图，如图 2-4 所示。成本动因要素同 ULS 成本管理目标之间存在复杂的影响关系。其中，各成本动因要素之间不仅相互作用，还可能同时对全生命周期各阶段的系统成本产生影响。

如图 2-4 所示，一些成本动因要素会影响多个成本管理目标，例如，站点和线路的建设成本同时影响施工建设成本和报废回收成本；设备和机车的数量直接影响其维修成本及更新成本。由于系统设施设备的建设与购置成本、子系统单位的运作成本等，往往与设施设备种类、项目所在区域的经济及运作环境有关，故影响要素更为复杂，难以进行精确的量化计算。因此，本节仅对重要的成本动因要素的影响关系进行分析。

从成本计算公式的结构可以发现，在建设、运营和报废回收这3个阶段，设施设备的数量对各阶段的总成本有着显著影响。其中，建设阶段和报废回收阶段，设施设备的数量与系统总成本呈一定的线性关系；运营维护阶段，设施设备的数量影响维修与更新成本，即数量越多，系统成本越高。系统的网络规模、网络布局及运营资源的配备都是为了满足城市货运需求。其中，与网络规模和网络布局相关的网络资源同与系统运作相关的供应链资源之间的适配性，会对系统网络供需平衡程度产生决定性影响。所以，站点、隧道的

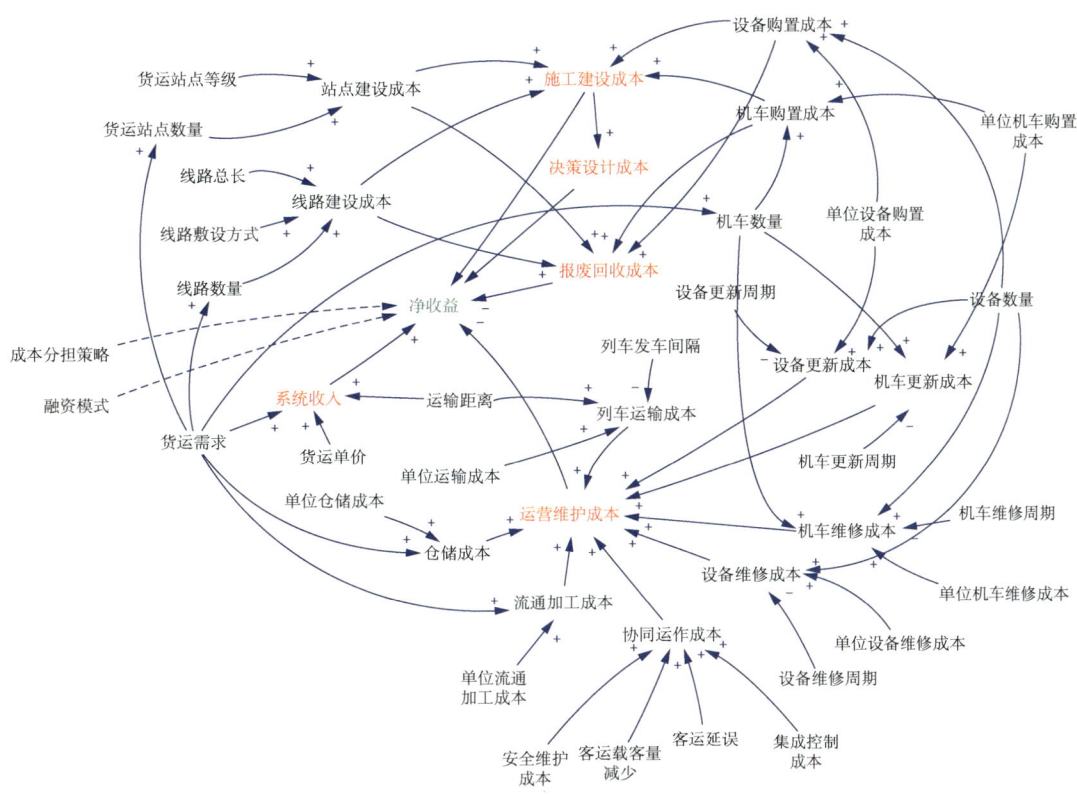

图 2-4 成本动因要素与成本管理目标之间的影响关系

数量和机车、仓储、流通加工等设备数量之间存在某种非线性正相关关系。

2.4.3 地下物流系统成本动因要素影响关系分析

假设不同种类的设施设备均与货运需求呈正相关关系,以小规模实验案例探讨关键成本动因要素对系统成本管理目标的影响。假设城市一天的货运需求为 60,货运站点的货运处理能力为 10,物流设备处理货物的能力为 0.8,货物的平均运输距离为 20,设定折旧年限为 50 年,经济增长率为 6%,折现率取 8%,其余各成本参数则依据表 2-2 进行设置,在此基础上,以单线地下物流网络为例进行分析。

表 2-2　小规模实验案例系统成本参数设置

参数	量纲化值	参数	量纲化值
站点建设成本	5	隧道建设成本	0.3
机车购置成本	0.7	设备购置成本	0.005
单位运输成本	0.000 001	单位仓储成本	0.000 002
单位流通加工成本	0.000 002	货运单价	0.000 03

1. 折旧年限对成本管理目标的影响

以站点数量为 2 为例,经计算,单年运营成本为 1.087,建设成本为 12.303。由此可见,建设成本是高昂的;若考虑折旧年限并计算运营成本现值,运营成本在系统全生命周期成本中的占比将会增大。计算不同系统网络规模(站点数量)及折旧年限条件下的系统净收益,结果见表 2-3。

表 2-3　　　　　　　不同的网络规模下不同折旧年限的系统净收益

折旧年限/年	货运站点数量/个						
	2	4	6	8	10	12	14
10	14.956	29.637	44.318	32.518	20.718	8.918	−2.882
20	22.935	46.231	69.209	57.409	45.609	33.809	22.009
30	22.776	45.899	68.712	56.912	45.112	33.312	21.512
40	19.504	39.095	58.506	46.706	34.906	23.106	11.306
50	15.336	30.427	45.503	33.703	21.903	10.103	−1.697
60	11.205	21.836	32.616	20.816	9.016	−2.784	−14.584
70	7.466	14.061	20.953	9.153	−2.647	−14.447	−26.247
80	4.221	7.310	10.828	−0.972	−12.772	−24.572	−36.372
90	1.461	1.572	2.220	−9.580	−21.380	−33.180	−44.980
100	−0.859	−3.253	−5.017	−16.817	−28.617	−40.417	−52.217

分析发现,在不同网络规模下,折旧年限对系统净收益的影响趋势相似:初期净收益随着折旧年限增加而上升,且都在 20~30 年间到达最高点,之后随着折旧年限的进一步增加,净收益逐步减少甚至降为负值。从图 2-5 可以明显看出,当站点数量从 2 增至

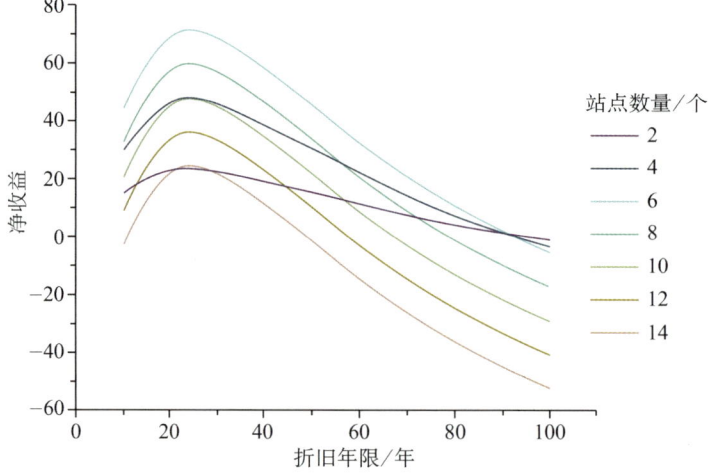

图 2-5　折旧年限对净收益的影响

6时,净收益迅速上升,并在站点数量为 6 时达到最大。这是因为案例中当站点数量设为 6 时,系统刚好满足城市货运需求。这意味着当货运需求足够大时,网络规模越大,净收益越大;而当货运需求达到饱和时,网络规模的扩大会增加系统成本,从而导致净收益的减少。此外,当站点数量小于或等于 6 时,净收益降至 0 的折旧年限最长可达 90 年以上,这意味着系统的盈利期更长;反之,当网络供给大于市场需求时,网络规模越大,临界折旧年限越短。这意味着 ULS 的经济性取决于城市货运需求与系统网络规模之间的平衡程度。因此,ULS 的建设决策应从长期规划视角出发,根据货运市场潜力分阶段地对系统网络规模进行扩展。

2. 设施设备数量对成本管理目标的影响

经过计算发现,当折旧年限为 50 年时,运营成本成为系统全生命周期成本中占比最高的阶段成本。由于网络设施(站点、隧道)数量之间呈线性相关,故选取站点数量作为设备数量的代表,用以体现网络规模。由图 2-6 可知,当城市货运需求旺盛,而 ULS 网络资源配置无法满足货运需求时,设施设备数量的增加(即扩大系统网络规模)能够提升系统净收益。在算例中,当站点数量为 6 个、设备数量为 75 个时,ULS 的网络规模恰好满足全部货运需求,此时净收益达到最大。而当网络规模已经能够满足货运需求之后,若继续进行网络的扩张建设,将导致系统净收入迅速下降。

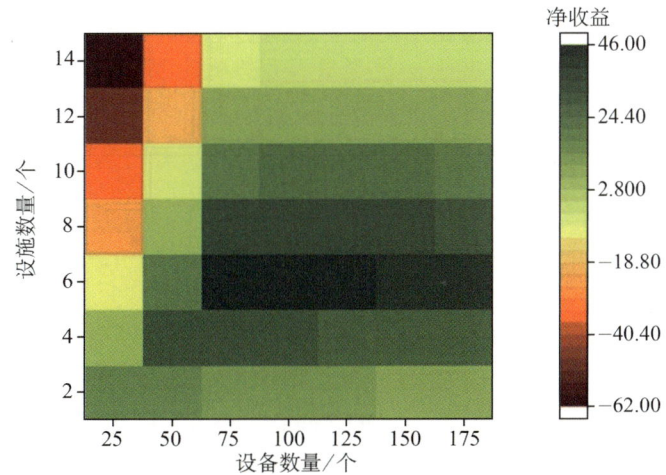

图 2-6　设施设备数量对成本管理目标的影响

当城市货运需求较高时,若网络设施资源或设备资源配置不足,将成为系统成本管理的薄弱环节,制约系统收益增长。此时,即使增加其他单项资源的配置,也无法突破系统承载力上限以实现净收益的提升,反而会使系统成本增加,甚至可能导致运营方面的严重亏损。所以,ULS 的网络资源配置需在满足货运需求的前提下,努力实现数量和布局的平衡,如此才能实现系统成本管理目标的合理优化。

3. 参与主体协同方式对净利润的影响

系统净收益除受系统收入和成本影响外,参与方协同方式中的成本分担策略和融资模式同样会对其产生影响。由于 ULS 网络的发展必然是分阶段进行的,不同发展阶段的运营模式决定了利益主体间的协同关系,而各主体间不同的合作模式又会直接影响到利益协同,进而产生不同的成本分担策略与融资模式。各发展阶段参与方的利益协同关系如表 2-4 所列。参与方协同方式与系统运营利润之间并非简单的线性关系,不同的利益协同策略会对 ULS 的物流市场需求产生一定的影响,进而影响系统净利润。

表 2-4　　各发展阶段系统运营参与方协同方式及利益协同关系

不同协同阶段	参与方合作模式	利益协同关系		
		协同目标	成本分担	融资模式
起步阶段	ULS 独自作为物流服务供给商,向散户或某些区域的固定客户提供货运服务	ULS 运营商利润为正	由 ULS 运营商承担系统投资和运营成本	政府投融资模式
发展阶段	第三方物流企业作为集成商获取客户订单,向 M-ULS 外包物流服务,由 M-ULS 提供具体的货运服务	各参与方运营利润最大化	第三方物流企业和 M-ULS 运营商共同分担投资成本	混合投融资模式
成熟阶段	集成管理平台作为集成商综合协调客户订单和物流服务供给之间的业务运作,由 M-ULS 运营商和第三方物流企业向客户提供具体的物流服务	整体供应链利润为正的前提下,各参与方利润最大化	集成管理平台分别分担第三方物流企业和 M-ULS 运营商对系统的投资成本	混合投融资模式

2.5　本章小结

本章基于成本动因分析,构建了 ULS 全生命周期成本的计算框架。通过对系统全生命周期中的决策设计、施工建设、运营维护以及报废回收这 4 个阶段的成本予以梳理,构建了成本计算模型。针对 ULS 的成本管理目标,进一步对成本动因加以拆解,梳理影响系统成本管理目标的关键要素,并以此为基础构建成本动因控制模型。考虑到成本动因要素可能对多个成本管理目标产生影响,故对关键要素进行筛选和量化分析,最终得出以下结论:

(1) 在 ULS 全生命周期成本中,运营成本占比最大。当货运需求足够大时,网络规模的扩张有助于提升系统净收益,同时延长系统运营的盈利期;然而,当货运需求达到饱和后,无序的网络扩张将使得系统运营失去经济竞争性。

(2) 系统网络布局与资源配置之间的平衡关系会影响系统成本管理目标的优化效果。在尽可能满足货运需求的前提下,合理的网络配置将会带来更大的净收益;反之,若设施和设备数量配置不当,则会导致成本大幅增加,甚至造成系统运营严重亏损。

（3）参与方协同方式会影响 ULS 的成本分担及融资策略，且与 ULS 建设和运营成本之间并非简单的线性关系。由于 ULS 网络分阶段发展，参与方的利益协同关系也随之变化，不同阶段对应的成本分担和融资策略将会影响系统在物流市场的占有率，即货运需求影响系统成本。

参考文献

[1] 肖永辉,王政力. 试论战略成本动因的内在联系及其分析的基本思路[J]. 黑龙江对外经贸,2005(3):68-69.

[2] Behiri W, Belmokhtar-Berraf S, Chu C. Urban freight transport using passenger rail network: scientific issues and quantitative analysis[J]. Transportation Research: Part E: Logistics and Transportation Review, 2018, 115: 227-245.

[3] Visser J. The development of underground freight transport: an overview[J]. Tunnelling and Underground Space Technology, 2018, 80: 123-127.

[4] Chen Z, Chen J, Liu H, et al. Present status and development trends of underground space in Chinese cities: evaluation and analysis[J]. Tunnelling and Underground Space Technology, 2018, 71(1): 253-270.

[5] 华宇虹,李文兴. 准公共物品属性视角下的城市轨道交通战略成本动因研究[J]. 北京交通大学学报（社会科学版）,2012,11(2):14-20.

[6] Zahed S E, Shahandashti S M, Najafi M. Lifecycle benefit-cost analysis of underground freight transportation systems[J]. Journal of Pipeline Systems Engineering and Practice, 2018, 9(2): 04018003.

[7] Bliss, D. Mail rail—70 years of automated underground freight transport[C]//Proceedings of the 2th International Symposium on Underground Freight Transportation, 2000.

[8] Zahed S E, Shahandasht S M, Najafi M. Investment Valuation of an Underground Freight Transportation (UFT) System in Texas[C]//Proceedings of the Sessions of the Pipelines Conference, 2017.

[9] Zhao X, Hwang B G, Yu G S. Identifying the critical risks in underground rail international construction joint ventures: case study of Singapore[J]. International Journal of Project Management, 2013, 31(4): 554-566.

[10] Li T, Wang Z. Optimization layout of underground logistics network in big cities with plant growth simulation algorithm[J]. Xitong Gongcheng Lilun yu Shijian (Systems Engineering Theory and Practice), 2013, 33(4): 971-980.

[11] Hwang B G, Zhao X, Yu G S. Risk identification and allocation in underground rail construction joint ventures: contractors'perspective[J]. Journal of Civil Engineering and Management, 2016, 22(6): 758-767.

[12] Tabesh A, Najafi M, Jalalediny Korky S, et al. Comparison of construction methods for underground freight transportation in Texas[C]//Proceedings of the Pipelines Conference—Out of

Sight, Out of Mind, Not Out of Risk, 2016.

[13] Muravev D, Hu H, Rakhmangulov A, et al. Multi-agent optimization of the intermodal terminal main parameters by using AnyLogic simulation platform: case study on the Ningbo-Zhoushan Port [J]. International Journal of Information Management, 2021, 57: 102133.

第3章
成本不确定情况下基于地铁的地下物流系统网络资源联合优化

基于本书第 2 章对成本动因影响关系的分析，本章聚焦系统网络设施设备的资源配置，从网络规划角度提出系统成本优化方法。首先，从基于地铁的地下物流系统网络运作流程出发，梳理系统网络规划思路、资源要素的构成以及系统资源配置与所需优化的成本因素。其次，在考虑成本不确定的条件下，构建以系统综合成本（包含建设成本和运营成本）最低为目标的网络和供应链双维度资源联合配置模型。针对多维目标优化问题，利用启发式算法设计求解策略。最后，以某城区"一环线二横线"的真实规划地铁项目为例，计算最优网络资源配置方案，并分析不同因素对系统成本的影响。

3.1 基于地铁的地下物流系统网络资源配置问题描述

3.1.1 基于地铁的地下物流系统网络规划与资源配置

构建基于地铁的地下物流系统（M-ULS）网络时，通常需要考虑新建网络或基于既有地铁网络进行货运系统的网络规划和资源配置。

1. 基于地铁的地下物流系统网络规划

与一般的物流网络规划问题不同，M-ULS 的网络规划不仅需要考虑客货运列车的协调运作，还需要关注地下基础设施布局所面临的空间限制。M-ULS 的大部分基础设施与客运系统是共用的，然而，依据货运特征和系统运作需求，也会考虑新建一部分轨道及货运站点。

M-ULS 网络是由主网络和末端配送网络构成的双层网络。其中，主网络由起始货运站点（Origin Freight Station，OFS）、一般货运站点（General Freight Station，GFS）、综合换乘站点（Integrated Freight Station，IFS）和地铁轨道线路组成；末端配送网络则包含了 GFS、IFS、二级节点（Second Node，SN）以及二级地下小管径配送网络。在

M-ULS 网络布局规划中,需要依据货运服务分配、多流向货物在系统中的运输路径等要素来确定不同类型货运站点的位置及配属关系。例如,在统筹考虑货运站点服务半径、站点处理能力、站点运作功能的基础上,在既有地铁客运换乘站点中确定 IFS,在一般客运站点中选择 GFS,在客户需求点中选择 SN,并据此明确 SN 与 GFS 之间的附属关系。

2. 基于地铁的地下物流系统物流资源配置

受客运地铁网络线路布局的限制,M-ULS 为满足货运需求,需在保障客货双系统正常运行的前提下,以最小运营成本为目标,对与货运系统相关的物流资源进行网络优化配置。

根据 M-ULS 的运作流程,梳理货运系统的资源种类以及其对系统运作的影响。这涉及系统运作的多个环节(如运输、仓储、流通加工等)所使用到的各类资源。以满足货运需求为前提,以低运营成本和高资源利用率为目标,对既定地铁网络下的站点规模与货物运输路径加以优化;同时,结合多品类货运需求特征,实现货运系统物流资源供给与需求的有效匹配。

3.1.2 基于地铁的地下物流系统资源要素构成

根据不同的系统运作模式,M-ULS 的资源会存在一定差异。由于 M-ULS 与客运系统共用众多的设施设备,所以系统建设、运营成本及运作效率均会受到各类相关资源配置情况的影响。其中,M-ULS 的设施设备资源是系统成本优化研究的主要对象。

1. 设施资源

M-ULS 的设施资源包括地铁轨道线路、货运站点、站点仓库和堆场等。

(1) 地铁轨道线路。由于客货运列车共用地铁轨道线路,线路的通行能力会直接影响列车排班与系统运输能力,且对不同类型网络下的列车运行设置了不同程度的限制条件。

(2) 货运站点。货运列车会在货运站点停留并进行装卸货操作。在多层网络环境下,货运站点按等级划分。一级货运站点作为货运系统网络枢纽,具备货物仓储、二次加工及换乘功能;二级货运站点则具有临时仓储和简单流通加工功能。多级货运站点的分布状况会对列车的运行规则产生影响。

(3) 站点仓库。已打包好的货物被运输至某站点后,系统会依据货物流向判断是否抵达目的站点。若未到达,货物将在站点仓库临时存储,等待换乘货运列车或直接出站运输。站点仓库的容量决定了站点处理和存放货物的能力,同时也会对站点的建设成本产生影响。

(4) 堆场。堆场是指货物在站点办理装卸、转运、拆装包等流通加工操作的场所。堆场的规模大小直接影响站点货物的处理效率。

2. 设备资源

M-ULS 的设备资源是系统运作的基础,与运营成本优化相关的资源包括站点装卸、运输设备以及其他辅助操作设备。

(1) 堆场作业机械。这些机械包括货物在货运站点堆场进行一系列操作时使用的叉车、分拣机械等。作业机械的数量、类型及操作效率会直接影响站点货物流通加工处理的效率与能力。

(2) 货运列车。货运列车排班受客运列车排班需求制约。拖挂式列车和客货分离式列车由于承载力和运作模式的不同,对系统运营成本和效率产生直接影响。

3.1.3 基于地铁的地下物流系统网络资源优化配置内涵

1. 基于地铁的地下物流系统网络资源配置内涵

M-ULS 整体网络运营中的资源配置,一方面会对网络层级的划分产生影响,进而直接关系到系统的建设成本;另一方面则会影响货物在网络中的运作流程,这关系到 M-ULS 供应链的运营成本。因此,在构建以建设和运营成本最低为优化目标的 M-ULS 资源优化模型时,需从两个维度加以考量。

(1) M-ULS 网络资源配置。网络资源配置涉及系统物流设施布局,主要包括站点的分类和定位,以及不同等级仓库的位置布局。站点仓储容量与流通加工设备的操作效率共同决定了站点的货物处理能力。鉴于本研究是基于一个确定网络展开的,并且假设同等级网络中隧道或管道通行能力相同,因此,不同等级仓储与设备资源的配置不仅直接决定了网络站点的等级,还会影响货物在网络中的流向。

(2) 供应链资源优化配置。这涉及 M-ULS 供应链整体流程的优化。基于 M-ULS 运作流程,以货物在网络中所经历的所有环节的总成本最小为目标,对运输、仓储、流通加工等提升供应链运作效率相关的操作环节进行资源优化配置。

以上两个维度的资源配置并非相互独立。从货物视角出发选择最优网络运行路径时,网络资源配置和供应链资源配置共同决定了 M-ULS 的整体成本和运作效率。因此,需在既有网络和列车排班计划的基础上,结合货运路径选择、停留站点类别、转运次数等因素,在满足货运需求的前提下,构建二者相结合的 M-ULS 网络运营资源优化配置模型。

2. 不同货物类型对资源配置的影响

不同类型的货物对于在网络中的运输流程有着不同的需求。例如,整车运输的货运专列通常只进行两站点之间的直线运输,一般不考虑换乘和转运;一般快递包裹数量庞大且发货地点分散,但对时效性要求不高的货物运输,可以接受在多层级网络中的层层分拣和转运;冷链货物不仅对货运车厢和仓库有特殊的恒温制冷要求,而且对运输及时性要求很高,否则易因囤积导致变质损耗,从而产生变质成本。因此,货物类型会对 M-ULS 网络资源配置形成一定的约束。

(1) 专线货物:一般要求起讫点在同一条地铁线路上,货运车厢不与其他货物混装,且每日运输时间相对固定。这意味着在特定时间及线路上要配备专用列车保障运输。

(2) 快递包裹:一般对货运流程的要求相对宽松,可根据网络整体资源情况来灵活安排站点打包、运输、临时仓储、流通加工、转运、配送等环节。然而,此类货物数量庞大,对网络运营成本影响显著。倘若合理配置资源,便能节约大量成本。

(3) 冷链货物:对运输和仓储设备有特殊要求,符合冷链货物需求的设备购置成本和运营成本相对更高,因此,需要根据冷链货物的需求量来合理规划相应的运输和仓储资源配置。值得注意的是,虽然可以在每个货运站点设置不同等级的仓库,但考虑到冷链设备成本高昂,仅会在部分站点或线路配置冷链仓库和列车。为了满足全区域的冷链货运需求,冷链货物通常会先通过道路运输至集中收货站点,再统一接入 M-ULS 网络。

3. 基于地铁的地下物流系统优化成本要素

基于上述对 M-ULS 资源配置的分析,结合本书第 2 章中 ULS 全生命周期成本的构成,可以发现资源配置涉及的可优化成本要素如下。

(1) 网络建设成本。在既定的地铁线网布局下,影响建设成本的是货运站点的改造费用。在基于既有客运站点布局的地铁网络中,需依据货运需求和系统运作流程,设计选取部分客运站点改造为货运站点,以承担 ULS 的具体物流操作。货运站点分为起始货运站点(OFS)、一般货运站点(GFS)和综合换乘站点(IFS)三个等级,各等级站点具有不同的功能,承担着不同的物流运作流程。因此,货运站点的改造费用与三种等级货运站点的配置数量有关。

(2) 网络运营成本。该成本与网络运作流程及货物流向有关,具体涉及货物操作流程,包含运营维护阶段的运营成本和协同运作成本。其中,运营成本包括仓储、流通加工、运输等环节的成本。由于不同等级站点的仓储需求量不同,因而将仓储容量也相应地划分为三级。货物从起始货运站点进入系统网络后,经系统调度有可能被临时存储于站点仓库,进而产生仓储成本。值得注意的是,冷链仓储成本比普通仓储成本要高。流通加工是指货物在网络中经历打包、拆包等二次加工环节。考虑到货物在网络中不会重复经过某条线路或某个站点,因此流通加工成本主要产生于起始站点、末端站点及转运站点,这也就意味着货物转运次数越少,流通加工成本就越低。运输环节与货物运输的路径选择有关,一般选择货物运输最短路径能够有效控制系统的总运输成本。

(3) 协同运作成本。该成本是指系统协同运作过程中产生的成本,具体包括客运量损失成本、客运延误成本和安全维护成本。其中,客运量损失成本是指运行拖挂式货运列车导致客运量减少,进而产生的客运收益损失;客运延误成本是指运行分离式货运列车导致的客运延误所产生的成本;安全维护成本是指为保障货运安全运维而产生的成本,其与货运列车运行总距离有关,可通过合理规划货运路径来优化该成本。

3.2 成本不确定情况下基于地铁的地下物流系统网络资源优化配置模型

3.2.1 网络资源优化配置模型假设

M-ULS网络资源配置优化的核心在于保证客-货协同运行的基础上,优化站点布局和运输全链成本。根据上述对系统资源双重维度的阐述,M-ULS的网络资源配置问题可描述为:在既定的地铁规划网络中,客运站点的位置已固定,货运站点需从客运站点中选择并进行改建。考虑到货物在网络中的运作流程,货运站点根据仓储等级及功能定位被划分为OFS、GFS和IFS。实际规划时,需要根据区域的货运需求,首先确定货运站点的分布,同时确定不同等级仓库的布局,该过程涉及站点的扩建成本。

由于考虑的是M-ULS运作全流程的成本优化,故会涉及运输、仓储、流通加工、运营协同等环节的成本。其中,运输成本包含M-ULS主网络和末端配送两部分。货运列车与客运列车采用交叉发车模式,拖挂式货运列车每站都停,分离式货运列车仅在货运站点停靠。仓储成本主要考虑货物在OFS、目的地GFS及转运站点临时仓储产生的费用。流通加工成本是指货物在进出主网络时因打包、拆包、分拣操作所产生的成本。运营协同附加成本涉及由于货运列车运行所带来的系统安全维护成本的增加部分。网络资源优化问题旨在基于区域货运需求特征,以系统成本最低为目标,确定网络及供应链资源配置的最优策略。

由于专线货物的起讫点相对固定,且仅在单线线路上进行运输,可通过在固定时段临时增配车辆来满足运输需求,因此其对整体复杂网络的资源配置的影响较小。为了简化模型,本研究仅考虑城市快递包裹和冷链货物两种货物类型。

为确定该问题的边界,特作如下假设:

(1) 单个SN仅服务于一个GFS,而一个GFS可直连多个SN;

(2) 列车排班固定,货物可依据需要,根据系统调配在网络中流通转运;

(3) 网络中的货运站点因配备了不同容量的仓储和加工设备,被划分为不同等级,以此来划分物理网络的等级;

(4) M-ULS网络中,一级网络所有隧道的通行能力相同,二级网络(末端配送)的通行能力小于一级网络;

(5) 模型设定以系统完成区域内单日货运需求运输为限,不考虑单个货物对运输时间窗的要求;

(6) 货物在网络中不会重复经过同一条线路或站点;

(7) 货物以打包好的货运单元形式在网络中运行,中途禁止拆包;

(8) 从城外向城内运输的货物必须从起始货运站点进入网络;

(9) 从城内向城外或同城运输的货物,可从任意货运站点进入主网络;

(10) 末端配送线路以最短路径直连最终需求点。

3.2.2 成本不确定的刻画

M-ULS 的网络资源配置存在不确定性,主要受模糊外部环境与随机参数的双重影响。一方面,货运需求变化、系统故障等造成的网络不确定性属于随机变量,可以通过满足一定的分布规律,以发生概率和期望来进行量化处理;另一方面,利益相关者在面对决策时存在主观偏好及认知差异,这导致了模糊性的产生,而这种模糊性通常可以采用可信性测度(如三角模糊数、高斯模糊数)对模糊事件予以度量。本章在考虑 M-ULS 的建设和运营成本受网络布局、货运量需求、运作流程等因素影响的基础上,将成本的不确定性纳入研究范围,把单位建设成本和运营成本设为模糊变量,其中包括站点和管道的建设成本、流通加工成本、仓储成本和运输成本。

自 1965 年 Zadeh[1] 提出模糊集理论以来,模糊数被广泛应用于处理不确定性问题[2-4]。此后,多种模糊测度(如必要性测度、可能性测度、λ 模糊测度等)相继出现,用于对模糊事件进行度量。Liu 等[5] 提出的可信性测度进一步完善了模糊事件度量理论,并且证明了其具备较好的自对偶性和次可加性。

定义 1:设 ξ 为一个模糊数,r 为实数,该模糊数的隶属函数 μ 满足 $\mu(r)=1$,Cr 为模糊数的可信度,满足以下公式:

$$Cr\{\xi \leqslant r\} = \frac{1}{2}\left[1 + \sup_{x \leqslant r}\mu(x) - \sup_{x > r}\mu(x)\right] \tag{3-1}$$

定义 2:模糊数 ξ 的可信性分布 $\Phi: \mathbb{R} \to [0,1]$ 被定义为

$$\Phi(x) = Cr\{\xi \leqslant r\}, \ x \in \mathbb{R} \tag{3-2}$$

若 $\Phi(x)$ 同时满足以下两个条件,则该可信性分布是规则的:

(1) 当 $0 < \Phi(x) < 1$ 时,连续且严格递增;

(2) $\lim\limits_{x \to -\infty}\Phi(x) = 0$,$\lim\limits_{x \to +\infty}\Phi(x) = 1$。

定义 3:模糊数 ξ 的期望值被定义为

$$E[\xi] = \int_0^{+\infty} Cr\{\xi \geqslant r\} \mathrm{d}r - \int_{-\infty}^0 Cr\{\xi \leqslant r\} \mathrm{d}r \tag{3-3}$$

结合上述定义 2,期望值 $E[\xi]$ 可改写为

$$E[\xi] = \int_0^1 \Phi^{-1}(x) \mathrm{d}x \tag{3-4}$$

式中,Φ^{-1} 为模糊数 ξ 的逆可信性分布。

若 ξ 是一个三角模糊数,可记为 $\Upsilon(b, b-a, c-b)$,其隶属度函数为

$$\mu(x) = \begin{cases} \dfrac{x-a}{b-a}, & \text{当 } a \leqslant x \leqslant b \\ \dfrac{c-a}{c-b}, & \text{当 } b \leqslant x \leqslant c \\ 0, & \text{其他} \end{cases} \quad (3\text{-}5)$$

基于上述公式,可得到 ξ 的期望值为 $E[\xi] = \dfrac{a+2b+c}{4}$。

3.2.3 网络资源优化配置模型构建

1. 模型建立

从 M-ULS 网络的建设成本和运营成本两个层面出发,构建以成本为导向的多目标优化模型。

$$\min f_1 = C_{\text{fix}} \quad (3\text{-}6)$$

$$\min f_2 = C_{\text{op}} = C_{\text{tr}} + C_{\text{cp}} + C_{\text{st}} + C_{\text{sa}} \quad (3\text{-}7)$$

以上式中 C_{fix}——建设成本,包含主网络货运站点的改建成本、二级网络二级节点(SN)的建设成本以及二级小管径管道(SP)的建设成本;

C_{op}——运营成本;

C_{tr}——运输成本;

C_{cp}——流通加工成本;

C_{st}——仓储成本;

C_{sa}——安全维护成本。

记地铁客运站集合 $S = \{s_1, s_2, \cdots, s_i, \cdots, s_m\}$,其中 m 为客运站点总数;记货运需求点集合 $P = \{p_1, p_2, \cdots, p_n\}$,$n$ 为需求点总数;$Y_i^\alpha = \{0, 1\}$ 表示客运站点 i 是否需要作为 α 等级的货运站点,则货运站点集合 $S^z = \{s_i^z = Y_i \cdot s_i \mid i = 0, 1, 2, \cdots, m\}$,且满足以下条件:

$$\sum_{i \in S} \sum_{\alpha=1,2,3} Y_i^\alpha \leqslant m \quad (3\text{-}8)$$

$$\sum_{\alpha=1,2,3} Y_i^\alpha \leqslant 1 \quad (3\text{-}9)$$

从货运需求点中选取 SN 节点,$Z_v = \{0, 1\}$ 表示货运需求点 v 是否要选作 SN 节点,满足以下条件:

$$\sum_{v \in P} Z_v \leqslant n \quad (3\text{-}10)$$

1) 建设成本

M-ULS 与客运系统共用隧道、轨道及部分站点设施。由于货流和客流在流量及流向上存在极大差异,且货运站点与客运站点的服务范围不同,所以货运站点(IFS,OFS,GFS)将从客运站点中选择,并依据货运需求和运作流程来确定不同等级货运站点的布局,这一过程将产生不同的站点改建成本。此外,二级网络的 SN 需从区域货运需求点中选取,同时考虑与货运站点连接的最短路径。综上,M-ULS 建设总成本为

$$C_{\text{fix}} = \sum_{i \in S} \sum_{\alpha=1,2,3} Y_i^{\alpha} \cdot \widehat{c_i^{\gamma\alpha}} + \sum_{v \in P} Z_v \cdot \widehat{c_v^{\vartheta}} + \sum_{g \in G} \sum_{w, v \in P} \widehat{c_g^{\chi}} \cdot U_g \cdot E_g \cdot \lceil q_{w,v} \cdot W_{uvg} / cap_{\text{SP}} \rceil$$

(3-11)

式中 $c_i^{\gamma\alpha}$——客运站点 i 改造为 α 级货运站点的模糊成本,$\alpha = \{1, 2, 3\}$;

c_v^{ϑ}——货运需求点建设为 SN 的模糊建设成本;

c_g^{χ}——路段 g 建设二级管道(SP)的模糊成本;

U_g——路段 g 是否要建设 SP,$U_g = \{0, 1\}$;

E_g——路段 g 的欧几里得距离;

W_{uvg}——货运需求 $q_{w,v}$ 是否通过路段 g 运行,$W_{uvg} = \{0, 1\}$;

cap_{SP}——SP 的运输能力。

设任意由 $w \rightarrow v$ 的货运需求为 $q_{w,v}$,而 $w, v \in P$ 且 $w \neq v$,则由起点 w 进入 M-ULS 网络的起始货运站点为 s_i^z,记为 $O_{q_{w,v}}$;离开 M-ULS 网络到达终点 v 的货运站点为 s_j^z,$i \neq j$ 且 $i, j \in S^z$,记为 $D_{q_{w,v}}$。由起点 w 至货运站点 s_i^z 的距离记为 $d_w^{O_{q_{w,v}}}$,由货运站点 s_j^z 到终点 v 的距离记为 $d_v^{D_{q_{w,v}}}$;由货运站点 s_i^z 至 s_j^z 的运输距离记为 $d^{O_{q_{w,v}}, D_{q_{w,v}}}$。为便于分析和研究,假设货运需求 $q_{w,v}$ 总是选择距离其起、终点最近的 M-ULS 站点进行运输。因此,对于从货运需求起点 w 发出的货物,其选择货运起始站点 $O_{q_{w,v}} = \{s_i^z, \min\{d_w^{s_i^z} \mid \forall s_i^z \in S^z\}\}$,同理可得货运终止站点 $D_{q_{w,v}} = \{s_j^z, \min\{d_v^{s_j^z} \mid \forall s_j^z \in S^z\}\}$,且 $i \neq j$,并假设在选定的货运起、终点站点间,货物运输也按照最短路原则进行。

2)运营成本

(1)运输成本。

由于本研究聚焦于 M-ULS 的全流程成本,货物运输成本需涵盖货源真实起终点间的实际运输费用。若选定的货运起终点不在同一条运营线路上,那么货物就需要实施转运操作。考虑到货物在转运过程中同样会占用 M-ULS 的资源,因此本研究将转运成本纳入运输成本范畴。

记 M-ULS 运营线路集合 $L = \{l_1, l_2, \cdots, l_k\}$,$k$ 为系统运营线路总数;设起始货运站点 $O_{q_{w,v}}$ 属于线路 l_m,终点站 $D_{q_{w,v}}$ 属于线路 l_n;设 $\mu_{w,v}$ 为货运需求的转运次数,当 $m = n$ 时,货物无须进行转运,此时 $\mu_{w,v} = 0$;否则,货物需要进行转运,由起始货运站 $O_{q_{w,v}}$ 到达终点站 $D_{q_{w,v}}$ 必须经过的转运站点集合为 $M_{q_{w,v}} = \{s_i^z \mid s_i^z$ 为 $q_{w,v}$ 的转运站点$\}$。此处为便于研究,假设货物转运次数最多不超过 N 次。综上所述,货运需求 $q_{w,v}$ 的转运次数可由式(3-12)计算得到:

$$\mu_{w,v} = \| M_{q_{w,v}} \| \tag{3-12}$$

$$\mu_{w,v} \leqslant N \tag{3-13}$$

系统内单位货物的一次转运成本记为 $\hat{c^{\pi}}$，M-ULS 末端配送的单位货物运输成本记为 $\hat{c^{\beta}}$，在 M-ULS 系统内单位货物的运输成本记为 $\hat{c^{\delta}}$，则 $w \to v$ 的运输成本为

$$c_{w,v}^{\tau} = [(d_w^{O_{q_{w,v}}} + d_v^{D_{q_{w,v}}}) \cdot \hat{c^{\beta}} + d^{O_{q_{w,v}}, D_{q_{w,v}}} \cdot \hat{c^{\delta}} + \hat{c^{\pi}} \cdot \mu_{w,v}] \cdot q_{w,v} \tag{3-14}$$

系统总运输成本为

$$C_{\text{tr}} = \sum_{w \neq v \text{且} w,v \in P} c_{w,v}^{\tau} \tag{3-15}$$

（2）流通加工成本。

考虑到 M-ULS 采用的是标准化运输模式，故对于进入该系统的货物需要进行标准化打包处理，而对于流出系统的货物，则要进行拆包操作。基于此，本研究将货物在站点的流通加工成本纳入考量范围。记货运站点的单位加工成本为 $\hat{c^{\mu}}$；系统运营期间，由货源站点 s_i^z 进入系统的货运需求记为 $q_{s_i^z}^{\text{in}}$；由该站点离开系统的货运需求记为 $q_{s_i^z}^{\text{out}}$。那么，出、入货运站点的需求分别为

$$q_{s_i^z}^{\text{in}} = \sum_{O_{q_{w,v}} = s_i^z, \forall w,v \in P \text{且} w \neq v} q_{w,v} \tag{3-16}$$

$$q_{s_i^z}^{\text{out}} = \sum_{D_{q_{w,v}} = s_i^z, \forall w,v \in P \text{且} w \neq v} q_{w,v} \tag{3-17}$$

站点的转运货量 $q_{s_i^z}^{\text{tf}}$ 按式(3-18)进行计算：

$$q_{s_i^z}^{\text{tf}} = \sum_{s_i^z \in M_{q_{w,v}}, \forall w,v \in P \text{且} w \neq v} q_{w,v} \tag{3-18}$$

综上所述，货运站点 s_i^z 的总流通加工成本为

$$c_{s_i^z}^{\mu} = (q_{s_i^z}^{\text{in}} + q_{s_i^z}^{\text{out}} + q_{s_i^z}^{\text{tf}}) \cdot \hat{c^{\mu}} \tag{3-19}$$

系统总流通加工成本为

$$C_{\text{cp}} = \sum_{s_i^z \in S^z} c_{s_i^z}^{\mu} \tag{3-20}$$

将货运站点 s_i^z 的最大流通加工能力记为 $cap_{s_i^z}^{\partial}$，设站点单位时间内流通加工能力为 $cap_{s_i^z}^{\psi}$，则 $cap_{s_i^z}^{\partial} = cap_{s_i^z}^{\psi} \cdot T$，其中 T 为系统运营时长。那么货运站点的总周转量应满足以下条件：

$$q_{s_i^z}^{\text{in}} + q_{s_i^z}^{\text{out}} + q_{s_i^z}^{\text{tf}} \leqslant cap_{s_i^z}^{\partial}, \ \forall s_i^z \in S^z \tag{3-21}$$

令货运站点的总周转量为 $q_{s_i^z} = q_{s_i^z}^{\text{in}} + q_{s_i^z}^{\text{out}} + q_{s_i^z}^{\text{tf}}$，式(3-21)可进一步化简得：

$$q_{s_i^z} \leqslant cap_{s_i^z}^{\partial}, \ \forall s_i^z \in S^z \tag{3-22}$$

（3）仓储成本。

考虑到系统内部存在流通加工、装卸作业、列车运载能力等多方面的限制因素，进入系统的货物很难实现"随到随运"。因此，需要将货物在系统内等待运输期间所产生的仓储成本考虑在内。为便于分析和研究，我们作出如下假设：在系统运营期间，所有货物都能完成全部运输环节，并到达最终的货运需求终点，即货物不会在站点内存储至下一个运营日。记货运站点 s_i^z 单位时间内单位货物的仓储模糊成本为 $\widehat{c_{s_i^z}^{\varphi}}$。从功能上来说，货运站点 s_i^z 既可能是货运需求的起点或终点，也可能是转运站点，因此有必要针对上述三种功能下的站点仓储成本展开讨论和分析。将站点作为起始站时产生的仓储成本记为 $c_{s_i^z}^{\eta, \text{in}}$，作为终点站时产生的仓储成本记为 $c_{s_i^z}^{\eta, \text{out}}$，作为转运站点时产生的仓储成本为 $c_{s_i^z}^{\eta, \text{tf}}$。各部分的仓储成本分别按式(3-23)、式(3-24)和式(3-25)进行计算。

$$c_{s_i^z}^{\eta, \text{in}} = \sum_{s_i^z = O_{q_{w,v}}, \ \forall w, v \in P \text{且} w \neq v} q_{w,v} \cdot t_{w,v}^O \cdot \widehat{c_{s_i^z}^{\varphi}} \tag{3-23}$$

$$c_{s_i^z}^{\eta, \text{out}} = \sum_{s_i^z = D_{q_{w,v}}, \ \forall w, v \in P \text{且} w \neq v} q_{w,v} \cdot t_{w,v}^D \cdot \widehat{c_{s_i^z}^{\varphi}} \tag{3-24}$$

$$c_{s_i^z}^{\eta, \text{tf}} = \sum_{s_i^z \in M_{q_{w,v}}, \ \forall w, v \in P \text{且} w \neq v} q_{w,v} \cdot t_{w,v}^{\text{tf}, s_i^z} \cdot \widehat{c_{s_i^z}^{\varphi}} \tag{3-25}$$

以上式中　$t_{w,v}^O$——将站点作为起始点的货运需求 $q_{w,v}$ 的仓储时间；

$t_{w,v}^D$——将站点作为终点的货运需求 $q_{w,v}$ 的仓储时间；

$t_{w,v}^{\text{tf}, s_i^z}$——货运需求 $q_{w,v}$ 将货运站点 s_i^z 作为转运站点时的仓储时长，$w, v \in P$ 且 $w \neq v$。

为便于开展研究，本书暂不考虑系统特殊的排班计划，假定在 M-ULS 系统运营期间采用相同的发车间隔来组织运力，列车在各货运站点的停站时间也相同。同时，在系统开始运营后，货物按照均匀时间间隔陆续到达货运起始站点，并遵循"先进先出"(First In First Out, FIFO)原则进行运输。设列车发车间隔为 h，列车在货运站点的停留时长为 θ，单列列车的载货能力为 Ω。

对于进入货运站点等待运输的货物 $q_{w,v}$，其在货运起始站点的仓储时间 $t_{w,v}^O$ 按式(3-26)进行计算：

$$t_{w,v}^O = I_{O_{q_{w,v}}} \cdot h \tag{3-26}$$

式中，$I_{O_{q_w,v}}$ 为货运需求在起始站点所需等待的列车趟数。

同理可得，货物在转运站点的仓储时间为

$$t_{w,v}^{\mathrm{tf},s_i^z} = I_{s_i^z,q_w,v}^{\mathrm{tf}} \cdot h, \quad \forall s_i^z \in M_{q_w,v} \tag{3-27}$$

式中，$I_{s_i^z,q_w,v}^{\mathrm{tf}}$ 为货运需求在转运站点所需等待的列车趟数。对于在货运站点等待转运的货物，考虑到系统安全运营的需要，列车发车间隔和列车在站点的停留时长须满足以下条件：

$$h \geqslant X^{\min} \tag{3-28}$$

$$\theta \leqslant \Lambda^{\max} \tag{3-29}$$

以上式中 $X^{\min}$——系统要求的列车最小发车间隔；

$\Lambda^{\max}$——系统规定的列车在站点的最大停靠时长。

综上所述，该站点的仓储成本 $c_{s_i^z}^{\eta}$ 为

$$c_{s_i^z}^{\eta} = c_{s_i^z}^{\eta,\mathrm{in}} + c_{s_i^z}^{\eta,\mathrm{out}} + c_{s_i^z}^{\eta,\mathrm{tf}} \tag{3-30}$$

进一步可得到系统的总仓储成本为

$$C_{\mathrm{st}} = \sum_{s_i^z \in S^z} c_{s_i^z}^{\eta} \tag{3-31}$$

设货运站点 s_i^z 的最大仓储能力为 $cap_{\gamma_i}^{\mathrm{w}}$，则站点的仓储货物周转能力应满足以下条件：

$$\sum_{s_i^z = O_{q_{w,v}}, \forall w,v \in P 且 w \neq v} q_{w,v} \cdot t_{w,v}^{O} + \sum_{s_i^z \in M_{q_{w,v}}, \forall w,v \in P 且 w \neq v} q_{w,v} \cdot t_{w,v}^{\mathrm{tf}} \leqslant cap_{\gamma_i}^{\mathrm{w}} \cdot T \tag{3-32}$$

（4）安全维护成本。

由于 M-ULS 与原有的地铁客运系统共用一套地下网络设施，因此在原有的安全维护基础上，会产生额外且必需的安全维护成本。本书将单位货运需求单位运输距离所增加的额外安全维护成本记为 c^{ζ}，则系统增加的总安全维护成本 C_{sa} 计算公式如下：

$$C_{\mathrm{sa}} = \sum_{w,v \in P 且 w \neq v} q_{w,v} \cdot d^{O_{q_{w,v}},D_{q_{w,v}}} \cdot \widehat{c^{\zeta}} \tag{3-33}$$

2. 模型转化

假设 M-ULS 系统站点建设的单位成本 $\widehat{c^{\gamma}}$ 为满足 $\widehat{c^{\gamma}} \in [c^{\gamma}(\alpha) - b_1, c^{\gamma}(\alpha), c^{\gamma}(\alpha) + e_1]$ 的三角模糊变量，其中 b_1 和 e_1 分别为模糊区间的左、右宽度。同样地，$\widehat{c^{\tau}}$，$\widehat{c^{\mu}}$，$\widehat{c^{\eta}}$，$\widehat{c^{\zeta}}$ 表示为具有正态分布的模糊变量。对目标函数进行重新整理可得到式(3-34)和式(3-35)，另外，通过对模糊成本的处理，以期望函数[6]对目标函数进行改写，可得到

式(3-36)和式(3-37)。

$$\min \widehat{f}_1 = \sum_{i \in S} \sum_{a=1,2,3} Y_i^a \cdot \widehat{c_i^{\gamma a}} + \sum_{v \in P} Z_v \cdot \widehat{c_v^{\vartheta}} + \sum_{g \in G} \sum_{w,v \in P} \widehat{c_g^{\chi}} \cdot U_g \cdot E_g \cdot \lceil q_{w,v} \cdot W_{wvg}/\partial_{SP} \rceil \tag{3-34}$$

$$\min \widehat{f}_2 = \sum_{w \neq v \text{且} w, v \in P} [(d_w^{O_{q_{w,v}}} + d_v^{D_{q_{w,v}}}) \cdot \widehat{c^{\beta}} + d^{O_{q_{w,v}}, D_{q_{w,v}}} \cdot \widehat{c^{\delta}} + \widehat{c^{\pi}} \cdot \mu_{w,v}] \cdot q_{w,v} + $$
$$\sum_{s_i^z \in S^z} \Big(\sum_{O_{q_{w,v}} = s_i^z, \forall w,v \in P \text{且} w \neq v} q_{w,v} + \sum_{D_{q_{w,v}} = s_i^z, \forall w,v \in P \text{且} w \neq v} q_{w,v} + $$
$$\sum_{s_i^z \in M_{q_{w,v}}, \forall w,v \in P \text{且} w \neq v} q_{w,v} \Big) \cdot \widehat{c^{\mu}} + \sum_{s_i^z \in S^z} \Big(\sum_{s_i^z = O_{q_{w,v}}, \forall w,v \in P \text{且} w \neq v} q_{w,v} \cdot t_{w,v}^O \cdot \widehat{c_{s_i^z}^{\varphi}} + $$
$$\sum_{s_i^z = D_{q_{w,v}}, \forall w,v \in P \text{且} w \neq v} q_{w,v} \cdot t_{w,v}^D \cdot \widehat{c_{s_i^z}^{\varphi}} + \sum_{s_i^z \in M_{q_{w,v}}, \forall w,v \in P \text{且} w \neq v} q_{w,v} \cdot t_{w,v}^{\text{tf}, s_i^z} \cdot \widehat{c_{s_i^z}^{\varphi}} \Big) + $$
$$\sum_{w,v \in P \text{且} w \neq v} q_{w,v} \cdot d^{O_{q_{w,v}}, D_{q_{w,v}}} \cdot \widehat{c^{\zeta}} \tag{3-35}$$

$$\min E(f_1) = \sum_{i \in S} \sum_{a=1,2,3} Y_i^a \cdot \frac{4c_i^{\gamma a} - b_1^{\gamma a} + e_1^{\gamma a}}{4} + \sum_{v \in P} Z_v \cdot \frac{4c_v^{\vartheta} - b_2^{\vartheta} + e_2^{\vartheta}}{4} + $$
$$\sum_{g \in G} \sum_{w,v \in P} \frac{4c_g^{\chi} - b_3^{\chi} + e_3^{\chi}}{4} \cdot U_g \cdot E_g \cdot \lceil q_{w,v} \cdot W_{wvg}/\partial_{SP} \rceil \tag{3-36}$$

$$\min E(f_2) = \sum_{w \neq v \text{且} w, v \in P} [(d_w^{O_{q_{w,v}}} + d_v^{D_{q_{w,v}}}) \cdot \frac{4c^{\beta}(\alpha) - b_4^{\pi} + e_4^{\pi}}{4} + d^{O_{q_{w,v}}, D_{q_{w,v}}} \cdot $$
$$\frac{4c^{\delta}(\alpha) - b_5^{\beta} + e_5^{\beta}}{4} + \frac{4c^{\pi}(\alpha) - b_6^{\delta} + e_6^{\delta}}{4} \cdot \mu_{w,v}] \cdot q_{w,v} + $$
$$\sum_{s_i^z \in S^z} \Big(\sum_{O_{q_{w,v}} = s_i^z, \forall w,v \in P \text{且} w \neq v} q_{w,v} + \sum_{D_{q_{w,v}} = s_i^z, \forall w,v \in P \text{且} w \neq v} q_{w,v} + $$
$$\sum_{s_i^z \in M_{q_{w,v}}, \forall w,v \in P \text{且} w \neq v} q_{w,v} \Big) \cdot \frac{4c^{\mu}(\alpha) - b_7^{\mu} + e_7^{\mu}}{4} + $$
$$\sum_{s_i^z \in S^z} \Big(\sum_{s_i^z = O_{q_{w,v}}, \forall w,v \in P \text{且} w \neq v} q_{w,v} \cdot t_{w,v}^O + \sum_{s_i^z = D_{q_{w,v}}, \forall w,v \in P \text{且} w \neq v} q_{w,v} \cdot t_{w,v}^D + $$
$$\sum_{s_i^z \in M_{q_{w,v}}, \forall w,v \in P \text{且} w \neq v} q_{w,v} \cdot t_{w,v}^{\text{tf}, s_i^z} \Big) \cdot \frac{4c_{s_i^z}^{\varphi}(\alpha) - b_8^{\varphi} + e_8^{\varphi}}{4} + $$
$$\sum_{w,v \in P \text{且} w \neq v} q_{w,v} \cdot d^{O_{q_{w,v}}, D_{q_{w,v}}} \cdot \frac{4c^{\zeta}(\alpha) - b_9^{\zeta} + e_9^{\zeta}}{4} \tag{3-37}$$

改写后的目标函数公式依旧满足约束,即式(3-8)—式(3-10)、式(3-21)—式(3-22)、式(3-27)—式(3-29)和式(3-32)。

3.3 NSGA-Ⅲ 算法设计

本研究中 M-ULS 网络资源配置以成本最优为目标,共包含 5 个目标。然而,受网络布局及系统运作流程影响,各成本优化目标并非相互独立,因此在进行算法设计时,需要尽可能地实现均衡优化。第三代非支配排序遗传算法(Non-dominated Sorting Genetic Algorithm Ⅲ,NSGA-Ⅲ)被认为是适用于本案例的求解算法。

NSGA-Ⅲ算法作为 NSGA-Ⅱ算法的改进版本,由 Deb 等[7]提出,用于解决三个及以上高维多目标的优化问题,具有良好的搜索帕累托最优解集的能力[8]。NSGA-Ⅲ算法基本沿用 NSGA-Ⅱ的算法框架,通过引入参考点机制来提高目标种群的复杂性,以应对 NSGA-Ⅱ算法在求解高维度多目标优化问题时,因种群非支配个体呈指数增加、高拥挤度选择策略导致目标种群易陷入局部最优解的问题。由于在实际问题中,超过三个目标的多目标优化问题更为普遍,且帕累托前沿难以表示,因此 NSGA-Ⅲ算法在高维多目标问题中更具适用性。

NSGA-Ⅲ算法的具体步骤如下:

步骤 0:设置算法的基本参数,包括交叉率、变异率、种群规模 N、最大迭代次数和决策变量等参数。

步骤 1:初始化种群,随机产生规模大小为 N 的种群 P_t。

步骤 2:结构化方式生成参考点。

步骤 3:计算当前父代种群各个体的适应度。

步骤 4:通过选择、交叉、变异操作生成规模大小为 N 的子代 Q_t,将父代 P_t 与子代 Q_t 结合生成种群大小为 $2N$ 的 R_t。

步骤 5:对 R_t 进行非支配排序,分为多个非支配层(F_1,F_2,…,F_l),从 F_1 开始对非支配层中个体进行选择以构造出新种群 S_t。

步骤 6:当 $|S_t|=N$,本轮迭代结束,S_t 作为下次迭代的父代种群 P_{t+1},并重复步骤 4 和步骤 5;若 $|S_t|>N$,则下一代的解由 F_l 之前非支配层个体以及通过参考点选择策略确定的 F_l 中的若干个体构成,此处转入步骤 7。

步骤 7:在($M-1$)维超平面上进行参考点设置,对种群进行自适应标准化处理,让种群中个体与参考点相关联,选择关联数目最少的参考点关联的个体保留至新种群 P_{t+1},直到 $|P_{t+1}|=N$。

步骤 8:返回步骤 4,直到运行至最大迭代次数后停止。

其中,步骤 7 里包含了 NSGA-Ⅲ算法的核心,具体操作如下:

(1) 在($M-1$)维超平面上进行参考点定义,M 为优化目标个数。

(2) 对 S_t 中可能被选择的个体进行自适应归一化处理。

(3) 计算 S_t 中个体与参考线之间的垂直距离,并将垂直距离最小的个体与该参考线代表的参考点相关联。

（4）计算每个参考点关联的个体数量，并选择关联数量最小的参考点，当与之关联的个体数为 0 时，若 F_l 中无个体与该参考点相关联，则重新选择参考点，若 F_l 中存在个体与该参考点相关联，则选择垂直距离最近的个体保留至 P_{t+1} 中；当与之关联的个体数不为 0 时，则在 F_l 中随机选择一个个体保留至 P_{t+1} 中。

（5）当 $|P_{t+1}|=N$ 时，算法结束。

NSGA-Ⅲ算法逻辑见图 3-1。

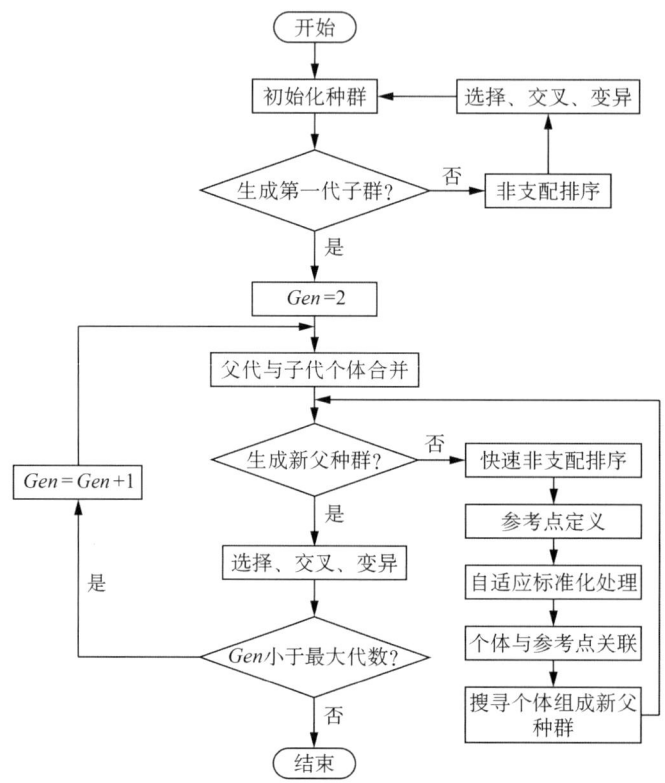

图 3-1　NSGA-Ⅲ算法逻辑

3.4　网络资源配置优化结果分析

3.4.1　案例设置

1. 案例网络描述

某城区已规划有 12 条地铁线路。本案例中选取该区域内的三条地铁线路，分别命名为 M102（环线）、M6 和 M101，用于 M-ULS 初步设计。

所选三条地铁线路的长度分别为 33.8 km（M102）、14.2 km（M6）和 16.5 km（M101）。

三条线路共设置43个一般客运站点和4个换乘站点,如图3-2所示,M102分别与M6和M101交会于TR1、TR4和TR2、TR3。假设城外物流园区(LPW)和起始货运站点(OFS)之间的轨道已经建成,四个普通站点被选为OFS:S1—OFS1,S17—OFS2,S22—OFS3,S32—OFS4。这些站点既是该区域内进城货物进入M-ULS网络的起点,也是出城货物在网络中的终点。网络资源配置优化的目的一方面是确定不同等级仓库的布局,即针对一般货运站点(GFS)及综合换乘站点(IFS)或换乘站点(TR)开展选址研究;另一方面则是确定网络中货物的路径选择。由于拖挂式列车排班受客运列车排班计划限制,本研究以客货分离式列车为例,开展系统网络资源配置研究。

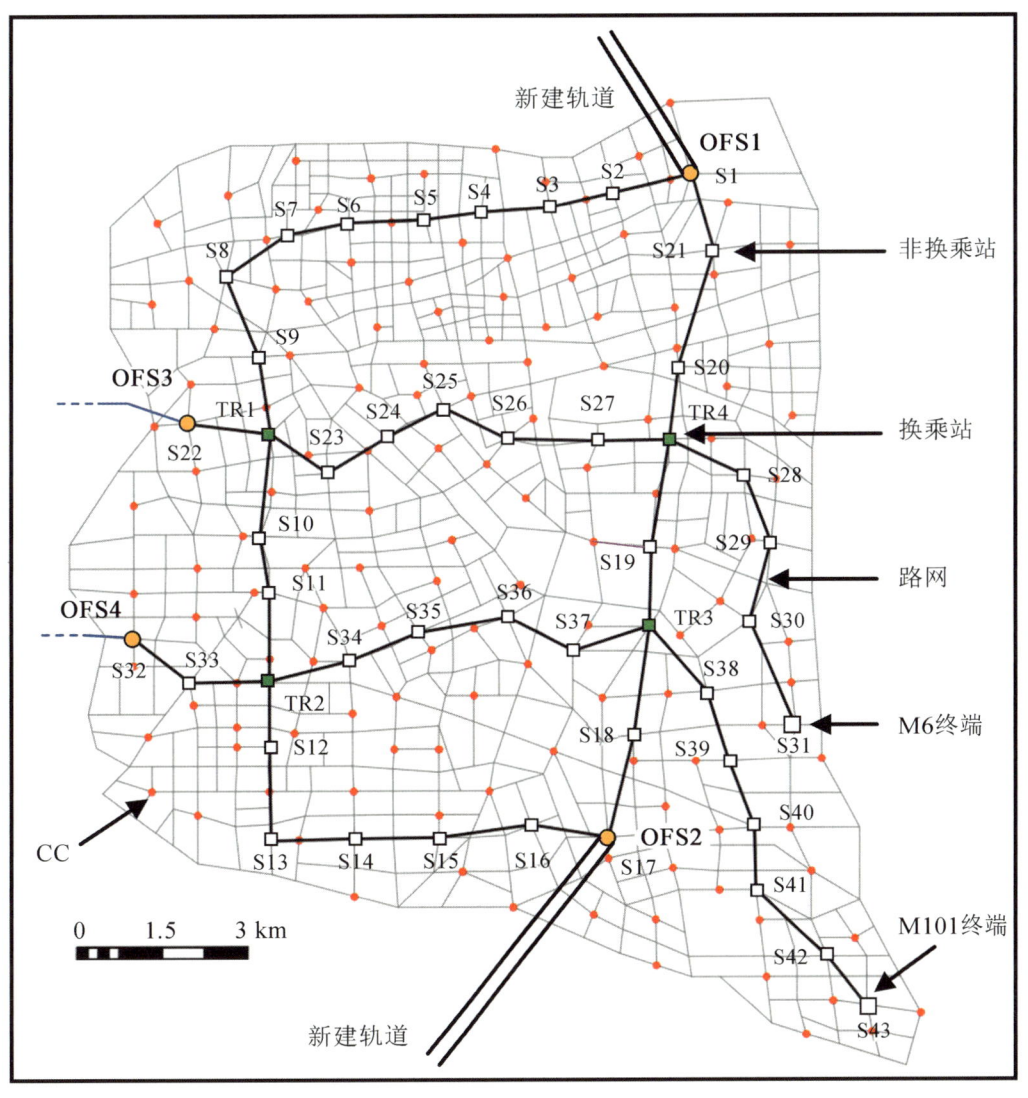

图 3-2 某城区 M102、M6、M101 三条地铁线路及站点布局

区域内共分布有 135 个货运需求点(DC),作为 M-ULS 网络终端,其遵循就近原则,通过二级管道与一般货运站点(GFS)直连,利用自动导向车(AGV)完成 M-ULS 系统网络的末端配送,以及出城和同城配送货物的汇集工作。

2. 货流分析

该 M-ULS 网络中主要包含三个方向的货流:进城(OFS→DC);出城(DC→OFS);同城(DC→DC)。根据区域人口分布,对未来 15 年的货运需求进行预测,预测结果为一年约 139.67 万 t。按货量的 1/3 作为区域内部消费,其中 75% 货物可以由 M-ULS 系统运输,即每天该区域内 M-ULS 系统承担 956.64 t 货运需求,由此形成该区域的货运 OD 数据。

3. 系统作业参数设置

该系统网络的单位成本预测值及模糊数分布设置如表 3-1 所列,NSGA-Ⅲ算法的输入参数设置如下:种群规模为 200,交叉概率为 0.8,变异概率为 0.1,最大迭代次数为 1 000。

表 3-1　　网络参数设置

	参数	数值	单位
常数	$c^{\gamma 1}$	4	亿元/个
	$c^{\gamma 2}$	6.5	亿元/个
	$c^{\gamma 3}$	8	亿元/个
	c_v^{ϑ}	1.2	亿元/个
	c_g^{χ}	0.3	亿元/km
	c^{π}	100	元/t
	c^{β}	60	元/(t·km)
	c^{δ}	25	元/(t·km)
	c^{μ}	200	元/t
	c^{φ}	200	元/(t·h)
	c^{ζ}	2.5	元/(t·km)
	cap_{SP}	25	t/d
模糊数	$b_1^{\gamma 1} \| e_1^{\gamma 1}$	0.62|1.10	亿元/个
	$b_1^{\gamma 2} \| e_1^{\gamma 2}$	1.02|1.80	亿元/个
	$b_1^{\gamma 3} \| e_1^{\gamma 3}$	1.20|2.22	亿元/个
	$b_2^{\vartheta} \| e_2^{\vartheta}$	0.20|0.35	亿元/个
	$b_3^{\chi} \| e_3^{\chi}$	0.05|0.08	亿元/km
	$b_4^{\pi} \| e_4^{\pi}$	15.80|26.50	元/t

（续表）

参数		数值	单位
模糊数	$b_5^\beta \mid e_5^\beta$	9.52|16.80	元/(t·km)
	$b_6^\delta \mid e_6^\delta$	3.98|6.94	元/(t·km)
	$b_7^\mu \mid e_7^\mu$	30.00|55.00	元/t
	$b_8^\varphi \mid e_8^\varphi$	15.00|25.00	元/(t·h)
	$b_9^\zeta \mid e_9^\zeta$	0.40|0.70	元/(t·km)

3.4.2 网络资源最优配置结果

1. 网络最优配置结果

模型要求所构建的 M-ULS 网络能够在一天内完成区域内全部货运需求的运输，且将货运站点的服务半径设定为 3 km。基于该区域内的 OD 需求数据，在不考虑列车排班的情况下，计算得出该网络以成本最优为目标的资源配置方案。在地铁网络中，货运站点的选址方案如图 3-3 所示，计算结果显示：货运站点共有 20 个，其中除 4 个 OFS 和 4 个

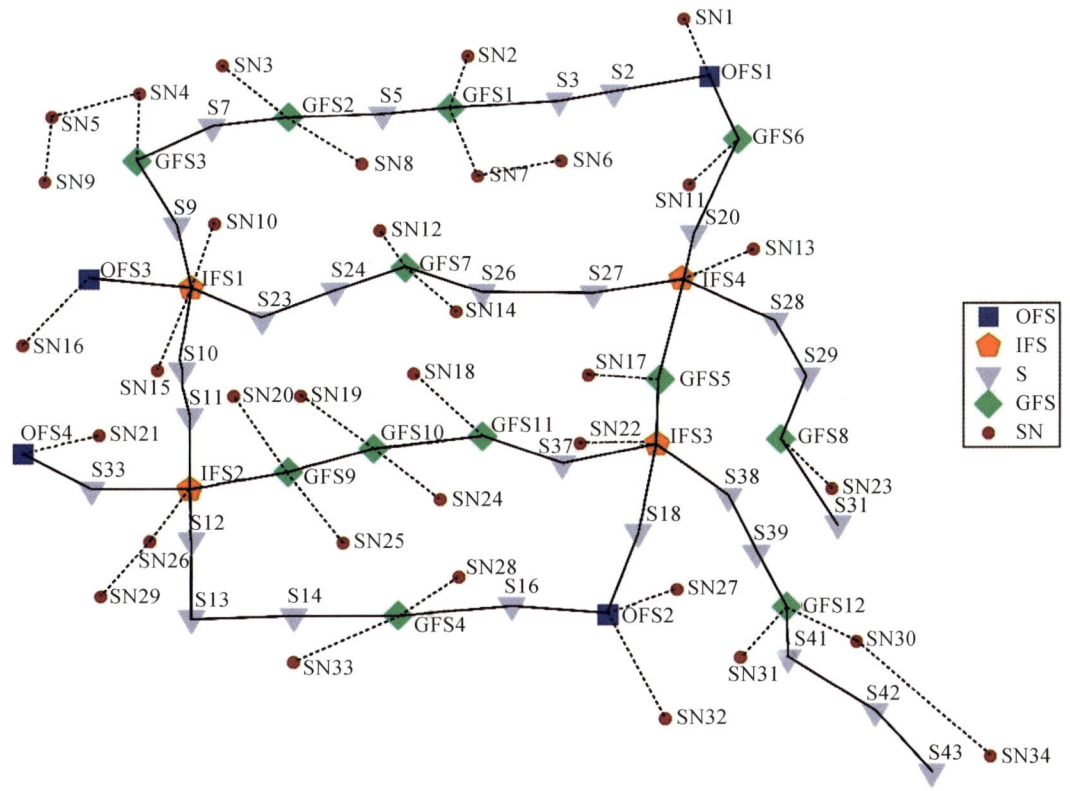

图 3-3 M-ULS 系统网络货运站点布局

（注：S 表示地铁网络中非货运站点）

IFS外，M102线路上设有6个GFS，M6线路上设有2个GFS，M101线路上设有4个GFS。在二级网络方面，二级节点SN共有34个，二级管道SP总长度为45.97 km。

表3-2展示了网络供应链资源的需求量及最优配置结果。鉴于在网络内应当采用制式化的流通加工和仓储设备，此处对配置资源依据站点需求量及分布情况进行适当向上取整分析。本模型中的三类货运站点都具有集疏运功能，其中IFS的货物吞吐量包括其服务范围内需求点的货量以及经该站点转运的货量。因此，原地铁客运站点中的4个转运站点都被选为货运综合换乘站点（IFS），且IFS的货流量相对较大。在仓储和流通加工能力的配置方面，若严格按照三等货运站点的标准化配备来执行，为满足需求，OFS、IFS和GFS分别配置的最大仓储容量为60 t、40 t和30 t，个别需求较大的GFS站点（如GFS7、GFS12）则配置为30 t；流通加工量最大分别为150 t/h、60 t/h和60 t/h，个别需求较小的GFS站点（如GFS5、GFS6、GFS8）则配置为20 t/h。由于区域内货运需求分布不均衡，容易造成部分货流量较小站点的资源利用率处于较低水平，因此，可以考虑依据实际需求来细化资源配备级别，以免造成资源浪费。

表3-2　　　　　　　　　　M-ULS系统网络资源配置

货运站点编号		货物流量/t			仓储能力/t		流通加工能力/(t·h^{-1})	
货运	客运	流入	流出	转运量	需求	配置	需求	配置
OFS1	S1	1 386.98	648.14	0	28.27	60	113.06	150
OFS2	S17	1 579.14	904.68	0	34.50	60	137.99	150
OFS3	S22	1 347.46	647.16	0	51.71	60	110.81	150
OFS4	S32	1 413.26	713.54	0	45.29	60	118.16	150
GFS1	S4	220.04	406.64	0	8.70	10	34.82	40
GFS2	S6	157.12	341.07	0	6.92	10	27.68	40
GFS3	S8	209.13	365.24	0	7.98	10	31.91	40
GFS4	S15	207.07	413.63	0	8.62	10	34.48	40
GFS5	S19	81.61	166.50	0	3.45	10	13.78	20
GFS6	S21	102.32	200.30	0	4.20	10	16.81	20
GFS7	S25	327.09	652.72	0	25.40	30	54.43	60
GFS8	S30	103.35	223.91	0	8.48	10	18.18	20
GFS9	S34	146.58	302.72	0	9.57	10	24.96	60
GFS10	S35	155.33	303.91	0	9.78	10	25.51	60
GFS11	S36	91.53	217.74	0	6.59	10	17.18	60
GFS12	S40	342.6	685.87	0	21.90	30	57.14	60
IFS1	TR1	172.09	285.01	2 183.42	31.27	40	25.39	60

(续表)

货运站点编号		货物流量/t			仓储能力/t		流通加工能力/(t·h⁻¹)	
货运	客运	流入	流出	转运量	需求	配置	需求	配置
IFS2	TR2	218.88	520.81	2 074.66	27.17	40	41.09	60
IFS3	TR3	108.45	191.49	2 092.28	24.92	40	16.66	60
IFS4	TR4	240.15	419.10	1 799.01	27.60	40	36.63	60

案例网络设置下的成本计算结果如表 3-3 所列。经计算发现，建设成本占 M-ULS 综合成本的 42.86%，其中一级站点的建设成本占总建设成本的 66.0%。这表明地铁主网线路布局对系统建设成本起着关键作用。若以系统运营 50 年为折旧期，50 年运营成本的现值总计约 214.1 亿元，其中流通加工成本在各项成本中仅次于一级站点建设成本。

表 3-3　M-ULS 系统网络成本计算结果

成本类型		价值/元	现值/元	占比
建设成本	一级站点	10 600 000 000	10 600 000 000	28.29%
	二级节点	4 080 000 000	4 080 000 000	10.89%
	二级管道	1 377 000 000	1 377 000 000	3.68%
运营成本	仓储成本	1 289 562	3 088 544 969	8.24%
	流通加工成本	3 444 072	8 743 590 089	23.34%
	运输成本	2 709 425	7 291 226 104	19.46%
	转运成本	595 397	1 698 384 195	4.54%
	安全维护成本	193 164	584 065 230	1.56%
合计		16 065 231 620	37 462 810 587	100%

如表 3-3 所列，系统网络总运营成本约为 117.3 万元/d，其中流通加工成本占比最高，达到 40.85%；其次为运输成本和仓储成本，分别占比 34.06% 和 14.43%。究其原因，一方面，与城市内部道路运输不同，对于进入系统内部的货物，需要将其打包成统一规格的尺寸；另一方面，由于系统网络与现有客运系统共用轨道，所以在站点的停留时间不可能超过最大安全停留时间，这就要求货物必须在有限时间内完成装卸。这两方面因素共同作用，使得流通加工成本在整个运营成本中占比较高。在此基础上进一步分析可以发现，运输成本占比低于流通加工成本，主要是因为共用既有轨道运输设施可以大幅削减运输成本。仓储成本与转运成本占比较低，反映出系统的运作效率较高，具体表现为：其一，系统内大部分货物可以快速进行运输而不产生大范围的积压；其二，货运站点的布局较为科学合理，从而减少了货物大范围转运的需求。此外，调整站点仓储策略是降低流通加工成本的一种可行措施。在实际运营中，部分站点的吞吐量较小，且线网运力充足，如此可

能会出现部分站点仓储效率低下的情况。为此,可在总体运营成本不显著增加的前提下,仅在部分站点配置仓储能力,以进一步提升整体运营效率。

2. 线路和站点的货运负载情况分析

通过对主网络各线路及站点区间的货运流量进行累加计算,可得到环线 M102 的最大线路流量为 6 898.27 t,而 M6 和 M101 的最大线路流量分别为 3 814.43 t 和 4 597.05 t。

M-ULS 网络的货流负载分布情况如图 3-4 所示,图中以连线颜色代表货运流量的大小,颜色由红到绿,表示流量越来越小。从中可以发现,线网流量的分布受区域内货运需求点及货运 OD 分布的影响,两货运站点间的流量与客运站点分布无关,这与模型假设条件相符。多数线路和站点区间的货运量相对均衡,但由于 M-ULS 网络内的货运 OD 分布并不均匀,所以局部线路的货运流量会很大,例如 GFS6—IFS3、OFS4—IFS2、OFS3—IFS1。M101 线路上区间 IFS2—IFS3 的货运流量明显更大,这是由于一方面该线路周边的货运需求点密集,货运站点需承担更多的货物集散;另一方面,从流量分布来看,M101 以北(图中为上北下南)的环线流量较 M101 以南的大,这意味着 M101 承担了从环线 M102 转运而来的货运量。

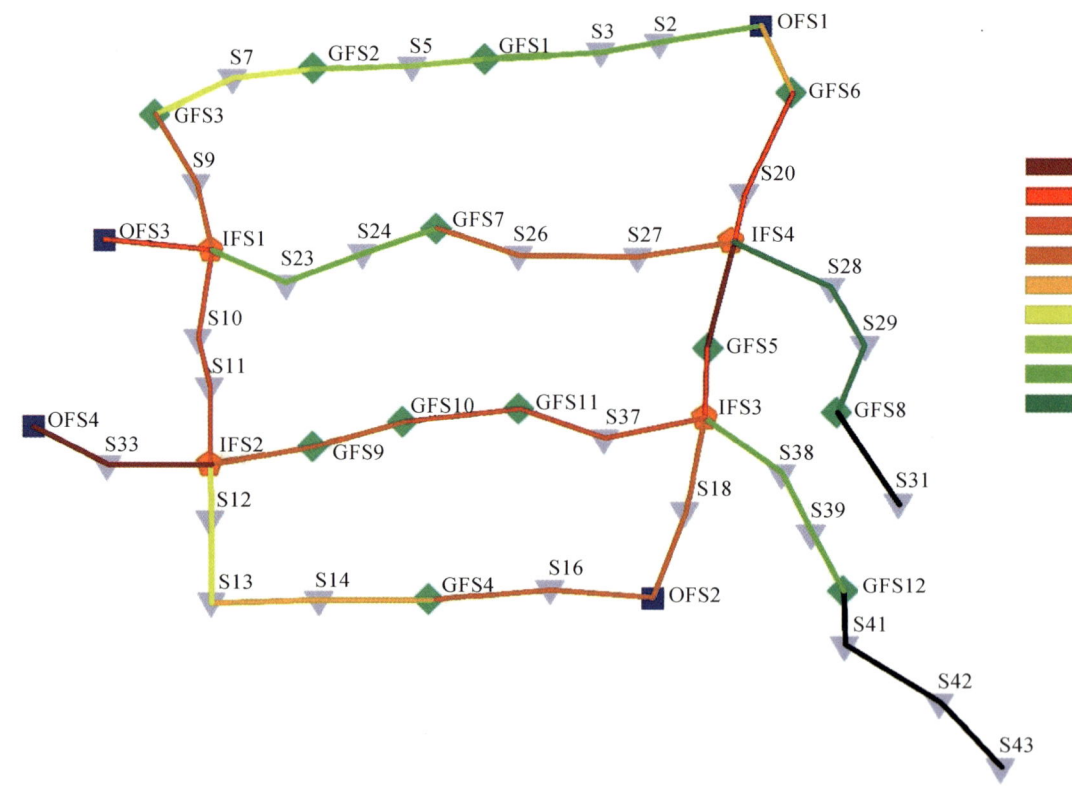

图 3-4 M-ULS 网络的货流负载分布情况

在实际网络运营中,随着货运需求持续增长,若仍按既定最短路径选择策略规划货物运输路径,部分线路或站点区间将出现运力不足的情况。局部线网货运拥堵会导致站点货物大量积压,从而使系统网络运作效率大幅降低甚至崩溃。此时,可通过增加转运环节,将繁忙线路上的货物转移至其他线路进行运输。

从表 3-2 展示的所有货运站点货运流入、流出量可以看出,4 个 IFS 和 OFS 的货运吞吐量显著高于其他站点。因为 IFS 承担了整体网络内货物的转运功能,OFS 承担了 M-ULS 网络货流进出的门户功能,所以网络中与 IFS 和 OFS 相连的线路货运流量更大。这意味着网络运作对 IFS 和 OFS 的货物处理能力有更高要求,为确保在货运流量激增时 M-ULS 网络仍能正常运作,应给这些站点配置更多的仓储和流通加工设备。

3.4.3 配置结果对系统成本的影响分析

1. 运作模式对系统成本的影响

客运列车采用 6 节 A 型车(尺寸为 22 m×3 m×3.8 m)编组形式,其额定载客量为 6×310＝1 860 人。若货运列车同样采用 A 型车,标准货运单元(尺寸为 2.5 m×2.5 m×1.8 m)的平均重量为 8 t,一节货运车厢的额定载重为 128 t。拖挂式列车由 4 节客运车厢和 2 节货运车厢组成,2 节货运车厢额定载重 256 t;客货分离式货运列车则为 6 节 A 型车车厢,额定载重 768 t。假设 M-ULS 系统每天的运作时间为 5:00—23:00。

经计算,可以得到两种 M-ULS 运作模式下的发车班次,如表 3-4 所列。其中,λ 为计算周期内客运列车和货运列车的发车比例,n_f 为货运列车总数。根据文献[9]对某城区地铁客运流量的预测,其值为 2 万人次/h。由此可算出地铁列车平均载客量为 1 666 人次/班,平均票价按 4.5 元/人次,系统运营因载客量减少而产生的成本为 34 080 元/d。

表 3-4　　　　　　　　不同模式下各线路列车发车班次

运作模式	线路					
	M102		M101		M6	
	λ	n_f	λ	n_f	λ	n_f
拖挂式	5	36	8	24	10	20
客货分离式	15	12	24	8	30	7

若采用客货分离式运作模式,考虑到货运列车运行导致乘客乘车时间延误及站台候车时间增加这两部分成本,以平均时薪 30 元/h 作为时间价值的计算标准,可得平均乘客延误成本为 76 500 元/d。

经计算,不同运作模式下系统协同运作成本存在差异。比较后发现,拖挂式列车运作模式对地铁客运的影响较小,产生的客货列车协同运作成本也较低。但拖挂式列车的载货能力相对较小,相较于分离式列车就需要购置更多列车。综合考虑两种列车的购置成本,客货分离式列车可能更具经济优势。

2. 冷链物流对运营成本的影响

冷链物流有其特殊性：一是货物运输全程需要制冷保温设施设备；二是即时性要求高，腐败成本高昂。所以，在 M-ULS 网络中开展冷链货物运输时，流通加工打包、站点仓储、运输等环节均需专门配备特殊保温包装和制冷设备，这使得其运输成本较一般货物高出很多。此外，考虑到冷链货物对即时性的高需求，冷链货物在网络运输中有更高优先级，这可能会延长一般货物在货运站点的等待时间。

在本章模型中，设定一天的货运需求中随机产生一定比例的冷链货运需求。在不考虑货运时间窗的情况下，分析 M-ULS 网络中所需的冷链仓库、冷链车厢、冷链包装设备的数量，同时分析在不同冷链需求比例下，M-ULS 网络的运营成本，以及相较于全部为一般货物时系统运营成本的提升率。分别设置区域内一天随机产生 5%～30% 的冷链需求，由此带来的冷链运营成本变化情况见表 3-5。

表 3-5　　　　冷链需求对 M-ULS 系统运营成本的影响

冷链需求比例	M-ULS 运营成本/(元·d^{-1})	M-ULS 运营成本提升率
5%	8 536 036	3.70%
10%	8 840 453	7.40%
15%	9 144 870	11.09%
20%	9 449 288	14.79%
25%	9 753 705	18.49%
30%	10 058 122	22.19%

由此可知，当区域内冷链货运需求较低时，若冷链货物与一般货物一样，直接从距离需求点最近的 GFS 进入 M-ULS 网络，则系统需在每个站点和线路配置冷链设备。这种做法不仅会造成资源浪费，还将大幅提高运营成本。为降低冷链物流对 M-ULS 运作成本的影响，可根据区域内冷链需求分布，合理地选择特定站点和线路配备冷链设备设施。具体而言，可将区域内产生的冷链需求依据 OD 流向，先用冷链货车通过地面道路集中运输至配备冷链设备的货运站点，再进行统一处理和网络配送。

3.5　本章小结

M-ULS 的网络配置需从两个维度实现成本优化：其一，涉及分级货运站点和仓库网络的布局，这会对双层网络站点建设及二级网络建设成本产生影响；其二，与货物运作流程相关的供应链资源配置，这会影响系统网络运营过程中的运输、仓储、流通加工、客货运协同运作等的成本。本章基于以上两个维度的资源配置内涵，结合成本的不确定性，构建了 M-ULS 网络配置优化模型。该模型的优化目标是使包括一、二级站点和二级管道在内的建设成本，以及涵盖流通加工、运输、仓储和安全维护成本的运营成本最小化。鉴于多维度优化目标的复杂性,本研究采用 NSGA-Ⅲ 算法进行模型求解。

以某城区"一环线二横线"的地铁规划网络为背景开展案例分析,基于该地区预测的人口及货运需求数据,对该网络的资源配置和网络运作情况进行研究。

(1) 货运站点的选择与布局是影响 M-ULS 网络建设成本的关键所在。依据本章模型中针对起始货运站点(OFS)、一般货运站点(GFS)和综合换乘站点(IFS)这三类站点的假设条件,计算得出网络共配置 4 个 OFS、4 个 IFS 和 12 个 GFS,此外还有 34 个二级节点(SN),以及总长度为 45.97 km 的二级管道(SP)。站点的流通加工能力和仓储能力根据所需处理的货物量进行设置。

(2) 货运 OD 分布不均衡,导致 M-ULS 网络线路和站点的货流负载存在局部密集的情况。当货运量急剧增加且依旧坚持选择最短路径时,有可能会出现某些线路区间或站点的货流量超出网络额定处理能力的情况。此时,通过增加运输距离或转运次数,将部分货物分流至其他线路,可有效缓解局部线路承载力不足的压力。

(3) 通过比较两种运作模式下的列车开行情况及系统运营成本发现,拖挂式列车的发车频次高于客货分离式列车。但从协同运作成本角度来看,拖挂式列车对客运系统造成的负面影响小于客货分离式列车。因此,选择运作模式时需要综合考量这两种模式的购置成本与运作成本。

(4) 由于冷链物流对运输全程制冷环境和即时性有着严格的要求,在 M-ULS 网络中,若末端需求点随机产生的冷链货运需求按照一般货物的运输流程,从距离最近的 GFS 进入网络运输,则将造成网络冷链资源配置的浪费以及运营成本的上升。因此,针对冷链物流,需重新规划网络内的运输流程。

参考文献

[1] Zadeh L A. Fuzzy set[J]. Information and Control,1965,8:338-353.

[2] Kao C,Lin P H. Qualitative factors in data envelopment analysis:a fuzzy number approach[J]. European Journal of Operational Research,2011,211(3):586-593.

[3] Reuter U,Schirwitz U. Cost-effectiveness fuzzy analysis for an efficient reduction of uncertainty [J]. Structural Safety,2011,33(3):232-241.

[4] Sharma S,Mathew T V,Ukkusuri S V. Approximation techniques for transportation network design problem under demand uncertainty[J]. Journal of Computing in Civil Engineering,2011,25(4):316-329.

[5] Liu Y,Liu B. Fuzzy random programming with equilibrium chance constraints[J]. Information Sciences,2005,170(2-4):363-395.

[6] Milenkovic M,Bojovic N. A fuzzy random model for rail freight car fleet sizing problem[J]. Transportation Research Part C:Emerging Technologies,2013,33:107-133.

[7] Deb K,Jain H. An evolutionary many-objective optimization algorithm using reference-point-based nondominated sorting approach,part Ⅰ:solving problems with box constraints[J]. IEEE

Transactions on Evolutionary Computation, 2014, 18(4): 577-601.

[8] Jain H, Deb K. An evolutionary many-objective optimization algorithm using reference-point based nondominated sorting approach, part II: handling constraints and extending to an adaptive approach[J]. IEEE Transactions on Evolutionary Computation, 2014, 18(4): 602-622.

[9] Zhao L, Zhou J, Li H, et al. Optimizing the design of an intra-city metro logistics system based on a hub-and-spoke network model[J]. Tunnelling and Underground Space Technology, 2021, 116: 104086.1-104086.15.

第4章
基于地铁的地下物流系统运作成本优化方法

鉴于 M-ULS 的能耗成本在总运营成本中占比极高，本章重点分析系统运作时的能耗产生情况，从列车运行和站点运作两方面入手，站在系统运作的层面，针对 M-ULS 的运营成本进行优化。在列车运行优化方面，基于对列车运行受力情况的分析及再生能源利用原理，构建以能耗最低、再生能源利用率最大为目标的货运列车区间运行工况控制策略优化模型。针对站点运作优化问题，基于对站点物流运作流程的分析，构建以进站货物和出站货物最大物流运作时间最小为目标的货运站点物流设备衔接调度优化模型。基于本书第 3 章所得的 M-ULS 优化网络布局及资源配置结果，得出货运列车运行控制策略及设备衔接调度优化策略下的系统运作成本优化结果，并针对两种系统运作模式展开对比分析。

4.1 考虑能耗的成本优化问题分析

在 M-ULS 运营成本中，能耗成本占比显著，其涵盖列车牵引、通风空调设备、站点物流设施、照明、电梯等多个方面。其中，列车牵引和站点物流设施（如仓储、流通加工等）是系统最主要的能耗来源。由于低碳节能不仅是优化 M-ULS 运营成本的重要一环，也是推动系统高质量发展的关键，且 M-ULS 的运作涉及多个子系统之间的相互协同，而各子系统的能耗产生条件又存在着显著差异，因此，针对 M-ULS 能耗成本的优化，应分别从列车运输牵引和站点物流运作两方面展开。

4.1.1 机车运行视角下的系统成本优化问题分析

M-ULS 列车运行时，为兼顾安全性与经济性，会综合考虑线路状况和列车自身特性来设定运行限制速度。在限制速度之下，列车运行工况可分为牵引、巡航、惰行和制动 4 个阶段。

(1) 牵引阶段：列车加速行驶，发动机耗能；

(2) 巡航阶段：列车达到一定速度后匀速行驶，并且会根据所受阻力的实际情况来决定是否采取牵引或制动操作；

(3) 惰行阶段：列车发动机既不提供牵引力，也不实施制动动作，此阶段发动机不耗能，列车行驶状况由其所受的总阻力决定；

(4) 制动阶段：列车减速制动，发动机在此过程中会耗能。

列车行驶过程中的受力情况可简化为重力、牵引力、制动力和阻力。列车单质点受力分析如图 4-1 所示。

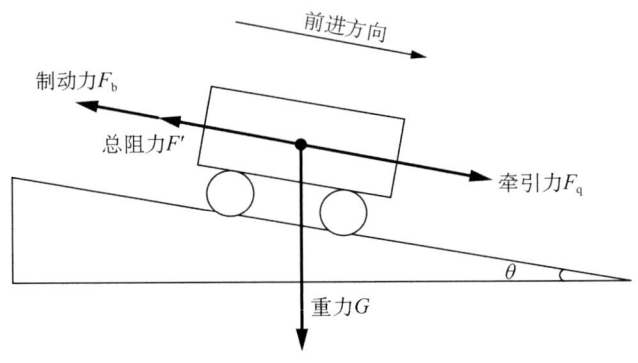

图 4-1 列车受力分析

列车牵引力与列车运行方向相同，会根据列车运行状况进行调节，在不同速度下存在不同的最大值，可按式 (4-1) 进行计算：

$$F_q = \varepsilon_1 F_{q,\max} \tag{4-1}$$

式中　ε_1——列车牵引力的损耗率；

　　　$F_{q,\max}$——牵引力最大值。

列车运行所受阻力包括基本阻力和附加阻力两部分。其中，基本阻力是指列车沿着平直轨道运行时所受阻力，包括车轴轴承间摩擦力、轮轨间滚动摩擦阻力、轮轨间滑动摩擦阻力、冲击阻力和气动阻力。基本阻力系数可用 Davis 二项式描述[1]：

$$f_0 = \alpha + \beta v + \gamma v^2 \tag{4-2}$$

式中　α, β, γ——阻力经验系数；

　　　v——列车运行速度。

附加阻力为列车通过坡道曲线时所增加的阻力，附加阻力系数可按式 (4-3) 计算：

$$f_1 = f_i + f_c \tag{4-3}$$

式中，f_i 是单位坡道阻力系数，由于坡道阻力是列车重力的分力，故单位坡道阻力系数可按式 (4-4) 计算：

$$f_i = \sin(\theta_i) \tag{4-4}$$

式中，θ_i 是坡道平面与水平基准线之间的夹角。

另外，式(4-3)中的 f_c 是单位曲线阻力系数，常按式(4-5)计算：

$$f_c = c/R \tag{4-5}$$

式中　c——反应曲线阻力影响因素的经验常数；
　　　R——曲率半径。

列车运行时的总阻力计算公式如下：

$$F' = (f_0 + f_1) \cdot g \cdot M/1\,000 \tag{4-6}$$

式中　F'——列车运行时的总阻力；
　　　g——重力加速度；
　　　M——列车总质量，$M = m_0 + m_f$，m_0 为列车自重，m_f 为装载的货物质量。

制动力是由列车制动装置产生的与列车运行方向相反的外力，制动力的最大值与列车运行速度相关。制动力可按式(4-7)计算：

$$F_b = \varepsilon_2 F_{b,\max} \tag{4-7}$$

式中　ε_2——列车制动力的损耗率；
　　　$F_{b,\max}$——制动力最大值。

根据 M-ULS 列车运行受力分析结果，结合优化后的 M-ULS 网络布局与运行情况，以能耗成本最低为目标，在满足系统货运需求条件下，通过调节列车运行速度，进而对列车运行计划进行优化，以获取区间最节能的运行状态，该优化过程涉及列车运行的速度-距离曲线以及多列车行驶开行间隔等内容。

4.1.2　站点运作视角下的系统成本优化问题分析

各级货运站点在 M-ULS 网络运作中分别承担着集散、临时存储、转运等功能，对应的物流运作环节包括装卸货、流通加工和仓储作业等。各物流环节所配置的物流设备除了在正常运行过程中产生能耗以外，在衔接不畅造成的货物积压等低效运行场景下，依旧处于开启状态，同样产生巨大能耗。因此，运作视角下的成本优化目标之一在于对站点运作设备的衔接调度进行优化，从而减少站点运作能耗，并最终降低站点运作成本。

从货物的视角来分析货运站点内部的运作流程，对于那些需要转运的货物而言，当列车到达货运站点后，货运单元先被卸载，然后被运送至站点的临时堆场进行流通加工作业，接着被送入仓库进行临时仓储。当接收到出库指令，货物被运送至站点堆场，再次进行流通加工作业，依次完成自动拆包、分拣以及二次打包等步骤，最后被送至站台，等待列车到站后装载上车。而对于需要进入二级网络配送的货物，货运单元从仓库出库并被送至堆场，经过拆包和分拣后，装载至 AGV 等待发车。

以功能最全的 IFS 为例,针对与 M-ULS 主网络运作效率密切相关的货物转运流程,货运站点内部的基本物流运作流程如图 4-2 所示。从站点货物流转运输作业角度来看,站点物流运作可分为两个阶段:①列车货物卸载→仓储;②仓库提货→列车货物装载。在此过程中涉及的设备包括:叉车 a(服务于站台和堆场之间)、叉车 b(服务于仓库和堆场之间)、流通加工设备 a(用于货物检查作业)、流通加工设备 b(用于拆包装作业)。

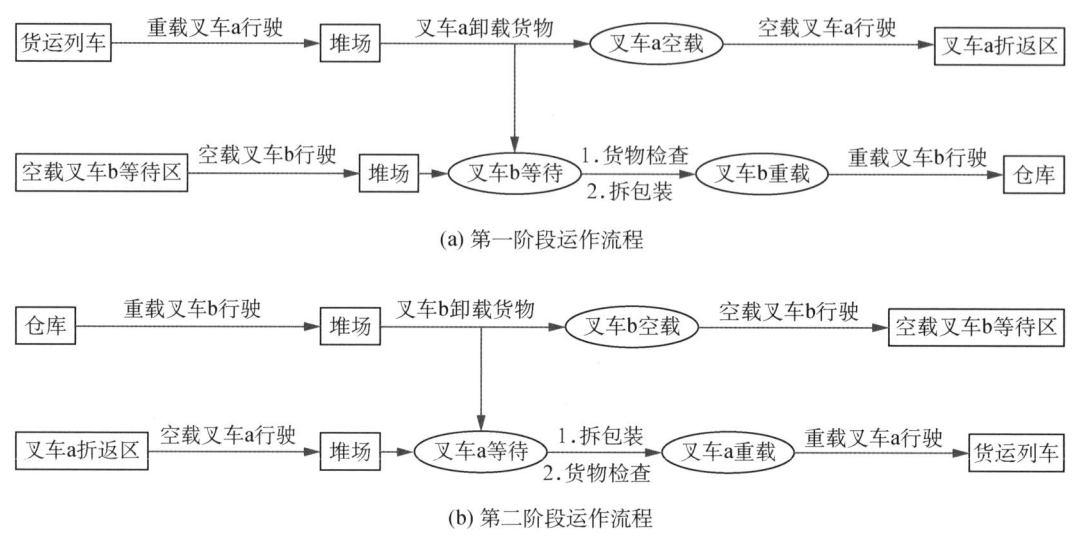

图 4-2 货运站点基本物流运作流程

第一阶段运作流程:货运列车到达站点后,叉车 a 在货运站台卸货,随后将货物运至站点内堆场。叉车 a 卸下货运单元后,行驶至叉车 a 折返区等待指令。被卸载在堆场的货运单元经过检查和拆包装作业后,由叉车 b 装载并运送至站点仓库进行临时存储。

第二阶段运作流程:叉车 b 从仓库装载货运单元运至堆场,卸货后驶至叉车 b 等待区;堆场的货物依次经过拆包装和货物检查作业后,由叉车 a 装载并运送至站台,最终装载至货运列车。

4.2 列车节能运行成本优化模型

4.2.1 列车运行成本优化模型假设

货运列车在货运站点会进行货运单元的装卸操作,因不同站点间货流分布存在差异,所以列车在不同站点间的载重也会有所变化。考虑到货物的质量很大,在计算中不可忽略,因此,在以节能为目标的列车运行优化模型中,区段间的列车载重是影响列车在全线路行驶工况策略制订的重要因素。

在不同运作模式下,M-ULS 的两种列车形式——客货分离式列车和拖挂式列车,具有不同的运行规则。因此，构建列车运行优化模型时，需考虑与各自运行特征相对应的约束条件。两种运作模式下的列车站点停靠情况如图 4-3 所示。

（1）客货分离式列车：仅在货运站点停靠，每次停靠进行货物装卸作业可能会导致相邻货运站点间列车总质量发生变化。

（2）拖挂式列车：每站都停靠，但在客运站点停靠时不进行货物装卸操作。由于假设乘客质量可忽略不计，因此即便相邻货运站点间有客运站点，依旧认为列车计算质量不变。

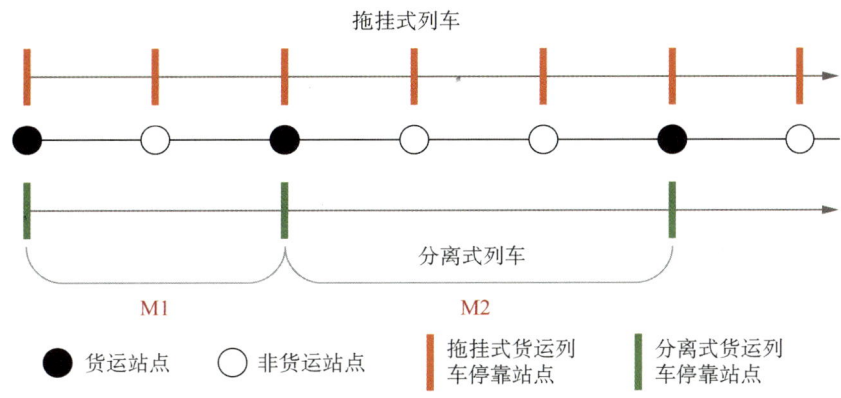

图 4-3 两种运作模式下的列车站点停靠方式

基于上文对列车运行 4 种工况的分析，当以节能为目标时，需要对这 4 种工况的交替转换进行合理调节。列车行驶工况可以用速度-距离曲线表示。仅考虑单列车在单区间的运行情况时，实质上这是一个以总能耗最小为目标函数，求解列车行驶工况的单目标优化问题。而考虑单列车在多区间的运行情况时，便是以多区间路段的总能耗最小为目标，同时以满足站点的装卸操作要求和最长停靠时间作为约束条件，来确定列车在多区间运行的最优工况组合与运行策略。

当多趟列车在同一条线路上运行时，构建的最小能耗优化模型需从两个方面进行考量：一方面，要满足货运需求下的列车排班要求，这涉及区间运行时间、站点停靠时间的约束条件以及列车发车间隔等；另一方面，要考虑不同区间列车总质量的变化情况，因为这会直接影响列车运行所受阻力的大小。

为便于模型构建，作出如下假设：

（1）忽略货运列车长度，将其简化为质点模型进行分析；
（2）货运列车在邻近货运站点间的总质量保持不变；
（3）列车在运行期间不进行制动，仅在进站时实施制动；
（4）同一条线路上的列车处于同一供电区段；
（5）列车行驶工况不受外界环境影响，且列车运行过程中系统运作稳定可靠；
（6）货运列车有固定的排班；

（7）货运列车采用全自动运行控制系统，制动阶段采用电制动方式。

4.2.2 列车运行成本优化模型构建

当列车在相邻两站区间内行驶时，可选择"牵引—巡航—惰行—制动"或"牵引—惰行—制动"这两种运行策略。通过调节运行工况的比例，在满足列车平稳且准时地到达目标站点条件下，实现运行能耗成本的优化。设置状态函数 $C(i) = \{0, 1, 2, 3\}$，用于表示列车在 i 时刻的运行工况，分别对应"牵引""巡航""惰行""制动"。同时，设置函数 $\omega(x)$ 用于判断列车运行工况：若列车在时刻 i 的运行状态函数等于 g，则 $\omega(x) = 1$，否则 $\omega(x) = 0$。

$$\omega(C(i)) = \begin{cases} 1, & C(i) = g \\ 0, & C(i) \neq g \end{cases} \tag{4-8}$$

列车的最大牵引力和最大制动力与列车运行速度有关，且牵引和制动特性曲线通常是通过相关实验得到的。鉴于北京通州地铁线路尚处于规划阶段，故本书采用已有研究中其他线路已有的特性曲线取值进行分析[2]：

最大牵引力：

$$F_{q,\max}(v) = \begin{cases} 203, & 0 \leqslant v \leqslant 51.5 \text{ km/h} \\ -0.002\,032v^3 + 0.492\,8v^2 - 42.13v + 1\,343, & 5.15 \text{ km/h} < v \leqslant 80 \text{ km/h} \end{cases} \tag{4-9}$$

最大制动力：

$$F_{b,\max}(v) = \begin{cases} 166, & 0 \leqslant v \leqslant 77 \text{ km/h} \\ 0.134\,3v^2 - 25.07v + 1\,300, & 77 \text{ km/h} < v \leqslant 80 \text{ km/h} \end{cases} \tag{4-10}$$

1. 单列车相邻站点区间运行优化模型

首先，考虑单列车在相邻站点区间内的运行情况。根据网络配置结果及列车运作排班计划，可以确定相邻两站之间的运行时间，并且列车运行初速度和到站速度均为 0。

根据本书 4.1.1 节对列车运行的受力分析，可得到货运列车正常运行状态下的动力学方程：

$$M \frac{\mathrm{d}^2 s_i}{\mathrm{d}t^2} = F_i - F'(v_i) \tag{4-11}$$

$$\frac{\mathrm{d}s_i}{\mathrm{d}t} = v_i \tag{4-12}$$

以上式中　s_i, v_i——列车在 i 时刻的位置和速度；

　　　　　F_i——列车在 i 时刻所受的牵引力或制动力；

$F'(v_i)$——列车行驶速度为 v_i 时所受的阻力。

货运列车在不同站点进行货物装卸会导致站点间列车质量发生变化,且货物质量不可忽略。因此,列车运行时要考虑其所承载货物的质量的不确定性。

定义列车载重质量为三角模糊变量 $\widehat{m}_{\mathrm{f}}=(m_{\mathrm{fl}},m_{\mathrm{fe}},m_{\mathrm{fr}})$,其中 m_{fl}、m_{fe}、m_{fr} 分别表示货物最小质量、预测货物质量和货物最大质量。$\widehat{m}$ 的隶属度函数如下:

$$\mu_{\widehat{m}_{\mathrm{f}}}(x)=\begin{cases}\dfrac{x-m_{\mathrm{fl}}}{m_{\mathrm{fe}}-m_{\mathrm{fl}}}, & \text{当 } m_{\mathrm{fl}}\leqslant x<m_{\mathrm{fe}}\\ 1, & \text{当 } x=m_{\mathrm{fe}}\\ \dfrac{m_{\mathrm{fr}}-x}{m_{\mathrm{fr}}-m_{\mathrm{fe}}}, & \text{当 } m_{\mathrm{fe}}<x\leqslant m_{\mathrm{fr}}\\ 0, & \text{否则}\end{cases} \quad (4\text{-}13)$$

动力学方程可改写为

$$\begin{cases}(m_0+\widehat{m}_{\mathrm{f}})\cdot\dfrac{\mathrm{d}v}{\mathrm{d}t}=\varepsilon_1\cdot F_{\mathrm{q,max}}-\varepsilon_2\cdot F_{\mathrm{b,max}}-F'\\ \dfrac{\mathrm{d}s}{\mathrm{d}t}=v\end{cases} \quad (4\text{-}14)$$

列车在相邻站点区间内的运行路段可根据运行工况分为 4 个阶段:0—s_1 对应牵引路段;s_1—s_2 对应巡航路段;s_2—s_3 对应惰行路段;s_3—s_4 对应制动路段。

因为牵引阶段、巡航阶段和制动阶段均存在能耗,所以构建以能耗最小为目标的单目标优化模型,具体如下:

$$\min E_1=\int_0^{s_1}F_{\mathrm{q}}(v)\mathrm{d}s+\int_{s_1}^{s_2}F'(v)\mathrm{d}s+\int_{s_3}^{s_4}F_{\mathrm{b}}(v)\mathrm{d}s \quad (4\text{-}15)$$

$$\mathrm{s.t.}\ 0\leqslant v_i\leqslant V_{\lim}(x) \quad (4\text{-}16)$$

$$0\leqslant s_i\leqslant s_4 \quad (4\text{-}17)$$

$$0\leqslant t_i\leqslant t_4 \quad (4\text{-}18)$$

$$\widehat{m}_{\mathrm{f}}\leqslant M_{\mathrm{f}} \quad (4\text{-}19)$$

式中　$V_{\lim}(x)$——列车在不同载重 x 下的限行速度;
　　　t_i——列车运行时长。

2. 多列车运行控制优化模型

设 n 辆货运列车以发车间隔 $H=\{h_1,h_2,\cdots,h_i,\cdots,h_{n-1}\}$ 依次从起始站点发车,在线路上的 m 个货运站点依次停靠并装卸货物。各站点停靠时间在规定范围内,并要求列车在规定运行时长 T 内到达线路终点。多辆列车在发车运行时,需保证一定的安全距离,以防相邻列车发生追尾事故。

首先,分析单辆货运列车的运行情况。为便于分析,该部分选择"牵引—巡航—惰行—制动"这种运行策略。第 k 辆货运列车在线路中的第 u 个运行区间内,其能耗可按式(4-20)计算:

$$E_u^k(tr) = \int_{t_u^{k,0}}^{t_u^{k,1}} F_q(v)v\mathrm{d}t + \int_{t_u^{k,1}}^{t_u^{k,2}} F'(v)v\mathrm{d}t + \int_{t_u^{k,3}}^{t_u^{k,4}} F_b(v)v\mathrm{d}t \quad (4-20)$$

式中,$t_u^{k,0}$,$t_u^{k,1}$,$t_u^{k,2}$,$t_u^{k,3}$,$t_u^{k,4}$ 分别为第 k 辆货运列车在区间 u 发车的起始时间、牵引结束时间、巡航结束时间、制动开始时间和制动结束时间。

采用模糊机会约束规划模型对模糊变量进行去模糊处理。设 $\xi(0<\xi<1)$ 为给定的置信水平,当且仅当 $(1-\xi)\cdot m_{fl}+\xi\cdot m_{fr} \leqslant r$,可能性测度 $Pos\{\widehat{m_f} \leqslant r\} \geqslant \xi$ 成立。

由此重新整理模型,单辆货运列车在全线运行能耗最小的目标函数为

$$Z_1 = \min \sum_{u=1}^{n-1} E_u(tr) = \sum_{u=1}^{n-1} \Big[\int_{t_u^0}^{t_u^1} F_q(v)v\mathrm{d}t + \int_{t_u^1}^{t_u^2}(f_0+f_1)\cdot$$
$$g\cdot(m_0+\widehat{m_f^u})v\mathrm{d}t + \int_{t_u^3}^{t_u^4} F_b(v)v\mathrm{d}t\Big] \quad (4-21)$$

满足约束条件:

$$0 \leqslant v_i \leqslant V_{\lim}(x) \quad (4-22)$$

$$0 \leqslant t_u^i \leqslant t_{n-1}^4 \quad (4-23)$$

$$\bar{f} \geqslant \sum_{u=1}^{n-1}\Big\{\int_{t_u^0}^{t_u^1} F_q(v)v\mathrm{d}t + \int_{t_u^3}^{t_u^4} F_b(v)v\mathrm{d}t +$$
$$\int_{t_u^1}^{t_u^2}(f_0+f_1)\cdot g\cdot[m_0+(1-\tau)\cdot m_{fl}+\tau\cdot m_{fr}]v\mathrm{d}t\Big\} \quad (4-24)$$

$$m_f^u \geqslant (1-\beta)\cdot m_{fl}+\beta\cdot m_{fe} \quad (4-25)$$

$$\tau,\beta \in (0,1) \quad (4-26)$$

以上式中 $E_u(tr)$——单列车在 u 个运行区间内的运行能耗;

$\bar{f}$——模型目标函数;

τ——目标函数的置信水平;

β——约束条件的置信水平。

考虑到制动再生能源的利用情况,如图 4-4 所示,列车 $k+1$ 驶入站点进行制动时所产生的能量可转化为电能。倘若在同一供电区段的列车 k 正处于牵引阶段,那么此时便可利用该部分电能。

列车 k 在区间 u 利用的再生能源可根据式(4-27)计算:

$$E_u^k(re) = \sigma \cdot \int_{t_{u-1}^{k+1,0}}^{t_{u-1}^{k+1,e}} F_b(v)v\mathrm{d}t \quad (4-27)$$

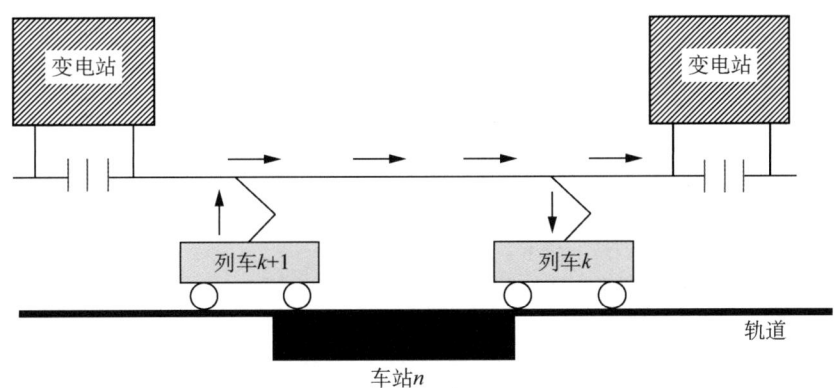

图 4-4 列车再生能源利用

式中 $E_u^k(re)$——列车 k 在区间 u 利用的再生能源量；

σ——再生能源的转化率；

$t_{u-1}^{k+1,o}$, $t_{u-1}^{k+1,e}$——列车 $k+1$ 制动和列车 k 牵引重叠期的起始时间和结束时间。

由此，对在单条线路上 $m-1$ 个站点区间内运行的 n 辆列车的总耗能进行优化，目标函数可表示为

$$\min E = \sum_{k=1}^{n} \sum_{u=1}^{m-1} [E_u^k(tr) - E_u^k(re)] \tag{4-28}$$

同时满足约束：

$$\sum_{i=1}^{n-1} h_i = T_0 \tag{4-29}$$

$$h_{\min} \leqslant h_i \leqslant h_{\max} \tag{4-30}$$

上式中 E——单条线路上 n 辆列车的总耗能；

T_0——最后一列车与首列车的发车时间间隔；

$h_{\min}$, $h_{\max}$——发车间隔的最小值和最大值。

显然，相邻列车制动和牵引的重叠时间越长，再生能源利用率越高，节能效果也越显著。因此，可将模型的优化目标设定为最大化两种工况的重叠时间。基于货运列车的运行状态函数，可以判断列车处于耗能还是供能状态，进而据此重新构建目标函数：

$$Z_2 = \max \sum_{i=1}^{T_{to}} \left\{ \left[\sum_{k=1}^{n} \omega_0(C_k(i))\right] \cdot \left[\sum_{k=1}^{n} \omega_3(C_k(i))\right] \right\} \tag{4-31}$$

另外，满足以下条件：

$$\omega_0(C(i)) = \begin{cases} 1, & C(i) = 0 \\ 0, & C(i) \neq 0 \end{cases} \tag{4-32}$$

$$\omega_3(C(i)) = \begin{cases} 1, & C(i) = 3 \\ 0, & C(i) \neq 3 \end{cases} \quad (4-33)$$

$$\left[\sum_{k=1}^{n} \omega_0(C_k(i))\right] \cdot \left[\sum_{k=1}^{n} \omega_3(C_k(i))\right] > 0 \quad (4-34)$$

式中 ω_0——列车是否为牵引工况；

ω_3——列车是否为制动工况；

T_{to}——列车在线路全程运行的总时长；

$C_k(i)$——列车 k 在 i 时刻的运行工况。

约束条件即式(4-34)是为了保证行驶列车中至少有两辆列车分别处于牵引和制动状态。

4.2.3 列车运行成本优化模型求解设计

针对上述单列车运行优化模型及考虑再生能源利用的多列车运行优化模型，本小节结合具体问题设计求解思路。鉴于网络化的 M-ULS 其行车组织较为复杂，为便于分析，本案例以单条线路为例开展货运列车运行情况研究。

1. 能耗最小的单列车运行优化模型

在单列车全线路行驶总时间固定的约束条件下，由于不同区间的运行时间会相互影响，因此，对列车在全线实现最小能耗运行控制优化，并非简单地将每个区间最小能耗的运行控制策略叠加起来，而是涉及不同站间列车运行的联合优化问题，从本质上来说，这属于 NP 难问题。

粒子群优化算法（Particle Swarm Optimization，PSO）最初由 Eberhart 和 Shi 提出[3]，该算法模拟自然界中鸟群的觅食行为，将每只鸟抽象为没有质量和体积的粒子，并且为粒子赋予速度和位置向量。在搜索过程中，粒子会依据自身经验及与其他粒子的信息共享，不断调整自身的运动状态，以确保其朝着最优解的方向靠近，从而获得全局最优解。虽然粒子群算法不需要对大量参数进行调整，但惯性权重、加速因子和飞行速度的选择会对算法的收敛性能产生很大影响。因此，通过对重要参数的自适应调整策略，可在局部搜索时获得更高精度的解，这种改进后的算法即为自适应粒子群优化算法（Adaptive Particle Swarm Optimization，APSO）。本模型求解过程的具体步骤如下：

步骤1：确定初始化粒子群参数，包括粒子维度 D、粒子群规模 N、惯性权重 w、学习因子 c、迭代次数 T 和迭代步长等。

步骤2：随机初始化粒子 i 在维度 j 上的位置矢量 $\boldsymbol{X}_{i,j}(i=1,2,\cdots,N, j=1, 2,\cdots,D)$ 以及速度矢量 $\boldsymbol{V}_{i,j}(i=1,2,\cdots,N, j=1,2,\cdots,D)$，将其作为当前种群。

步骤3：计算当前种群中每个个体的适应度值，即全路线行驶的总能耗目标函数值，并更新个体最优解和群体最优解。

步骤4：利用以下粒子速度和位置迭代方程即式(4-35)来获得新的种群。

$$\begin{cases} \boldsymbol{V}_{i,j}(t+1) = w(t) \cdot \boldsymbol{V}_{i,j}(t) + c_1 \cdot rand \cdot (\boldsymbol{X}_{p,j}(t) - \boldsymbol{X}_{i,j}(t)) + \\ \qquad\qquad\quad c_2 \cdot rand \cdot (\boldsymbol{X}_{g,j}(t) - \boldsymbol{X}_{i,j}(t)) \\ \boldsymbol{X}_{i,j}(t+1) = \boldsymbol{X}_{i,j}(t) + \boldsymbol{V}_{i,j}(t+1) \end{cases} \quad (4\text{-}35)$$

式中 $\boldsymbol{V}_{i,j}(t)$——第 i 个粒子在第 t 次迭代的第 j 个维度上的速度;

$\boldsymbol{X}_{i,j}(t)$——第 i 个粒子在第 t 次迭代的第 j 个维度上的位置;

c_1, c_2——个体和群体的学习因子;

$rand$——0 到 1 之间的随机数;

$\boldsymbol{X}_{p,j}(t)$, $\boldsymbol{X}_{g,j}(t)$——第 j 维度上第 i 个粒子在第 t 次迭代的最优解和全局最优解的位置;

$w(t)$——惯性权重,依据迭代次数进行动态调整。

$$w(t) = w_{\max} - (w_{\max} - w_{\min}) \cdot t/T \quad (4\text{-}36)$$

式中 $w_{\max}$, $w_{\min}$——惯性权重的上限和下限;

T——最大迭代次数。

可以发现,迭代次数越接近 T,惯性权重就越小。

步骤 5:计算当前种群每个个体的适应度值,并更新个体和群体的最优解,若达到最大迭代次数,则进入步骤 6,否则返回步骤 4。

步骤 6:输出最优解。

2. 考虑再生能源利用的多列车运行优化模型

若考虑相邻列车在站点牵引和制动工况下的再生能源利用问题,结合上述问题分析与模型构建可知,这是一个以多列车全线路运行能耗最低、牵引和制动工况重叠时间最长为目标的双目标模型。

对于多目标优化问题,可采用由基本粒子群优化算法(PSO)推广得到的多目标粒子群优化算法(Multi-Objective Particle Swarm Optimization, MOPSO)进行求解。MOPSO 与基本 PSO 的最大区别在于,面对多目标时通常存在多个帕累托解,此时需解决如何选择个体最优解和群体最优解的问题。在比较个体历史最优解时,若当前解优于上一代解,则更新个体最优解;若当前解劣于上一代解,则不更新;若无法对二者的优劣进行严格判断,则随机选择是否更新。而对于群体最优解的选取,可运用自适应网格法,具体步骤如下。

步骤 1:创建一个 REP 集合,保存所有非支配向量的粒子位置。

步骤 2:计算在第 t 次迭代时的目标空间边界。

步骤 3:计算网格的模。

步骤 4:遍历 REP 集中的粒子,并计算所有粒子在网格中的编号。

步骤 5:计算网格中的粒子密度,并选择新一代个体。粒子密度越低,被选择的概率越大,以保证粒子群的多样性。

当 REP 集合内的粒子数超过 REP 的定义容量时,需进行截断操作,即通过自适应网格法从 REP 集合中选择较差的个体进行删除,如此循环操作,直至集合内的粒子数量小于或等于容量。

4.3 考虑站点设备衔接调度的运作成本优化模型

4.3.1 站点运作成本优化模型假设

通过对货运站点基本物流运作流程及设备衔接运作规则进行分析可知,由于自动叉车在站内行驶速度一定且行驶路线固定,若要进一步探究考虑节能效益的货运站点各物流环节间设备调度问题,可将其转化为构建以站点两阶段物流运作流程作业时间最短为目标的优化模型。

为明确模型构建的边界,作出以下假设:

(1) 所有叉车一次仅运输一个货运单元,且货运单元在每个环节的操作时间是固定的;

(2) 站点内部各环节场地运输距离固定,即站内叉车在站台、堆场、仓储之间的运输时间固定;

(3) 各设备在等待期间与运作期间均会产生能耗;

(4) 不同环节之间的叉车独立运行,仅负责固定相邻环节之间的运输;

(5) 每个单位货运单元在各环节的操作时间固定。

4.3.2 站点运作成本优化模型构建

1. 目标函数

由于站点内每个物流环节的设备货物处理量都是有限的,因此多环节设备衔接调度方案会受到环节货物处理量的制约。考虑到调度过程中可能出现设备超负荷运转或闲置的情况,这将导致站点物流运作时间延长及能耗成本增加,故模型以站内货物流转时间最小化为优化目标。定义 I 和 J 分别为进站货运单元集合和出站(列车转运)货运单元集合,$Q=I \cup J$ 为所有在该站点转运的货运单元集合,$M=\{1,2,\cdots,m\}$ 为负责货运单元检查的流通加工设备集合,$N=\{1,2,\cdots,n\}$ 为负责货运单元拆包装的流通加工设备集合,$K=\{1,2,\cdots,k\}$ 为第一阶段叉车 a 的集合,$H=\{1,2,\cdots,h\}$ 为第二阶段叉车 b 的集合。

依据前述对于物流作业流程的两阶段分析,即第一阶段叉车将货物运输至仓库和第二阶段叉车将货物运输至站台列车所需的最大完工时间,目标函数构建见式(4-37):

$$\min F = \max \{ \max_{i \in Q, k \in K} t_{i,k}^{\alpha,c}, \max_{j \in Q, h \in H} t_{j,h}^{\beta,c} \} \qquad (4\text{-}37)$$

式中 $t_{i,k}^{\alpha,c}$——第一阶段叉车 k 将货运单元 i 运输至仓库的结束时刻;

$t_{j,h}^{\beta,c}$——第二阶段叉车 h 将货运单元 j 运输至站台列车的结束时刻。

2. 约束条件

依据不同环节之间的运作衔接顺序和运作时间约束构建模型的约束条件：

$$t_{i,k}^{\varepsilon,c} = t_{tr,o}^{ar} + (i-1) \cdot l_{tr} + d_1/v_k, \ \forall i \in I, k \in K \tag{4-38}$$

$$t_{i,k}^{\varepsilon,c} \leqslant t_{i,m}^{\mu,s}, \ \forall i \in I, k \in K, m \in M \tag{4-39}$$

$$t_{i,m}^{\mu,c} = t_{i,m}^{\mu,s} + o_i^\mu + w_{i,k}^\mu, \ \forall i \in I, m \in M, k \in K \tag{4-40}$$

$$t_{i,m}^{\mu,c} \leqslant t_{i,n}^{\iota,s}, \ \forall i \in I, m \in M, n \in N \tag{4-41}$$

$$t_{i,n}^{\iota,c} = t_{i,n}^{\iota,s} + o_i^\iota + w_{i,m}^\iota, \ \forall i \in I, m \in M, n \in N \tag{4-42}$$

$$t_{i,n}^{\iota,c} \leqslant t_{i,k}^{\sigma,s}, \ \forall i \in I, k \in K, n \in N \tag{4-43}$$

$$t_{i,k}^{\sigma,c} = t_{i,k}^{\sigma,s} + o_i^\sigma, \ \forall i \in I, k \in K \tag{4-44}$$

$$t_{j,n}^{\iota,c} = t_{j,n}^{\iota,s} + o_j^\iota + w_{j,h}^\iota, \ \forall j \in J, n \in N, h \in H \tag{4-45}$$

$$t_{j,n}^{\iota,c} \leqslant t_{j,m}^{\mu,s}, \ \forall j \in J, n \in N, m \in M \tag{4-46}$$

$$t_{j,m}^{\mu,c} = t_{j,m}^{\mu,s} + o_j^\mu + w_{j,h}^\mu, \ \forall j \in J, m \in M, h \in H \tag{4-47}$$

$$t_{j,m}^{\mu,c} \leqslant t_{j,h}^{\pi,s}, \ \forall j \in J, m \in M, h \in H \tag{4-48}$$

$$t_{j,h}^{\pi,c} = t_{j,h}^{\pi,s} + o_j^\delta, \ \forall j \in J, h \in H \tag{4-49}$$

$$\sum_{i \in I \cup \{z\}, i \neq i'} \theta_{i,i'}^{\mu,m} = \sum_{i \in I \cup \{p\}, i \neq i'} \theta_{i',i}^{\mu,m}, \ \forall i' \in I, m \in M \tag{4-50}$$

$$\sum_{j \in J \cup \{z\}, j \neq j'} \vartheta_{j,j'}^{\tau,n} = \sum_{j \in J \cup \{p\}, j \neq j'} \vartheta_{j',j}^{\tau,n}, \ \forall j' \in J, n \in N \tag{4-51}$$

$$x_{i,m} = \sum_{i' \in I \cup \{z\}, i' \neq i} \theta_{i',i}^{\mu,m}, \ \forall i, i' \in I, m \in M \tag{4-52}$$

$$y_{j,n} = \sum_{j' \in J \cup \{z\}, j' \neq j} \vartheta_{j',j}^{\tau,n}, \ \forall j, j' \in J, n \in N \tag{4-53}$$

$$\sum_{i \in I \cup \{z\}, i \neq i'} \zeta_{i,i'}^{k} = \sum_{i' \in I \cup \{p\}, i \neq i'} \zeta_{i',i}^{k}, \ \forall i' \in I, k \in K \tag{4-54}$$

$$\sum_{j \in J \cup \{z\}, j \neq j'} \zeta_{j,j'}^{h} = \sum_{j \in J \cup \{p\}, j \neq j'} \zeta_{j',j}^{h}, \ \forall j' \in J, h \in H \tag{4-55}$$

$$r_{i,k} = \sum_{i' \in I \cup \{z\}, i' \neq i} \zeta_{i,i'}^{k}, \ \forall k \in K \tag{4-56}$$

$$e_{j,h} = \sum_{j' \in J \cup \{z\}, j' \neq j} \zeta_{j,j'}^{h}, \ \forall h \in H \tag{4-57}$$

$$\sum_{i \in I \cup \{z\}} \theta_{z,i}^{\mu,m} = 1, \ \forall m \in M \tag{4-58}$$

$$\sum_{i \in I \cup \{p\}} \theta_{i,p}^{\mu,m} = 1, \ \forall m \in M \tag{4-59}$$

$$\sum_{j \in J \cup \{z\}} \vartheta_{z,j}^{\tau,n} = 1, \ \forall n \in N \tag{4-60}$$

$$\sum_{j \in J \cup \{p\}} \vartheta_{j,p}^{\tau,n} = 1, \ \forall n \in N \tag{4-61}$$

$$\sum_{m \in M} x_{i,m} = 1, \ \forall i \in I \tag{4-62}$$

$$\sum_{n \in N} y_{j,n} = 1, \ \forall j \in J \tag{4-63}$$

$$\sum_{k \in K} r_{i,k} = 1, \ \forall i \in I \tag{4-64}$$

$$\sum_{h \in H} e_{j,h} = 1, \ \forall j \in J \tag{4-65}$$

$$\sum_{i' \in I \cup \{p\}} \zeta_{z,i'}^{k} = 1, \ \forall k \in K \tag{4-66}$$

$$\sum_{i \in I \cup \{z\}} \zeta_{i,p}^{k} = 1, \ \forall k \in K \tag{4-67}$$

$$\sum_{j' \in J \cup \{p\}} \zeta_{z,j'}^{h} = 1, \ \forall h \in H \tag{4-68}$$

$$\sum_{j \in J \cup \{z\}} \zeta_{j,p}^{h} = 1, \ \forall h \in H \tag{4-69}$$

其中，约束条件式(4-38)表示叉车到达装载货运单元至堆场的时刻取决于叉车运行速度、列车站台与堆场之间距离及货运列车的发车间隔，$t_{i,k}^{\tau,c}$ 为叉车 k 装载货运单元 i 运至堆场的时刻，t_{tr}^{ar} 为首列货运列车到达站点的时刻，l_{tr} 为货运列车的发车间隔，d_1 为列车站台到堆场的距离，v_k 是叉车 k 的行驶速度。约束条件式(4-39)表示堆场货物检查操作在叉车 k 到达堆场时刻之后，$t_{i,m}^{u,s}$ 为货运单元 i 被设备 m 流通加工检查操作的开始时刻。约束条件式(4-40)表示设备 m 对货运单元 i 进行货运检查结束时刻 $t_{i,m}^{u,c}$ 由检查操作开始时刻 $t_{i,m}^{u,s}$、操作时长 o_i^u 及等待操作时间 $w_{i,k}^u$ 之和所得。约束条件式(4-41)表示第一阶段流程中拆包装和货物检查操作之间的时间关系，$t_{i,n}^{u,s}$ 为第一阶段货运单元 i 由设备 n 进行拆包装操作的开始时刻。约束条件式(4-42)表示设备 n 完成对货运单元 i 拆包装操作的时刻 $t_{i,n}^{u,c}$ 由拆包装开始时刻 $t_{i,n}^{u,s}$、操作时间 o_i^u 和等待操作的时间 $w_{i,m}^u$ 组成。约束条件式(4-43)表示货运单元拆包装操作和第一阶段叉车运输之间时间关系，$t_{i,k}^{o,s}$ 为第一阶段叉车 k 往仓库运输的开始时刻。$t_{i,k}^{o,c}$ 是叉车 k 运输货运单元至仓库的完成时刻，o_k^o 为叉车 k 运输至仓库并返回的作业时间。约束条件式(4-45)为货运单元 j 经过设备 n 货物拆包装作业的完成时刻 $t_{j,n}^{u,c}$ 的计算方法，$t_{j,n}^{u,s}$ 是设备 n 对货运单元 j 进行拆包装作业的开始时刻，o_j^u 是作业固定运作时长，$w_{j,h}^u$ 是在第二阶段叉车 h 上货物 j 等待流通加工的时长。约束条件式(4-46)和式(4-47)分别为货运单元 j 经历设备 n 和 m 操作的先后关系及货运单元 j 完成货物检查操作时刻的计算公式。约束条件式(4-48)明确流通加工和第二阶段叉车 h 运送货运单元至列车站台的先后顺序，$t_{j,h}^{\tau,s}$ 为叉车 h 开始运输货运单元 j 的时刻。约束条件式(4-49)中，$t_{j,h}^{\tau,c}$ 为叉车 h 运输货运单元 j 至站台的结束时刻，o_h^δ 为叉车 h

行驶至站台再返回的时长。

约束条件式(4-50)和约束条件式(4-51)分别保证每个流通加工操作都有一个先遣任务和后续任务，$\{z\}$和$\{p\}$分别表示叉车运输和流通加工的初始状态和最终状态，若$\theta_{i,i'}^{m,m}=1$，表示货运单元i在货运单元i'之后进行货物检查，否则$\theta_{i,i'}^{m,m}=0$；$\vartheta_{j,j'}^{n,n}$同理。约束条件式(4-52)确保若第一阶段货运单元i被设备m进行检查作业，则后续货运单元i'也由设备m进行作业，若货运单元i被设备m执行操作，则$x_{i,m}=1$，否则$x_{i,m}=0$。约束条件式(4-53)确保若第二阶段货运单元j被设备n进行拆包装作业，则后续货运单元j'也由设备n进行作业，若货运单元j被设备n执行操作，则$y_{j,n}=1$，否则$y_{j,n}=0$。约束条件式(4-54)和式(4-55)保证每辆叉车都有先遣和后续任务，若货运单元i在i'之后被叉车k运输，则$\zeta_{i,i'}^{k}=1$，否则$\zeta_{i,i'}^{k}=0$；$\zeta_{j,j'}^{h}$同理。约束条件式(4-56)和式(4-57)保证先遣货运单元和后续货运单元由同一叉车运输，若货运单元i被叉车k运输，则$r_{i,k}=1$，否则$r_{i,k}=0$；$e_{j,h}$同理。

约束条件式(4-58)—式(4-61)表示每台流通加工设备都有初始任务和结束任务。约束条件式(4-62)和式(4-63)确保每个货运单元$i(j)$只能由一台货物检查(拆包装)设备进行作业。约束条件式(4-64)和式(4-65)确保每个货运单元只能由一辆叉车运输。约束条件式(4-66)—式(4-67)分别表示每辆叉车都有初始任务和结束任务。

4.3.3 站点运作成本优化模型求解设计

遗传算法(Genetic Algorithm，GA)是一种基于随机全局搜索的启发式优化算法，其通过模拟生物在自然环境中的进化过程，依据生物基因在进化中的选择、交叉、变异等操作，不断在种群中筛选出适应度更高的个体，以获得最优解。遗传算法具有以下优势：基于概率机制进行迭代，确保个体选择的随机性；从串集开始搜索，搜索覆盖面更广，更利于获得全局最优解；扩展性强，易于与其他算法相结合等。但该算法也存在一些不足：局部搜索能力较弱，对初始种群选择具有一定的依赖性等[4,5]。

模拟退火算法(Simulated Annealing，SA)最早由Metropoils等于1953年提出，其通过模拟固体物质的退火过程，构建了一种改进的局部搜索算法。该算法从较高的初温出发，随着温度参数逐渐下降，在解空间内进行随机扰动，从而寻找目标函数的更优解，并以一定概率选择较差解，以免陷入局部最优的困境。模拟退火算法虽然具备高效的求解能力，但也存在计算耗时长，以及求解精度和温度衰减系数之间存在矛盾等问题[6]。

综合遗传算法和模拟退火算法的互补优势，将两种算法相结合，形成遗传模拟退火算法。其核心思想是：对经过遗传操作的个体，运用模拟退火算法重新计算适应度，并按一定概率替换旧个体，进而形成新的种群。

该算法在求解站点设备衔接调度模型时，具体步骤如下。

(1) 编码机制。

本模型编码的每条染色体均对应第一阶段和第二阶段物流操作，如图4-5所示。其中,两行染色体分别代表叉车 a 和叉车 b 的编号。由于叉车 a 在将从列车上卸载的货物运至堆场后,又折返装载货运单元运送至货运列车,因此两个阶段叉车 a 的编码相同。而仓储操作存在排队等待的情况,因此需要安排两批叉车 b,分别负责入库和出库运输任务。与染色体对应的是货运单元,由于堆场的货物检查和流通加工操作分别由不同的设备进行,因此第一阶段和第二阶段的流通加工设备作业相互独立,互不干扰。据此编码将设备、叉车、货物运作相关联,例如货运单元 2 由 6 号叉车 a 运输至堆场,经 2 号设备检查后,再由 2 号叉车 b 运输至仓库。

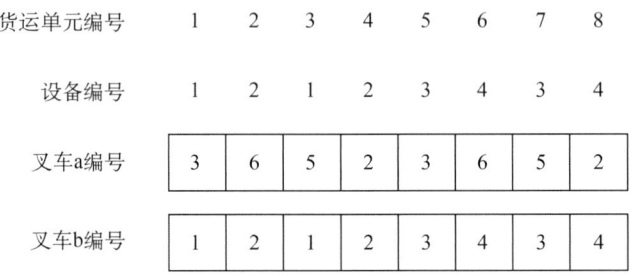

图 4-5 染色体编码

(2) 适应度函数。

适应度函数主要用于评价个体的优劣程度。适应度函数的选择会直接影响算法的收敛效果,一般可根据目标函数变换得到。在遗传算法中,通常适应度函数值越大代表个体越优,而本问题的目标函数为求解两个阶段物流操作环节最大完成时间的最小值,因此,相应的适应度函数可以取目标函数的倒数,即

$$fitness(F) = \frac{1}{F} \tag{4-70}$$

(3) 遗传操作。

① 选择。采用轮盘赌方法生成下一种群。计算每条染色体的选择概率,即 $p(i) = fitness(i)/(\sum fitness(i)/N)$。适应度值越大,个体被选择的概率越高。将所选染色体的适应度值与原来的相比较,在选择操作过程中,以适应度值最高的染色体随机替代当前种群中适应度值低的染色体。

② 交叉。N 条染色体可随机分配为 $N/2$ 对,每对染色体中每条染色体上有相对应的相同数量的决策变量编码。当某条染色体的适应度值低于当代种群所有染色体适应度的平均值时,将该成对的两条染色体交叉;否则,不进行交叉操作。

③ 变异。采用均匀变异法,随机选取染色体的某些基因,并用该染色体的其他等位基因进行替换,从而形成新的个体,以此保持种群的多样性。

(4) 模拟退火。

在完成一系列遗传操作后,生成了一个新种群,该种群将作为模拟退火算法的初始种群。随后,按照下列步骤进行模拟退火操作以获得新种群:

① 初始化控制参数,包括初始温度 T_0、新个体接收概率、降温速率 $rate$。
② 经遗传操作得到父代个体的适应度值以及模拟退火后得到子代的适应度值。
③ 比较二者适应度值,若子代适应度值 $fitness(i)$ 等于或优于父代适应度值 $Fitness(i)$,则接收子代个体进入下一代;否则,以概率 $p = \exp[-(fitness(i) - Fitness(i))/T_i]$ 接收子代个体进入下一代。
④ 若满足链长,则以当前解进入下一代;否则,返回步骤②,直至找到合适的新种群。

4.4 基于地铁的地下物流系统运作成本优化结果分析

4.4.1 基于地铁的地下物流系统运作相关参数设置

1. 列车运行相关参数

本节以本书第 3 章 M-ULS 网络配置中的地铁 M102 环线单向列车运行为例进行分析。根据基本的站点坐标和区间距离数据,货运列车运行基本参数设置见表 4-1。

表 4-1 货运列车运行基本参数设置

基本参数	数值	基本参数	数值
列车自重	250 t	最小发车间隔	2 min
单货车厢最小载重	32 t	最大发车间隔	10 min
单货车厢最大载重	128 t	最高限速	80 km/h
单货车厢预测载重	96 t	过站滑行限速	20 km/h
拖挂式列车站点停靠时间	45 s	电费单价	0.8 元/(kW·h)
分离式列车站点停靠时间	3 min		

2. 站点物流运作相关参数

选择一个 IFS 的转运操作进行小规模案例分析。根据对货运站点物流流程及相关物流设备情况的调研,设置站点物流运作的相关参数,见表 4-2。

表 4-2 站点物流运作相关参数

参数	值	参数	值
叉车行驶速度	5 km/h	叉车折返时间	1 min
货物检查速度	1 min/个货运单元	叉车功率	6 kW
拆包装速度	1 min/个货运单元	流通加工设备功率	3 kW

遗传模拟退火算法的参数设置如下:最大种群规模为 200,交叉概率为 0.9,变异概率为 0.02,模拟退火初温为 100,降温系数为 0.6,最大迭代次数为 500 次。

4.4.2 列车运行控制成本优化结果分析

1. 单列车运行控制策略

鉴于选择了"牵引—巡航—惰行—制动"运行控制策略,货运列车在单个区间内的运行状态有较为明显的区分,以 IFS1 到 IFS2 站点区间为例,在列车最优运行控制策略下,运行速度与距离的关系如图 4-6 所示。在最高限速 80 km/h 和区间运行时间约束条件下,列车从站点出发到离站点约 210 m 路程内进行牵引运行,列车的行驶速度由 0 逐渐加速到 54.8 km/h 后,开始巡航运行,行驶至 850 m 后开始惰行,在距离下一站点约 65 m 时列车开始制动直到进站,全区间的运行总时间为 119 s。由于各站点间的距离并不相同,所以在运行时间要求的限定内,每个区间内列车会达到不同的最高运行速度。

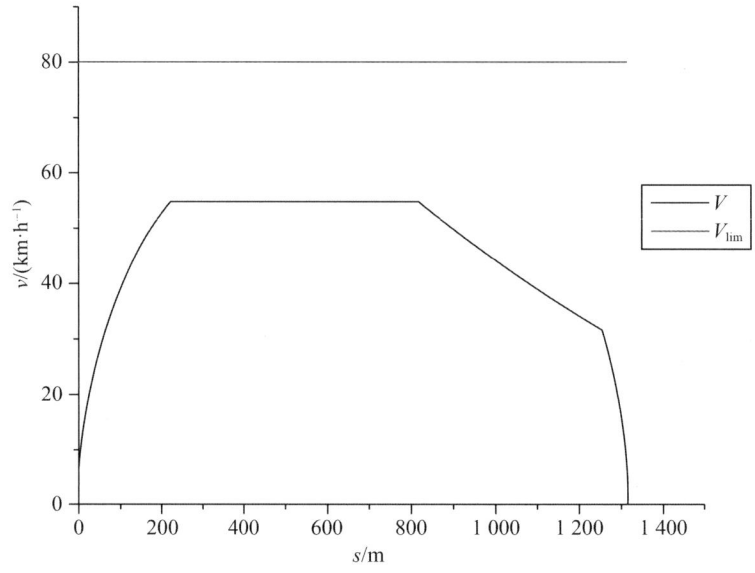

图 4-6 单区间列车运行速度与距离的关系

拖挂式列车因需遵循客运列车的运行要求,必须在每个站点停靠,其在 M102 环线上运行一周的最优控制策略下,运行速度与距离的关系如图 4-7 所示。图中红色曲线代表最高限速,黑色曲线代表实际运行速度。由此可以看出,在站间距较长的区间,列车行驶的最高速度相对较高,且巡航时间也相对较长。

分离式列车仅在货运站点停靠,由于其与客运列车共用区间轨道,为了保证行驶过程中前行列车与后行列车之间的安全距离,需在满足站间行驶时间约束和最高限速条件下,对货运列车在货运站点间的运行速度予以调节。例如,设定货运列车在经过客运站点时降速行驶,以最高限速 20 km/h 的速度通过,从而与前行客运列车保持安全距离。在此最优控制策略下,单列分离列车的运行速度与距离的关系如图 4-8 所示。

对比图 4-7 和图 4-8 可以发现,在两种运作模式下,列车的最优运行控制策略存在明

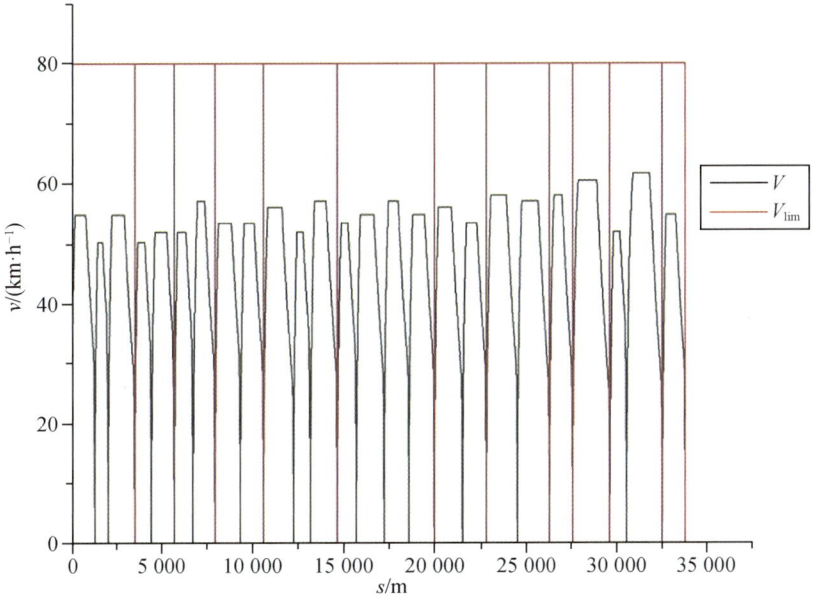

图 4-7 单列拖挂式列车运行速度与距离的关系

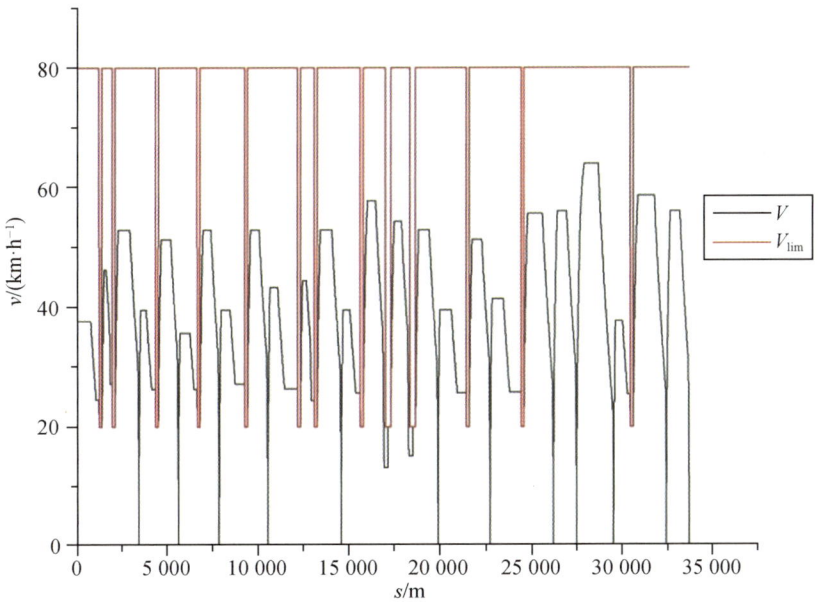

图 4-8 单列分离式列车运行速度与距离的关系

显差异。两种运作模式下的列车在 M102 环线上运行一周的具体运行时间和能耗情况如表 4-3 所列。在优化运行策略下，单列拖挂式列车的全程运行时间比分离式列车少了 1 397 s，但仅货运站点区间的运行时间而言，拖挂式列车却比分离式列车耗时更久。这是因为拖挂式列车受限于客运列车运行调度，每站都停，且站点停靠时间较短，而分离式列车仅在货运站点停靠，这不仅缩短了区间运行时间，还使得站点停靠时间更为充足。

表 4-3　货运站点间列车最优控制策略下的运行时间和能耗

运作模式	参数	运行区间										合计
		OFS1—GFS1	GFS1—GFS2	GFS2—GFS3	GFS3—IFS1	IFS1—IFS2	IFS2—GFS4	GFS4—OFS2	OFS2—IFS3	IFS3—GFS5	GFS5—IFS4	IFS4—GFS6	GFS6—OFS1	
拖挂式	运行时间/s	419	252	256	289	459	620	303	341	118	167	297	119	4 135(全程),3 640(区间)
	能耗/J	2.718×10^8	1.713×10^8	1.770×10^8	1.973×10^8	3.037×10^8	3.984×10^8	2.062×10^8	2.664×10^8	9.943×10^7	1.610×10^8	2.382×10^8	9.676×10^7	2.587×10^9 (718.611 kW·h)
分离式	运行时间/s	377	235	245	289	446	596	311	362	118	171	284	118	5 532(全程),3 552(区间)
	能耗/J	1.854×10^8	1.179×10^8	1.181×10^8	1.335×10^8	1.965×10^8	3.131×10^8	1.377×10^8	1.786×10^8	9.846×10^7	1.614×10^8	1.735×10^8	1.002×10^8	1.914×10^9 (531.667 kW·h)

单列拖挂式列车行驶线路的全程耗能比单列分离式列车高出35.16%,二者的能耗成本分别为574.88元和425.33元。考虑到拖挂式列车的最大货运承载力为256 t,分离式列车的最大货运承载力为768 t,结合本书第3章结果(单日线路最大流量为6 898.27 t),可计算出单日 M-ULS 系统 M102 环线在两种运作模式下的列车运行能耗成本:拖挂式列车为20 695.68元;分离式列车为5 103.94元。从能耗成本的角度来看,分离式列车更具经济性。

2. 多列车运行控制策略

以拖挂式列车为例,对多列车运行过程中再生能源的利用情况进行分析。为便于分析,假设所有列车均为拖挂式列车。列车以一定的时间间隔发车,前车按照单列车最优控制策略运行,后车以时间间隔发车后,同样遵循单列车最优控制策略运行。

依据列车运行的最优控制策略计算结果,可以确定每个区间内列车牵引和制动的时间段,见表4-4。根据列车牵引和制动的时间段,可以得到在不同发车间隔情形下同一供电区内前后列车再生能源产生的重叠时间。

表4-4 拖挂式列车牵引和制动时间段

区间	牵引时间段	制动时间段	区间	牵引时间段	制动时间段
OFS1—S2	1—27	105—119	S12—S13	1—27	124—137
S2—S3	1—24	62—78	S13—S14	1—29	110—123
S3—GFS1	1—27	120—132	S14—GFS4	1—27	112—125
GFS1—S5	1—24	77—92	GFS4—S16	1—28	125—137
S5—GFS2	1—25	100—115	S16—OFS2	1—26	108—121
GFS2—S7	1—25	84—99	OFS2—S18	1—30	131—144
S7—GFS3	1—29	99—112	S18—IFS3	1—29	140—152
GFS3—S9	1—26	112—126	IFS3—GFS5	1—30	105—118
S9—IFS1	1—26	105—118	GFS5—IFS4	1—33	156—167
IFS1—S10	1—28	136—147	IFS4—S20	1—25	74—90
S10—S11	1—25	76—91	S20—GFS6	1—35	150—162
S11—IFS2	1—29	118—131	GFS6—OFS1	1—27	106—119
IFS2—S12	1—26	86—100			

不考虑地铁早晚高峰密集发车情况,以平峰时期的2 h作为研究时间段,依据地铁客运的开行需求,此期间至少需发出18辆列车。在此基础上,计算能耗最小,即再生能源利用最多的最优发车间隔。

假设尽可能均匀地发车,将平均发车间隔设定为400 s。考虑到单车行驶全程耗时4 135 s,进一步假设最多有11辆列车同时运行。因此,可以将研究周期内的列车按照11辆为一组进行划分,每组均以同样的时间间隔发车。

表 4-5 展示了一组拖挂式列车依次开行时能耗最小状况下的发车间隔情况。由表可知,一组列车行驶过程中牵引和制动重叠总时间为 820 s,产生再生能源 9.40×10^5 J,经计算,单日可产生再生能源 1.51×10^7 J。

表 4-5　　　　　　　　　多列拖挂式列车能耗最小时发车间隔

车次	1	2	3	4	5	6	7	8	9	10	11
间隔/s	—	414	409	403	392	407	402	404	395	390	384
重叠时间/s	820										
再生能源/J	9.40×10^5										

4.4.3　站点设备运作成本优化结果分析

以小规模案例进行设备调度分析,设置第一阶段和第二阶段各 6 个货运单元,依次编号为 1～12,其中 1～6 号和 7～12 号分别代表第一阶段和第二阶段的货运单元;配备 2 台叉车 a,2 台叉车 b,依次编号为 1～4,其中 1～2 号在站台和堆场之间运行,3～4 号在仓库和堆场之间运行;配备 4 台流通加工设备,依次编号为 1～4,其中 1～2 号负责货物检查操作,3～4 号负责货运单元的拆包装操作。

表 4-6 所列为小规模案例的具体物流设备作业情况。依据前文描述的作业流程,针对 1～6 号货运单元,设备的作业顺序为叉车 a 到叉车 b,针对 7～12 号货运单元,设备的作业顺序为叉车 b 到叉车 a。

表 4-6　　　　　　　　　小规模案例物流设备作业情况

货运单元编号	叉车 a	流通加工设备 a	流通加工设备 b	叉车 b
1	1-0-2	1-2-3	3-4-5	3-6-8
2	2-0-2	2-2-3	4-5-6	3-9-11
3	1-3-5	1-5-6	3-6-7	3-12-14
4	2-3-5	2-5-6	4-7-8	4-12-14
5	1-6-8	1-8-9	3-9-10	3-15-17
6	2-6-8	2-9-10	3-11-12	4-16-18
7	2-9-11	2-7-8	3-2-3	3-0-2
8	1-12-14	1-11-12	4-2-3	4-0-2
9	2-12-14	2-11-12	4-9-10	3-3-5
10	1-15-17	1-14-15	3-13-14	4-3-5
11	2-17-19	2-16-17	3-15-16	4-6-8
12	1-19-21	1-18-19	4-17-18	4-9-11

注:数据解释为"设备编号-运作开始时间-运作结束时间"。

基于仿真模拟结果,第一阶段耗时 18 min,第二阶段耗时 21 min。由于两阶段同步进行,物流总完成时间取二者耗时的最大值,即 21 min。此外,所有叉车和流通加工设备总等待时间为 67 min,其中各设备的总等待时间分别为:叉车 a 是 1 min,叉车 b 是 25 min,流通加工设备 a 是 6 min,流通加工设备 b 是 35 min。根据表中设备的使用频次可知,设备之间的运作不存在冲突和相互干扰,叉车承接的货运工作量相对均衡,但设备数量少,导致等待时间较长。

以不同的货运单元和设备数量设置多种情形,计算站点物流设备的运作情况,具体计算结果见表 4-7。显然,当转运货运单元数量一定时,物流设备的数量越大,总运行时间越短。但出于经济性考虑,设备的数量不可能无限配置。当以站台不堆积为目标时,要求货运单元卸载后尽快运至堆场进入下一物流环节,此时对于设备数量的需求更高。若允许货运单元卸载后堆积在站台,等待叉车分批次运输,则在满足站点流通加工能力的条件下,可适当减少物流设备的配置数量。

表 4-7　　　　　　不同情形下站点物流运作时间

编号	货运单元×叉车×流通加工设备	物流运作总完工时间/min	设备总等待时间/min	叉车总等待时间/min	流通加工设备总等待时间/min	设备等待能耗成本/元
1	12×4×4	21	67	26	41	3.72
2	12×4×6	21	50	4	46	2.16
3	12×4×12	21	48	0	48	1.92
4	12×6×4	17	63	20	43	3.32
5	12×8×6	13	33	9	24	1.68
6	12×12×8	10	27	10	17	1.48
7	24×8×8	20	108	23	85	5.24
8	24×12×14	14	68	17	51	3.40
9	24×16×10	14	81	34	47	4.60
10	24×20×18	10	38	7	31	1.80
11	48×10×10	33	340	27	313	14.68
12	48×12×10	26	333	83	250	16.64
13	48×16×18	20	228	34	194	10.48
14	48×20×18	17	182	53	129	9.40
15	96×12×12	51	1157	56	1 101	48.52
16	96×14×16	45	965	23	942	39.52
17	96×18×16	33	766	71	695	33.48
18	96×24×20	26	663	158	505	32.84

由表 4-7 可知,当货运单元数量一定时,增加设备数量能显著降低站点物流运作的总时间以及设备的等待能耗成本。但设备总等待时间受两类物流设备数量配置的影响并非呈线性变化。当两类设备数量相当时,流通加工设备的等待时间较叉车长,这可能是因为流通加工设施对单个货运单元的作业时间较短,完成一次货物检查或拆包装后,需等待叉车运输下一个货运单元。

两类物流设备数量的匹配程度会影响物流运作效率和能耗成本。研究发现,根据需求配置充足的设备能够大幅缩短物流运作时间,并减少设备等待产生的能耗。对比 11 号和 12 号可见,尽管配置更多的叉车使得运作时间和总等待时间减少了,但设备等待能耗成本反而增加了。这是由于叉车的功率较高,叉车等待时间的变化对能耗成本的影响更大。因此,在满足需求的前提下,合理配置和调度两类物流设备,对节约站点运作能耗成本至关重要。

4.5 本章小结

本章从列车运行与货运站点物流运作两方面入手,对 M-ULS 的运营能耗成本进行优化。针对列车运行优化问题,先分析列车运行过程中的受力情况以及再生能源利用原理,按照从单列车单区间运行、单列车多区间运行到多列车多区间运行的顺序展开分析;考虑到货运列车载重的不确定性,构建起以能耗最低、再生能源利用率最大为目标的货运列车运行工况控制策略优化模型。针对货运站点物流运作优化问题,基于对货运站点物流运作流程的分析,梳理货运单元从到站列车卸载至存入临时仓库,以及从仓库取出货运单元到装载至列车这两阶段物流过程中设备的衔接调度原理。以最小化两阶段物流运作最大完成时间为目标,构建货运站点物流设备衔接调度优化模型。

基于本书第 3 章计算所得的 M-ULS 优化网络布局和资源配置结果,计算货运列车运行控制策略以及设备衔接调度优化策略下的系统运作成本优化结果,得到以下结论:

(1) 通过合理控制列车在区间的运行工况,能够有效降低列车运行能耗。对比拖挂式列车和客货分离式单列车的运行情况可知,拖挂式列车在货运站点区间的总运行时间多于分离式列车,但由于分离式列车在站点的停靠时间更为充足,其全程运行时间较拖挂式列车更长,但分离式列车的运行全程能耗成本相对更低。

(2) 在多列车运行情况下,通过合理设置列车发车间隔,可以利用前后列车牵引和制动时间段的重叠产生再生能源,从而节约列车运行能耗。

(3) 在满足站点转运需求的前提下,随着配置的物流设备数量增多,物流运作总时间总体呈下降趋势,设备等待时间以及等待能耗成本也逐渐降低。合理的设备衔接调度能够优化物流流程中的设备等待时间,从而减少设备等待能耗。

(4) 就货运站点的转运操作而言,转运需求与设备数量配置之间匹配的合理程度对物流运作的效率和成本有着影响。若设备数量不足,将导致设备超负荷运作以及衔接环节等待时间的增加,从而使得能耗成本上升。

参考文献

[1] Rochard B P, Schmid F. A review of methods to measure and calculate train resistances[J]. Proceedings of the Institution of Mechanical Engineers, Part F: Journal of Rail and Rapid Transit, 2000, 214(F4): 185-199.

[2] 尚梦影. 城轨列车节能运行协同智能优化与控制[D]. 北京:北京交通大学,2022.

[3] Eberhart R, Shi Y. Particle swarm optimization: developments, applications and resources[C]// Proceedings of the 2001 Congress on Evolutionary Computation, 2002.

[4] Chen Y, Jiang Y, Wahab W, et al. The facility layout problem in nonrectangular logistics parks with split lines[J]. Expert Systems with Applications, 2015, 42(21): 7768-7780..

[5] El-Mihoub T A, Hopgood A A, Nolle L, et al. Hybrid genetic algorithms: a review[J]. Engineering Letters, 2006, 13(2): 124-137.

[6] Delahaye D, Chaimatanan S, Mongeau M. Simulated annealing: from basics to applications[J]. International Series in Operations Research and Management Science, 2019, 272: 1-35.

第5章
基于 AnyLogic 的地下物流系统运作成本仿真研究

由于在真实案例中，M-ULS 的运作受动态变化的需求环境影响，存在大量随机性与不确定性，因此难以完全通过数学模型进行精确描述。本章依据前文得到的 M-ULS 网络配置结果，基于 AnyLogic 仿真平台，构建 M-ULS 运作的离散事件仿真模型。以拖挂式 M-ULS 运作模式为例，描绘 M-ULS 网络运作流程，并以真实环境为背景，对系统网络的运作进行量化分析。从系统运作流程的刻画、需求情景的设置以及网络运行时间窗这三个方面制定系统仿真规则，基于某城区的 M-ULS 网络布局及相应的资源配置方案，对系统的运作状态、资源利用情况和系统运作成本进行仿真模拟，从而为系统网络资源配置优化和成本管理优化方案提供辅助分析依据。

5.1 AnyLogic 仿真技术概述

与当今世界上通用的仿真建模软件（如 FLEXSIM、WIRNESS、Arena 等）相比，AnyLogic 是目前唯一一款兼具集散、连续、混合系统功能的复杂系统仿真软件。它将 UML 语言引入模型仿真，并支持多种建模方式，包括离散事件建模、智能体建模、系统动力学建模等。AnyLogic 被广泛用于交通[1]、物流[2]、供应链[3]、制造业[4]、计算机[5]、城市规划设计[6]等诸多领域。表 5-1 所列为近年来 AnyLogic 在交通及物流方面的典型应用案例。

表 5-1　　　　　　　　　　AnyLogic 典型应用案例

国家	案例	主要内容
中国	广东邮件配送优化	构建物流运输仿真模型来缓解运输流程网络中的瓶颈问题
法国	电动卡车路径优化	利用可视化仿真开发电动卡车配送路线优化模型

（续表）

国家	案例	主要内容
美国	Pitney Bowes 公司大规模物流网络规划	通过仿真软件在包裹周期时间、卡车利用率、日吞吐量等关键指标上提升北美物流网络性能
俄罗斯	多式联运仿真与管理系统集成	利用仿真软件对不同逻辑层次的参数进行试验，从而获得货运效率最优方案
德国	煤炭装运港优化设计	通过仿真平台对既有煤炭装运港进行流程优化，制订扩展方案

复杂网络中的运作情况难以通过一般的数学建模方法进行直观描述和呈现。而通过 AnyLogic 智能体（Agent）结合离散事件建模的方式，利用流程建模库来捕获业务工作流程，进而构建出多层次可扩展的大型复杂系统网络，这使得对复杂物流操作流程与网络资源分配之间关系的可视化描述成为可能。M-ULS 运行过程中的货运操作流程属于典型的离散事件，AnyLogic 中的标准库能够满足各类离散事件的建模需求。将系统中每个参数化的模块相互连接，就可以实现系统网络运作流程的 2D/3D 的交互影像展示，并且还能够通过对模型参数的不断调试来优化系统。

本章应用 AnyLogic 软件（版本：Professional 8.8.1）对拖挂式 M-ULS 在一个标准工作日内的运行情况和系统资源利用情况进行仿真，仿真建模流程如图 5-1 所示。表 5-2 所示的是 M-ULS 运行建模所用到的功能模块。

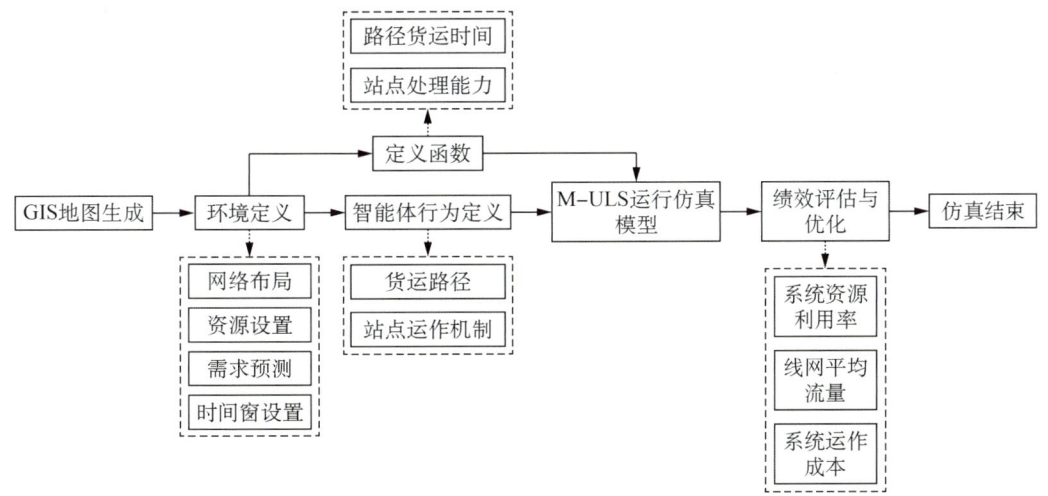

图 5-1　M-ULS 系统运作仿真建模流程

表 5-2　　　　　　　　AnyLogic 建模库与离散事件模块

模块归属	模块符号	模块名称	模块说明
流程建模库	●	Port	端口在消息传递机制中扮演中心角色，消息通过端口发送和接收，流程建模库中模块通过端口实现连接
	➔	Enter	将已经存在的智能体插入过程流程图的特定位置

(续表)

模块归属	模块符号	模块名称	模块说明
流程建模库		Sink	从模型中彻底移除智能体
		Resource Pool	定义资源单元组,资源是智能体在执行某些任务时需要的对象,例如车辆和设备等
		Hold	用于临时阻止智能体在执行过程流程图中位于 Hold 模块后的动作,其阻止条件通过编程控制
		Quene	以先进先出或基于优先级等准则缓冲流程图中下一个模块接受的智能体,其队列容量可以动态改变
		Service	获取给定数量的资源单元,延迟智能体并再释放获取的单元
		Move To	将智能体及其附加资源以智能体速度移动到节点或 GIS 点等目的地
		Seize	从资源池中获取给定数量的资源并发送到指定位置
		Release	释放给定数量的资源单元并返回指定位置
智能体		Agent	智能体,可代表各种事物,本模型中定义为客户需求、节点和运输路径等
		Connection	集合,表示一组对象,用于定义将多个元素分组为单个单元的数据对象,用于存储、检索和操作聚合数据
		Function	函数,表示每次用户从模型中调用表达式时返回该表达式的值
		Event	事件,是在模型中安排一些动作的最简单的方法,通常用于延迟和超时建模
		Variable	变量,表示模型状态,用于存储模型模拟的结果,或对随时间变化的一些数据单元或对象特性进行建模
		Link to Agents	链接到智能体,定义不可移动智能体间的联系网络
		Parameter	参数,用于表示被建模对象的一些特征,通常静态地描述对象

基于 AnyLogic 的离散事件仿真模型通常包含实体、属性、状态、事件、活动、进程、时钟、统计累加器等组成部分。在本章中,将结合系统特征和建模目标,对 M-ULS 网络资源配置进行建模。在此过程中,会用到诸如站点仓库、分拣设备、运输工具等实体元素,路

径、节点等空间标记元素,以及时间、需求量、资源数量等数据元素。建模所需数据包括:案例货运需求量和需求产生时间窗、M-ULS 网络布局、系统物流运作具体流程、每个环节的作业时间、M-ULS 运作模式、不同设施设备的货物处理能力、不同网络的运输速度等。

5.2 基于地铁的地下物流系统运作流程仿真规则设计

按照 M-ULS 网络运作流程,从微观角度对系统的具体运作过程进行描绘。建模过程涉及网络各个环节实体的资源状态以及由货运流程所驱动的事件。下面将从系统运作流程的刻画、需求情景的设定、网络运行时间窗的设置以及模型参数的设置这四个方面构建 M-ULS 运作流程的仿真规则。

5.2.1 基于地铁的地下物流系统运作流程刻画

1. 站点打包-装车

为了实现 M-ULS 的标准化运作,同时保证客-货协同运输的安全性,装载至列车车厢或在站点仓库临时储存的货物必须是标准货运单元的形式。因此,M-ULS 不适用于危险、异构或超大超长尺寸的货物。当来自城外物流园区、城内货运需求点的多源货物通过货运站点进入 M-ULS 主网络时,必须在起始货运站点进行分拣和打包操作。以进城货物为例,具体操作流程如下:

(1) 从区域需求点生成的各类货物统一由道路运输货车运送至 M-ULS 起始货运站点。抵达站点后,先收集货物基本信息,接着对货物进行分类筛选,把相同目的地且尺寸合适的货物进行第一次打包,从而形成货运托盘单元。

(2) 再次依据货运目的地对货运单元进行标记和分类,经过二次打包形成可直接装载入货运列车车厢的标准货运单元。根据已有实践案例,可选用容积 11.25 m^3(2.5 m×2.5 m×1.8 m)的标准箱。

(3) 货物打包完毕后,根据列车排班计划以及站点货物量来确定是否运至临时仓库暂存。待运的标准货运单元将被运至货运平台等待运输,并遵循"先到先走"原则,依次装载至货运车厢。考虑到拖挂式列车在站点的停靠时间具有强约束性,通常采用自动装卸系统进行标准货运单元的快速装卸。站点货物打包-装载过程示意图见图 5-2。

2. 拖挂式列车运输

在始发站点以最大装载能力将标准货运单元装载至货运列车车厢后,拖挂式货运列车将依据控制中心发布的列车调度指令等待发车,随后行驶至下一站点。考虑到一个标准工作日内客运需求量在不同时段会有所波动,因此需要综合考虑线路货运通行能力、列车发车间隔要求、系统运作状态等多方面因素,以此确定拖挂式列车的发车频率和发车时刻。

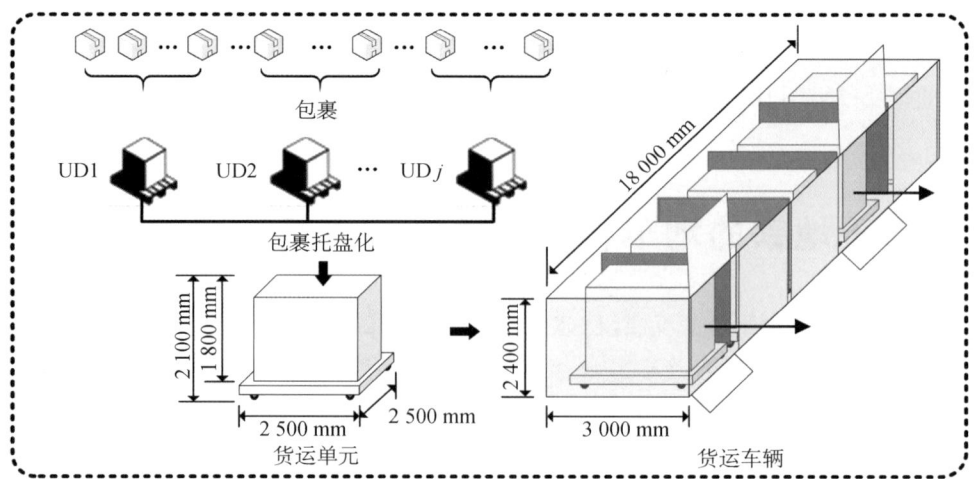

图 5-2　站点货物打包-装载过程示意图

列车在满足与前车的最小发车间隔要求后发车,会在行驶沿线的每个站点停靠。当抵达货运站点时,货运车厢门打开,遵循"先下后上"原则,自动装卸机械迅速地卸载到达目的地的标准单元,并把货运平台上待运的标准单元装载至车厢。若列车到达的某个站点并非货运站点,或者虽为货运站点但并非该列车上任何货物的目的地且列车处于满载状态,此时货运车厢不会开门,待站点停靠时间结束,列车便继续向下一站点行驶。列车行至线路单向终点站后,将货运单元全部卸空,随后等待装载相反方向运输的标准货运单元并发车。

3. 转运

在由多条线路构成的复杂网络中,当运输起点与目的地处于不同线路的服务范围时,货物必然会在换乘站点产生转运需求。对于有转运需求的货物,理论上遵循"最短路径"运输原则来确定其在网络中的运输路径,且规定货物转运次数原则上不超过一次。当货运列车抵达转运站点后,待转运货物将由自动装卸机械卸载,随后由自动导向车运送至换乘线路对应的货运平台等待后续运输。

值得注意的是,基于系统运输效率考量,货运单元在网络内部流转过程中不允许拆包,必须以标准货运单元的形式完成网络中的所有流程。倘若堆场货物数量较多,或者待运输的其他货物优先级均高于该批货物,那么这批次货物便有可能以标准货运单元的形式被运往站点的临时仓库,进而等待出仓和运输指令的下达。

为了确保 M-ULS 整体网络的均衡负载,部分货物可能无法完全遵守最短路径运输原则。若某个方向的货物需求量过大,致使最短线路的通行能力以及线路上站点的货物处理能力超负荷,可对优先级相对较低的货物安排"绕路"运输,通过单次转运乃至多次转运的方式,缓解该线路的运行压力。

4. 仓储

货运站点的仓储功能主要用于在以下几种情况临时存放货物：起始货运站点汇集的货物打包后等待运输；转运站点的货运单元等待换乘列车装载；运送至目的地货运站点的货物等待拆包、分拣与配送。现仍以进城方向的货流为例，具体操作过程如下：

（1）货物在起始货运站点完成打包并经过货物检查后，根据列车调度计划确定是否留在货运站台，以等待下一班列车到达并装载。若判定其不能立即被运走，则由自动叉车将标准货运单元送至站点的临时仓库，并依据货运目的地和运输时间优先级将其进行分类储存，并进行实时监控。

（2）当货运列车进站时，标准货运单元将根据目的地是否一致及运输要求时间的优先级，依次从仓库运出，经货物检查操作后，被运至货运平台进行装载。

（3）对于冷链货物，站点需配备相应的冷链仓库。由于冷链货物对即时性要求很高，其运输优先级相对较高，因为这类货物在仓库的等待时间越长，产生腐败成本的可能性就越大。

（4）货物抵达目的地站点后，标准货运单元将依据末端配送流程的调度安排，有可能被运至站点的临时仓库，在接收到配送指令后，被运输至站点堆场进行二次拆包和分拣，之后等待 AGV 车前来执行末端配送任务。

5. 末端配送

货物到达目的地货运站点后，也就意味着货物在 M-ULS 主网络中的运输已结束，即将进入二级网络开展末端配送流程。在主网络中，货物是以标准货运单元形式流转，且中途不允许拆包，所以到达目的地站点后，需要对标准单元以及托盘单元进行拆包操作。待货物恢复至最小包装状态，再依据末端目的地进行二次分拣。同一目的地的货物将被装载至同一 AGV 车上，并按批次沿二级管网运输至最终的货运末端，完成交付。由于末端 AGV 在一个工作日内按统一规划的批次执行运输任务，所以汇集在货运站点的货物需要在仓库中进行临时存储。

5.2.2 基于地铁的地下物流系统网络运行时间窗设置

某城区的 M-ULS 网络如图 5-3 所示，由 3 条地铁线路 [M102（环线）、M6 和 M101]、4 个物流园区、20 个货运站点和 34 个二级货运站点组成。为便于仿真建模，在构建系统网络时，将物流园区设置于起始货运站点 (OFS) 的位置。

就案例背景下 M-ULS 所承担的多流向货运需求而言，为最大程度降低一级网络中货运列车对客运造成的影响，拖挂式地铁货运列车需严格依照案例中的地铁客运列车运行时刻表（表 5-3）运行。当列车行驶至货运站点后，会在规定的停靠时间内，根据货物的目的地完成货运标准单元的装卸作业。

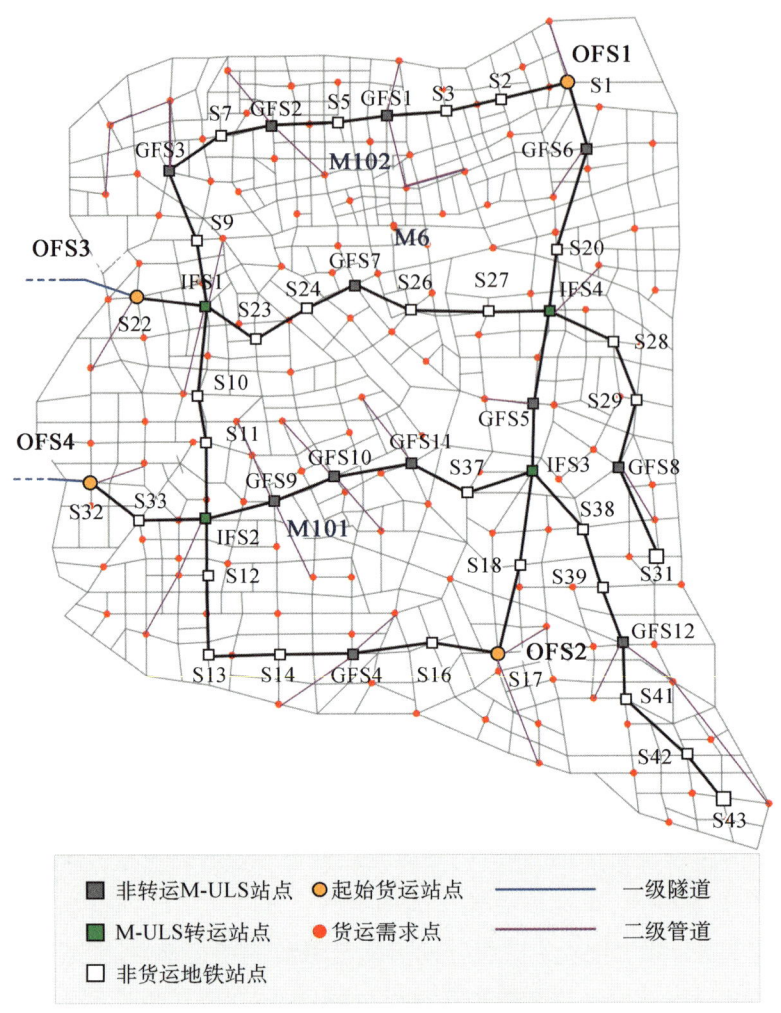

图 5-3　M-ULS 运行仿真案例

表 5-3　　某城区 M102、M6、M101 地铁线路客运列车运行时刻表

运营时段	运营班次/对		
	M102（环线）	M6	M101
5:00—6:00	6	1	1
6:00—7:00	12	12	12
7:00—8:00	18	18	18
8:00—9:00	18	18	18
9:00—10:00	12	15	15
10:00—11:00	10	10	10
11:00—12:00	10	10	10

（续表）

运营时段	运营班次/对		
	M102（环线）	M6	M101
12:00—13:00	10	10	10
13:00—14:00	10	10	10
14:00—15:00	10	10	10
15:00—16:00	10	10	10
16:00—17:00	12	15	15
17:00—18:00	18	18	18
18:00—19:00	18	18	18
19:00—20:00	12	12	12
20:00—21:00	10	10	10
21:00—22:00	10	10	10
22:00—23:00	6	6	6
合计	212	213	213

注：M102、M6和M101的首班车时刻分别为5:30、5:50和5:50，末班车时刻均为23:00。

由于某城区的地铁网络尚处于规划阶段，其列车运行时刻表是参考北京市区地铁运营数据来设计的。各线路列车运行班次情况为：M102线路有212对，M6和M101线路各有213对。通常情况下，列车排班计划会遵循客运动态需求，呈现出早、晚高峰时段发车较为密集，而平峰期发车相对稀疏的特点。在本模型中，假设拖挂式列车在客运高峰时段依旧可以发车。此外，本章所构建的仿真模型规定，拖挂式列车需沿着既定线路行驶完全程。其中，在M102环线，单向列车行驶一周到达起讫站点后继续按同一方向等待发车。

根据每条线路的长度、站点分布状况以及列车行驶的平均速度，可推算出3条线路的单程旅行时间分别为：41 min（M102）、17 min（M6）和21 min（M101）。规定每列车在站点的停靠时间恒为30 s。在该模型中，规定拖挂式货运列车与客运列车的发车频率在地铁运行期间保持一致，每天的发车总班次固定。每辆货运列车发车后会在全线每个站点停靠，并且不间断地往返运行，最终回到起始站点。3条线路拖挂式列车的站点到达时间窗如表5-4—表5-6所列。

表5-4　　　　M102线路拖挂式列车站点到达时间窗

站点	OFS1	S2	S3	GFS1	S5	GFS2	S7	GFS3	S9
到达时间窗	+0 min	+1 min	+2 min	+4 min	+5 min	+7 min	+8 min	+10 min	+12 min
站点	T1	S10	S11	T2	S12	S13	S14	GFS4	S16
到达时间窗	+13 min	+15 min	+16 min	+18 min	+19 min	+21 min	+23 min	+25 min	+27 min

(续表)

站点	OFS2	S18	T3	GFS5	T4	S20	GFS6	OFS1
到达时间窗	+28 min	+30 min	+32 min	+34 min	+36 min	+37 min	+40 min	+41 min

表 5-5 　　　　　M6 线路拖挂式列车站点到达时间窗

站点	OFS3	T1	S23	S24	GFS7	S26	S27	T4	S28
到达时间窗	+0 min	+1 min	+3 min	+4 min	+6 min	+7 min	+9 min	+10 min	+12 min
站点	S29	GFS8	S31						
到达时间窗	+14 min	+15 min	+17 min						

表 5-6 　　　　　M101 线路拖挂式列车站点到达时间窗

站点	OFS4	S33	T2	GFS9	GFS10	GFS11	S37	T3	S38
到达时间窗	+0 min	+1 min	+3 min	+4 min	+6 min	+8 min	+9 min	+11 min	+13 min
站点	S39	GFS12	S41	S42	S43				
到达时间窗	+14 min	+16 min	+17 min	+19 min	+21 min				

货物被运至一般货运站点(OFS)后,会先进行拆包和分拣操作,随后等待二级网络的 AGV 车执行末端配送任务。完成配送后,AGV 车会将货运终端的货物收集起来运至一般货运站点。在该模型中,规定二级网络的 AGV 车分成 7 个批次,于统一时刻从 OFS 出发,之后定点从货运终端发车返回,并于统一时刻回到相应的 OFS。AGV 的发车时间窗如表 5-7 所列。

表 5-7 　　　　　末端配送 AGV 发车时间窗

AGV 配送批次	OFS 发车时刻	返回 OFS 的时刻
第 1 批次	10:00	12:00
第 2 批次	12:30	13:30
第 3 批次	14:00	16:00
第 4 批次	16:30	18:30
第 5 批次	19:00	20:30
第 6 批次	21:00	22:30
第 7 批次	23:00	(+1)00:30

5.2.3　仿真模型参数设置

该模型中主要涉及的参数设定如下:拖挂式货运机车的最大承载力为 400 m^3;货运机车的运行速度为 60 km/h;起始货运站点打包操作时间为 20 min;二级网络 AGV 车的配送速度为 20 km/h;一般货运站点拆包分拣操作时间为 5 min;进、出城货物在起始货运站点的等待时间均为 20 min;进、出城货物在一般货运站点等待时间均为 30 min。

5.3 基于地铁的地下物流系统动态运行建模过程

5.3.1 基于地铁的地下物流系统需求情景设置

本章节研究基于某城区地铁网络案例展开。在该网络中存在 4 个起始货运站点（OFS），考虑到不同流向的货物在网络中的运行流程具有相似性，本模型仅针对城外物流园区与城内货运需求点之间的货运需求进行仿真研究，暂不考虑城市内部各需求点之间的货运需求。区域内货运终端的进城方向货运需求生成规则如表 5-8 所列。

表 5-8　　　　　　　　货运终端的进城货运需求生成规则

生成时刻	地点											
	OFS1			OFS2			OFS3			OFS4		
	概率	x_1	x_2	概率	x_1	x_2	概率	x_1	x_2	概率	x_1	x_2
5:00	50%	30	120	50%	20	100	50%	0	60	50%	0	40
5:15	50%	30	120	50%	20	100	50%	0	60	50%	0	40
5:30	50%	30	120	50%	20	100	50%	0	60	50%	0	40
5:45	50%	30	120	50%	20	100	50%	0	60	50%	0	40
6:00	50%	30	120	50%	20	100	50%	0	60	50%	0	40
6:15	50%	30	120	50%	20	100	50%	10	80	50%	10	60
6:30	50%	30	120	50%	20	100	50%	10	80	50%	10	60
6:45	50%	30	120	50%	20	100	50%	10	80	50%	10	60
7:00	50%	80	180	50%	50	140	50%	10	80	50%	10	60
7:15	50%	80	180	50%	50	140	50%	10	80	50%	10	60
7:30	50%	80	180	50%	50	140	50%	10	80	50%	10	60
7:45	50%	80	180	50%	50	140	50%	30	120	50%	20	80
8:00	50%	80	180	50%	50	140	50%	30	120	50%	20	80
8:15	50%	80	180	50%	50	140	50%	30	120	50%	20	80
8:30	50%	80	180	50%	50	140	50%	30	120	50%	20	80
8:45	50%	80	180	50%	50	140	50%	30	120	50%	20	80
9:00	50%	50	140	50%	30	120	50%	30	120	50%	20	80
9:15	80%	50	140	80%	30	120	80%	30	120	80%	20	80
9:30	80%	50	140	80%	30	120	80%	30	120	80%	20	80
9:45	80%	50	140	80%	30	120	80%	30	120	80%	20	80

（续表）

生成时刻	地点											
	OFS1			OFS2			OFS3			OFS4		
	概率	x_1	x_2	概率	x_1	x_2	概率	x_1	x_2	概率	x_1	x_2
10:00	80%	60	150	80%	40	130	80%	30	120	80%	20	80
10:15	80%	60	150	80%	40	130	80%	30	120	80%	20	80
10:30	80%	60	150	80%	40	130	80%	30	120	80%	20	80
10:45	80%	60	150	80%	40	130	80%	30	120	80%	20	80
11:00	80%	60	150	80%	40	130	80%	10	80	80%	10	70
11:15	80%	60	150	80%	40	130	80%	10	80	80%	10	70
11:30	80%	60	150	80%	40	130	80%	10	80	80%	10	70
11:45	80%	60	150	80%	40	130	80%	10	80	80%	10	70
12:00	80%	60	150	80%	40	130	80%	10	80	80%	10	70
12:15	80%	60	150	80%	40	130	80%	10	80	80%	10	70
12:30	80%	60	150	80%	40	130	80%	10	80	80%	10	70
12:45	80%	60	150	80%	40	130	80%	10	80	80%	10	70
13:00	80%	60	150	80%	40	130	80%	10	80	80%	10	70
13:15	80%	60	150	80%	40	130	80%	10	80	80%	10	70
13:30	80%	60	150	80%	40	130	80%	10	80	80%	10	70
13:45	80%	60	150	80%	40	130	80%	10	80	80%	10	70
14:00	80%	60	150	80%	40	130	80%	30	120	80%	20	80
14:15	80%	60	150	80%	40	130	80%	30	120	80%	20	80
14:30	80%	60	150	80%	40	130	80%	30	120	80%	20	80
14:45	80%	60	150	80%	40	130	80%	30	120	80%	20	80
15:00	80%	50	140	80%	30	120	80%	30	120	80%	20	80
15:15	80%	50	140	80%	30	120	80%	30	120	80%	20	80
15:30	80%	50	140	80%	30	120	80%	30	120	80%	20	80
15:45	80%	50	140	80%	30	120	80%	30	120	80%	20	80
16:00	80%	80	180	80%	50	140	80%	10	80	80%	10	60
16:15	80%	80	180	80%	50	140	80%	10	80	80%	10	60
16:30	80%	80	180	80%	50	140	80%	10	80	80%	10	60
16:45	80%	80	180	80%	50	140	80%	10	80	80%	10	60
17:00	80%	80	180	80%	50	140	80%	10	80	80%	10	60

（续表）

生成时刻	地点											
	OFS1			OFS2			OFS3			OFS4		
	概率	x_1	x_2	概率	x_1	x_2	概率	x_1	x_2	概率	x_1	x_2
17:15	80%	80	180	80%	50	140	80%	10	80	80%	10	60
17:30	80%	80	180	80%	50	140	80%	10	80	80%	10	60
17:45	80%	80	180	80%	50	140	80%	10	80	80%	10	60
18:00	80%	50	140	80%	30	120	80%	10	60	80%	10	40
18:15	80%	50	140	80%	30	120	80%	10	60	80%	10	40
18:30	80%	50	140	80%	30	120	80%	10	60	80%	10	40
18:45	80%	50	140	80%	30	120	80%	10	60	80%	10	40
19:00	80%	50	140	80%	30	120	80%	10	60	80%	10	40
19:15	80%	50	140	80%	30	120	80%	10	60	80%	10	40
19:30	80%	50	140	80%	30	120	80%	10	60	80%	10	40
19:45	50%	50	140	50%	30	120	50%	10	60	50%	10	40
20:00	50%	50	140	50%	30	120	50%	10	60	50%	10	40
20:15	50%	50	140	50%	30	120	50%	10	60	50%	10	40
20:30	50%	50	140	50%	30	120	50%	10	60	50%	10	40
20:45	50%	50	140	50%	30	120	50%	10	60	50%	10	40
21:00	50%	30	120	50%	20	100	50%	0	40	50%	0	30
21:15	50%	30	120	50%	20	100	50%	0	40	50%	0	30
21:30	50%	30	120	50%	20	100	50%	0	40	50%	0	30
21:45	50%	30	120	50%	20	100	50%	0	40	50%	0	30
22:00	50%	30	120	50%	20	100	50%	0	40	50%	0	30
22:15	50%	30	120	50%	20	100	50%	0	40	50%	0	30
22:30	50%	30	120	50%	20	100	50%	0	40	50%	0	30
22:45	50%	30	120	50%	20	100	50%	0	40	50%	0	30
23:00	50%	30	120	50%	20	100	50%	0	40	50%	0	30

注：x_1 表示最小货运需求量，x_2 表示最大货运需求量。

进城方向的货流自 OFS 进入系统网络，在 OFS 进行分拣和打包成货运单元的流通加工操作需耗时 t_1。成为货运单元后，货物在站点等待机车装载，随后被运输至距离目的地最近的一般货运站点（GFS）。在此站点需耗时 t_2 进行拆包分拣，之后由二级管道将货物运至终端。而出城方向的货流则由货运终端汇集至距离最近的 GFS，在 GFS 耗时 t_3 进行货运单元打包，继而等待货运机车将其运输至上一级货运站点。

5.3.2 智能体定义与建模

依据上文针对本案例中 M-ULS 网络运行规则的设置，在导入列车发车时间窗数据、货运需求数据及其他模型运行参数等数据后，根据对 M-ULS 网络运作流程的刻画，开展 M-ULS 网络仿真构建工作。其构建内容涵盖系统网络的货运站点、线路、二级管道等。通过构造能够描述货流路径、站点以及货物的智能体，并利用函数搭建智能体之间的交互关系，如线路货运时间、站点货物处理能力计算方法等，以此形成智能体群。基于所构建的模型，运行后输出各个站点、线路的货运状态，进而对网络资源利用情况以及网络运输效率等因素进行分析。

图 5-4 展示了 M-ULS 建模的主要智能体模块组件。按照模型设定以及网络运行规则，构建了包括"demand""locomotives""station_OFS""station_GFS""station_IFS""AGVs"在内的 6 组智能体群。图 5-5 以"demand"和"locomotive"智能体为例，展示了货运机车以及货物在 M-ULS 网络中运作过程的离散事件流程，包括货物进行流通加工、仓

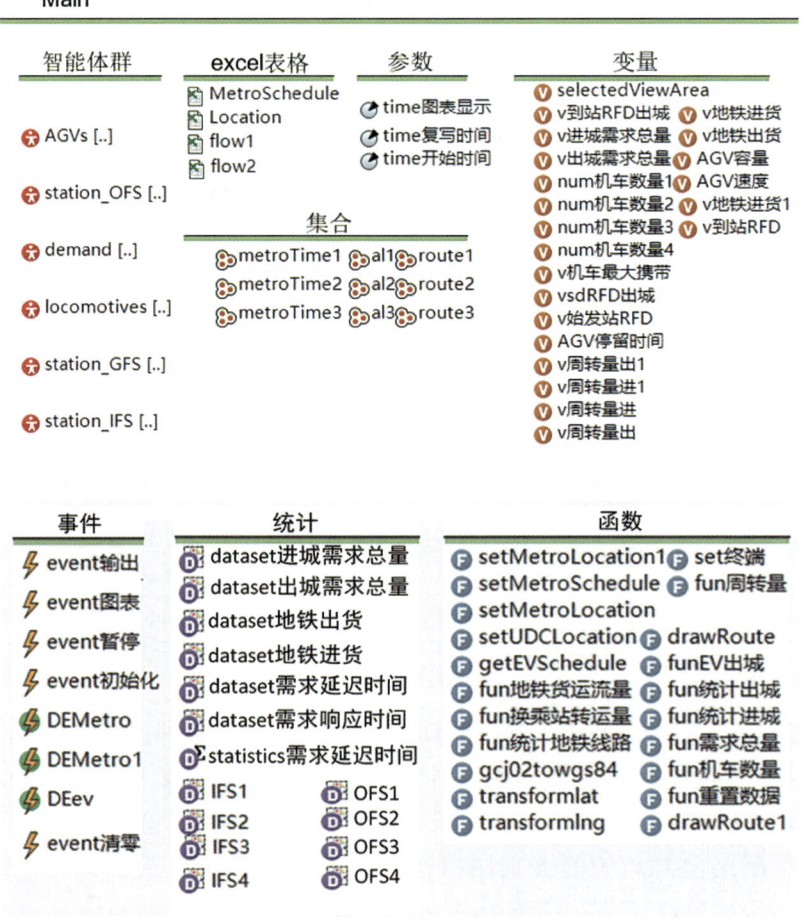

图 5-4　M-ULS 建模的主要智能体模块组件

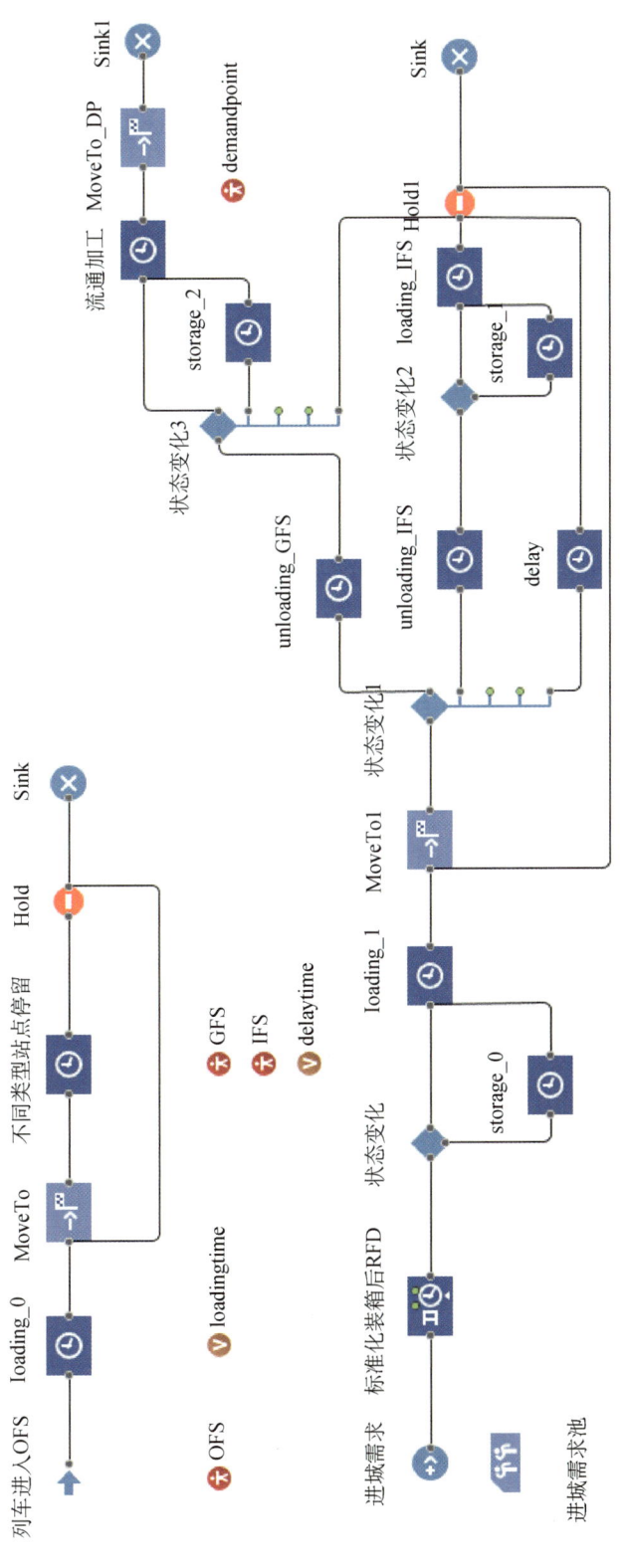

图 5-5 M-ULS 网络中货运机车离散事件流程仿真

储、装卸以及列车的进出站等操作。所有模型都经过编码、关联和检查，以确保系统操作无误。在非加速状态下，每次仿真系统模型运行该过程所需时长均为 18 min。

5.4 基于地铁的地下物流系统运行仿真结果及成本分析

5.4.1 基于地铁的地下物流系统网络线路和站点负载情况分析

对每小时各条线路以及货运站点的货运流量进行累加统计，分析不同时段地铁网络的负载变化。图 5-6 展示了分时段地铁各条线路上的货运负载情况，从中可以发现线路负载量会随着不同时段的货运需求量而变化。在早、晚高峰时段，即 7:00—9:00 和 16:00—19:00 期间，线路流量达到最大，这与需求生成规则相符。其中，线路 M102 环线上的流量最大，这是因为 M102 承担了所有线路的货物转运任务。而线路 M101 的流量相对 M6 较大，这也与线路周边货运需求量较大的情况相符。可以看出，一天中环线的流量相对稳定且处于较高水平，而 M101 和 M6 则存在明显的流量波动，这种波动随着货运需求生成的高低峰变化而变化。在所有线路上的货运列车排班和行车速度相同的条件下，环线由于线路较长，货运站点更多，因此货物在线路中的流转时间会更长。

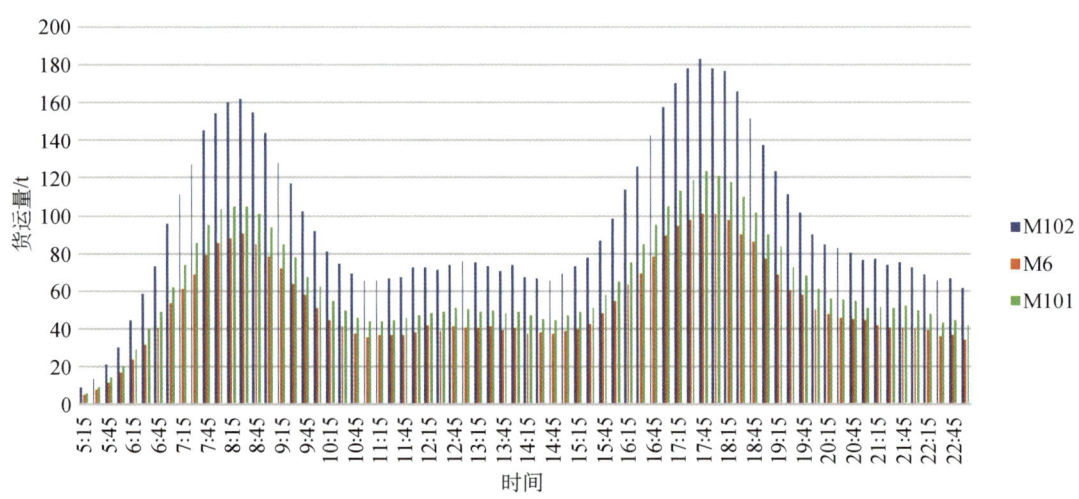

图 5-6　分时段各条地铁线路的货运负载量

对每 30 min 各类型货运站点的货运负载量进行汇总。图 5-7 和图 5-8 展示了分时段各类型货运站点的货运负载量，从中可以看出动态需求变化下，货运站点处理货物量的分布情况。由图 5-7 可知，与线路负载量相似，OFS 站点的货运负载量分别在 7:00—10:00 和 16:00—19:00 这两个时段处于明显高峰，其中 OFS2 站点的负载量最大，这与案例需求点分布及货运需求量生成规则设置相符。

IFS 站点的货运负载量变化与 OFS 站点相似，如图 5-8 所示。其中，IFS2 和 IFS4 的

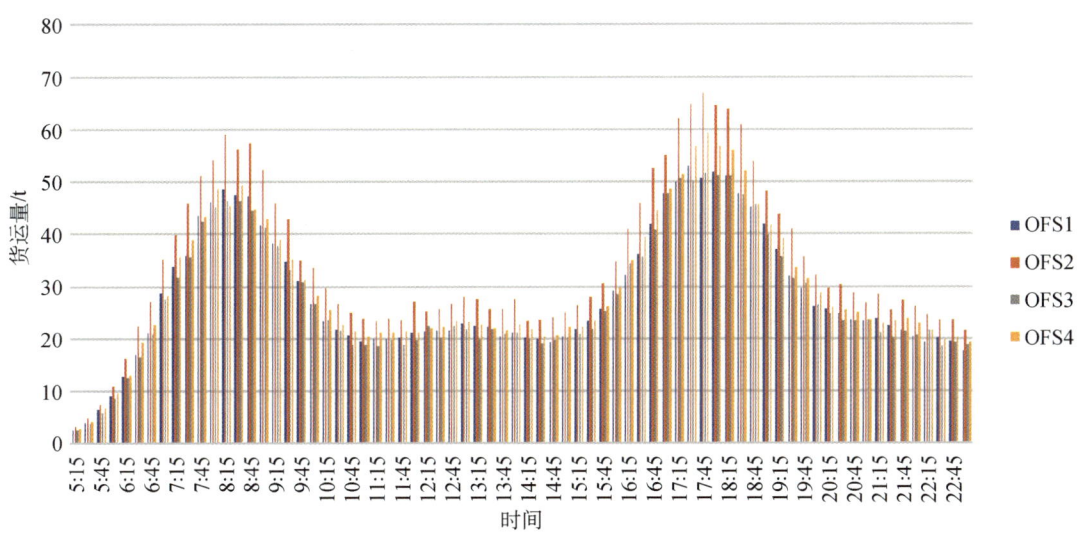

图 5-7　OFS 分时段货运负载量

负载量相对较大,这与这两个站点作为承担货运流量更大的 M102 和 M101 线路之间的货物转运功能相关,也意味着当这两个站点同时具备集散和转运功能时,如果遇到货物量激增的情况,就更容易出现货物积压现象,因此,对其仓储能力以及流通加工能力有着更高的要求。

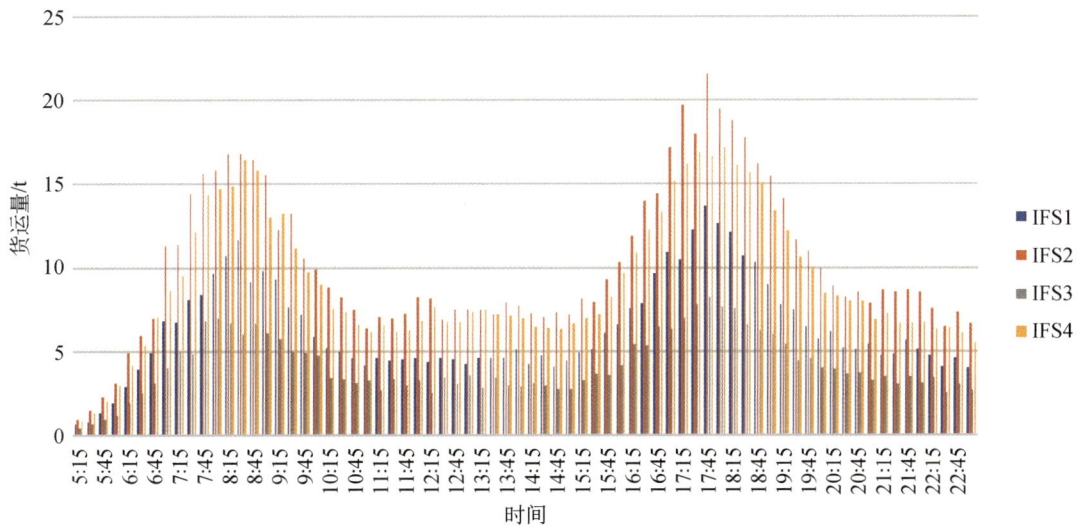

图 5-8　IFS 分时段货运负载量

5.4.2　网络资源利用情况分析

按照本书第 3 章案例计算结果所设置的网络布局和资源配置方案,图 5-9 和图 5-10

展示了在系统仿真时间范围内,分时段各类货运站点的资源利用率情况。可以发现,各站点流通加工能力的利用率在整个运营期间会随着货运需求的变化而波动,在货运高峰时段处于较高的利用状态,甚至会出现超负荷运转的情形。相较于流通加工资源的利用情况,在相同的仿真时间段内,各站点的仓储利用率处于相对较低的水平。这一现象表明,整个系统处于较为高效的运作状态,即便在货运峰值时间段,系统的资源配置依然能够满足大部分货物"即到即走"的需求,网络整体并未出现严重的货物积压现象。

在站点流通加工能力利用率方面,如图 5-9 所示,虽然 OFS 和 IFS 在货运需求峰值时间段的流通加工资源利用率接近能力上限,偶尔会出现超负荷的情况,但总体仍处于正常运行状态。然而,多个 GFS 站点(如 GFS5、GFS8、GFS12 等)存在瞬时货物加工能力过饱和的情况,进而导致一定程度的货物积压。造成这一现象的主要原因在于:其一,在

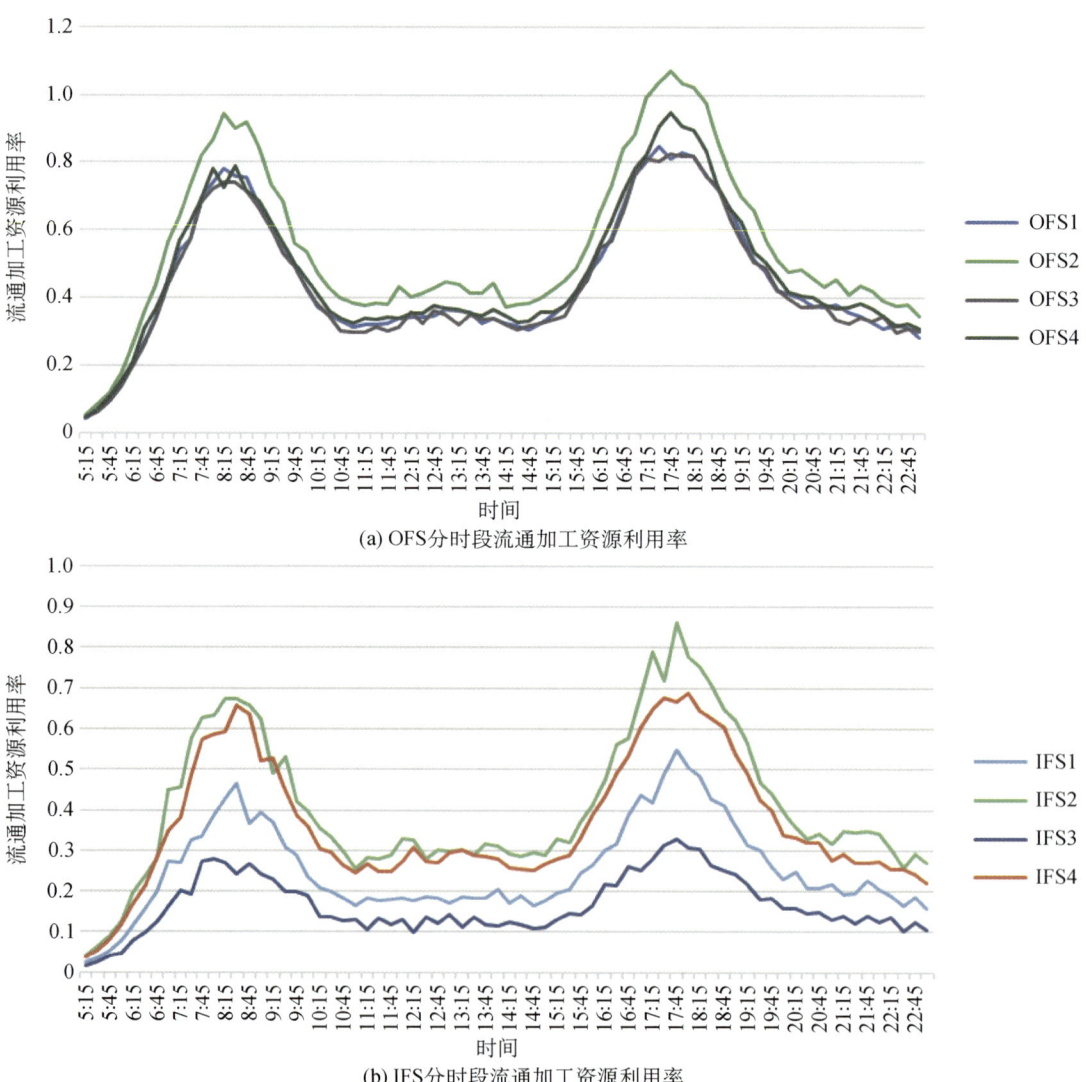

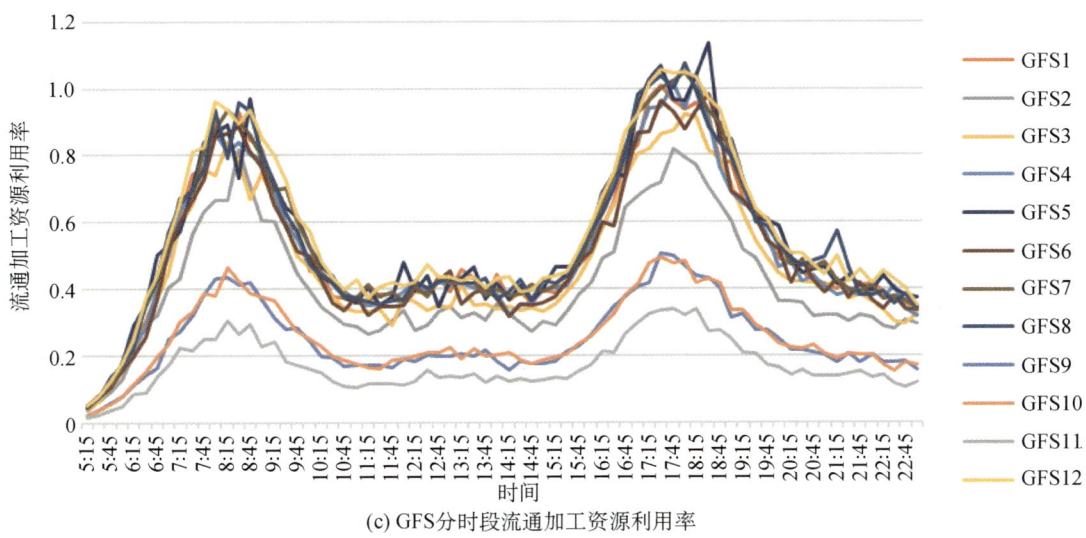

(c) GFS分时段流通加工资源利用率

图 5-9　分时段货运站点流通加工能力利用率

对站点加工能力进行资源配置时，仅考虑了站点总体处理货物需求，未将瞬时货物需求考虑进来，导致所配置的流通加工资源难以应对瞬时过量的货物需求；其二，GFS站点附近的需求点分布较为密集，需求具有一定的不确定性，因此存在因瞬时需求激增而引发站点流通加工能力短暂不足的风险。

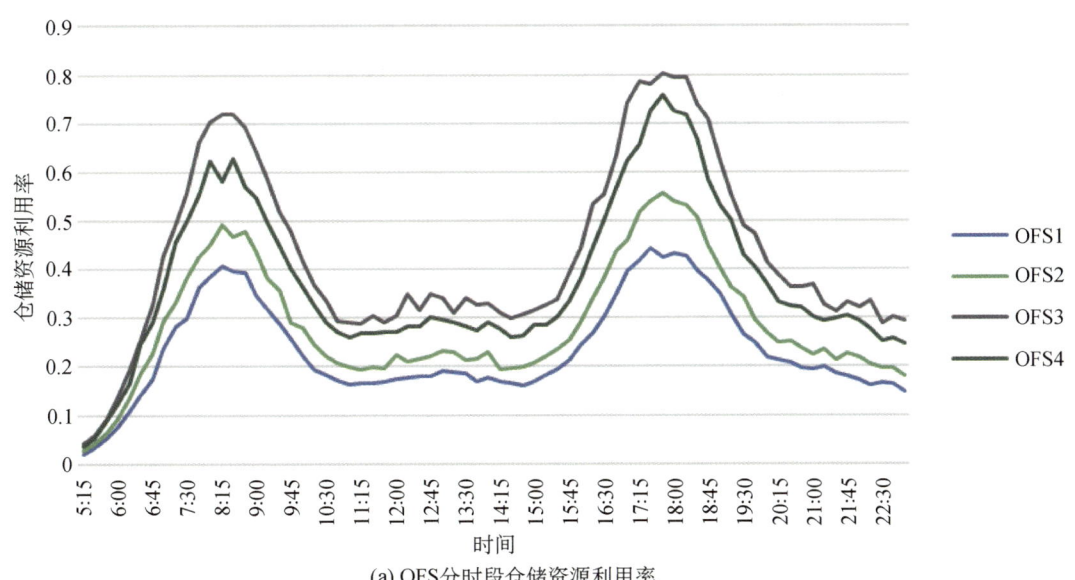

(a) OFS分时段仓储资源利用率

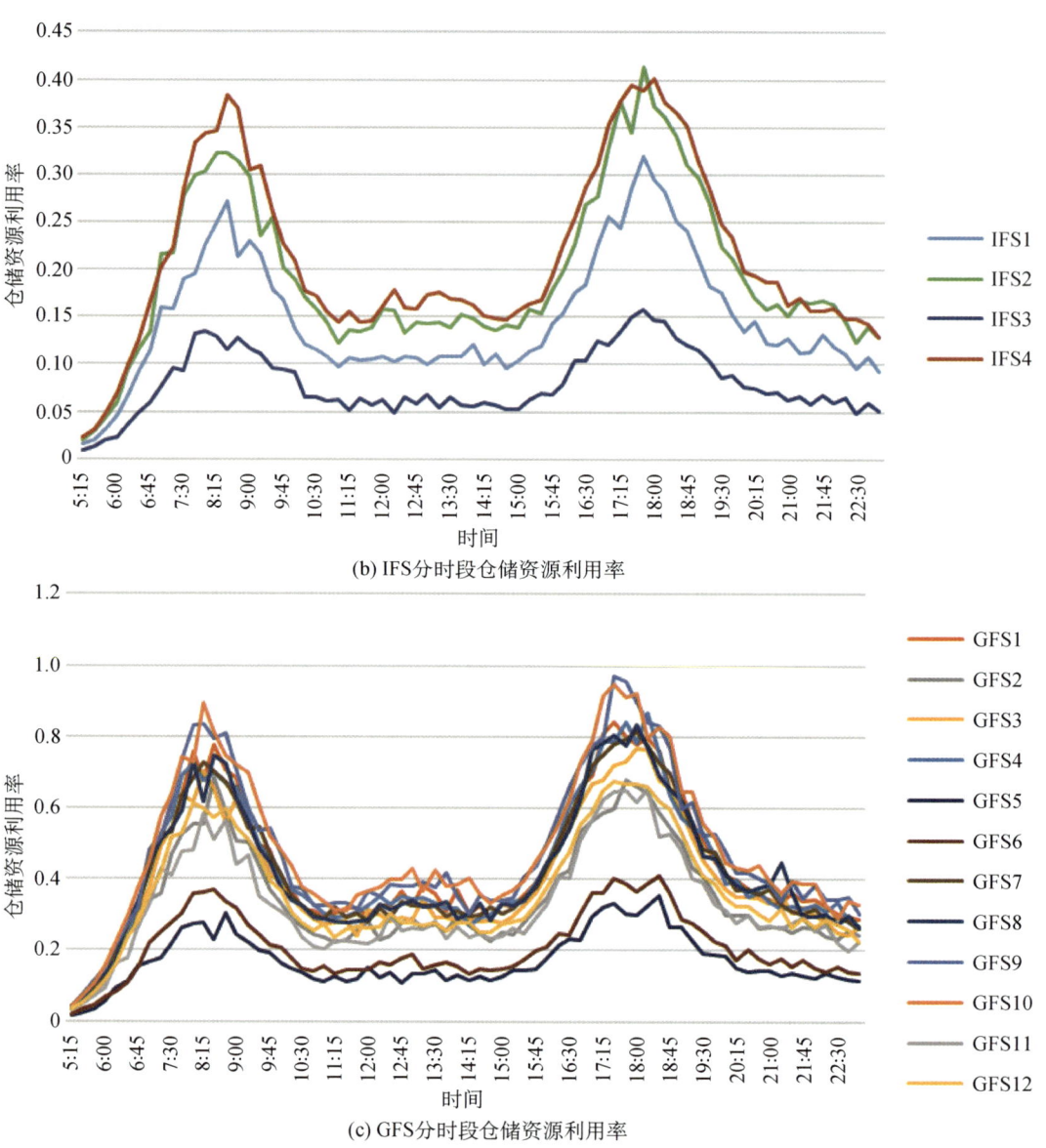

图 5-10 分时段货运站点仓储利用率

从图 5-10 可以看出，在站点仓储资源方面，仓储利用率随动态货运需求的变化而变化。相较于 OFS 站点和 GFS 站点，IFS 站点的仓储利用率相对较低，这与其站点功能定位相符。因为 IFS 作为转运站点，需尽快将待转运货物转运至相应运营线路，避免货物积压。同时，可以注意到的是，GFS 站点的仓储利用率在三类站点中是最高的，但其利用水平大多维持在 30%～60%，这意味着目前站点仓储能力还有很大的提升空间。

5.4.3 网络运作成本情况分析

模型中以货物在网络中进行物流操作的起始时刻作为运营成本的产生时刻，对三种运营成本进行统计。图 5-11 展示了 M-ULS 在该网络资源配置方案下分时段运营成本产生情况。显然，运营成本随时间的变化与货运量呈正相关关系，且仓储、流通加工及运输成本随时间的变化趋势大体一致，成本峰值出现在 7:30—10:00 和 16:00—19:00 这两个时间段，这与 M-ULS 网络载货量的时间分布相符。

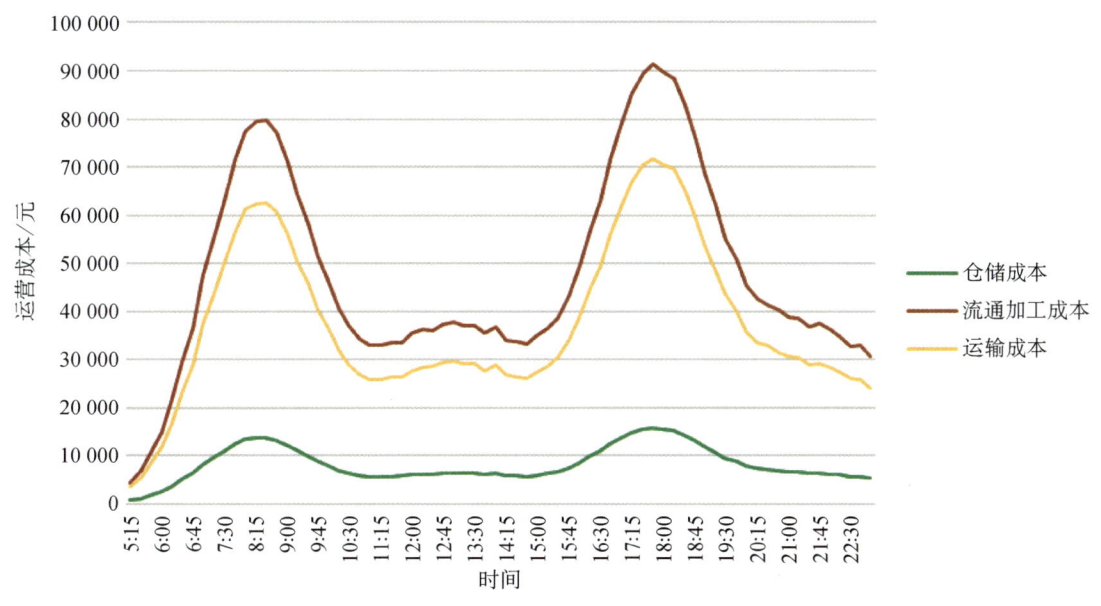

图 5-11　分时段运营成本产生情况

由图 5-11 可知，系统运营成本中占比最大的是流通加工成本，运输成本次之，仓储成本最小。这一方面与各操作环节的单位成本有关，另一方面与系统运作过程中的环节操作频次相关。从系统的资源利用情况可以发现，若同一类型站点配置统一制式的仓储设备或同量级的流通加工设备，可能会造成一定的资源浪费；而依据不同站点的瞬时最大需求分别配置系统资源，则能降低相关的网络运营成本。

5.5　本章小结

在实际运作环境中存在诸多随机性和不确定性，这使得 M-ULS 网络的动态运作流程难以通过数学建模方案进行描述。鉴于此，本章以某城区地铁规划网络的真实案例为背景，借助 AnyLogic 软件多方法建模的优势，构建城市 M-ULS 网络运作仿真模型，旨在验证系统网络在动态需求情景下运作的有效性，并对不同情景下的网络负载情况、资源利用情况以及网络运作成本等进行分析。

通过对货运量、流程环节操作时间、网络资源配置方案等参数进行差异化设置，构建了包括"demand""locomotives""station_OFS""station_GFS""station_IFS""AGV"在内的6组智能体群。基于此，构建了M-ULS网络运作的可视化模型并输出运行仿真数据。通过对比不同参数设置下的网络运作状态，实现对模型的可视化呈现以及数据输出的分析。

系统模拟仿真结果及数据分析表明，M-ULS网络线路流量会随动态需求的变化而发生周期性变化。其中，环线M102承担的货运量最多，M101线路次之，M6线路最少。由于仿真过程中设置所有线路的列车发车间隔和运行速度均一致，基于所设置的需求分布情况，站点的货物承载量分布与需求生成规则相符，货运承载量随时间变化呈现出明显的高低峰特征。在本次仿真案例中，网络运营成本随时间的变化趋势与货运量呈正相关。在三类运营成本中，流通加工成本最高，运输成本次之，仓储成本最小。

参考文献

[1] Enes K，Mehdi N，Jaeyoung L，et al. Modeling the effect of electric vehicle adoption on pedestrian traffic safety：an agent-based approach[J]. Transportation Research Part C：Emerging Technologies，2018，93：198-210.

[2] Muravev D，Hu H，Rakhmangulov A，et al. Multi-agent optimization of the intermodal terminal main parameters by using AnyLogic simulation platform：case study on the Ningbo-Zhoushan Port [J]. International Journal of Information Management，2021，57：102133.

[3] 孙军艳,王雯,傅卫平,等.轿车供应链复杂自适应系统演化规律[J].计算机集成制造系统,2016,22(8):2011-2022.

[4] 李春发,于颖,武洋,等.随机需求下ETO-MTO生产企业产能柔性与仿真分析[J].工业工程与管理,2020,25(5):154-160.

[5] Borshchev A，Karpov Y，Kharitonov V. Distributed simulation of hybrid systems with AnyLogic and HLA[J]. Future Generation Computer Systems，2002，18(6)：829-839.

[6] Kiss T，Kiss V M. Develop resilience-a system-level dynamic indicator for testing the long-term impact of planned projects based on a watershed and a city strategy example[J]. Ecological Indicators，2021，129：107970.

第6章
考虑多式联运成本的城市级地下物流网络布局优化

本章探讨了城市级地下物流网络多式联运成本，分析其货运特征及成本构成，并在此基础上对城市级地下物流网络的节点选址以及多式联运网络进行优化。首先，对城市级地下物流网络的货运量进行预测，基于预测结果构建网络节点选址模型。其次，对基于多式联运的地下物流网络进行设计，以地下物流网络每日总成本最小为目标，构建网络布局优化模型，运用分层设计理念，采用遗传算法求解，从而得出基于多式联运的最优地下物流网络。最后，通过案例分析，采用算例对城市级地下物流网络模型进行验证，以检验本章提出的模型和方法的可行性与有效性。

6.1 城市级地下物流网络多式联运成本分析

6.1.1 城市级地下物流网络货运特征分析

1. 城市级地下物流网络结构分析

城市级 ULS 属于单一的运输系统，它并不能完全取代地面物流，仍有部分货物需要依靠地面物流进行协同运输。鉴于建设地下物流的主要目的是缓解城市交通拥堵以及降低城市物流成本，本章选择地下物流-公路运输作为多式联运网络的研究对象，开展基于多式联运的地下物流网络设计研究，力求构建一个完整的城市物流供应网络。

1) 基于多式联运的地下物流网络结构

基于多式联运的 ULS 网络具有多层级网络结构，依据物理特征可分为地下物流运输网络和地面公路运输网络，其中地面公路运输网络承担着"最后一公里"的配送任务。此外，基于多式联运的 ULS 网络还可以根据需要划分为不同层级。本章依据网络组织特征和物流需求，将基于多式联运的 ULS 网络分为 4 个层级。基于多式联运的 ULS 网络结构如图 6-1 所示。

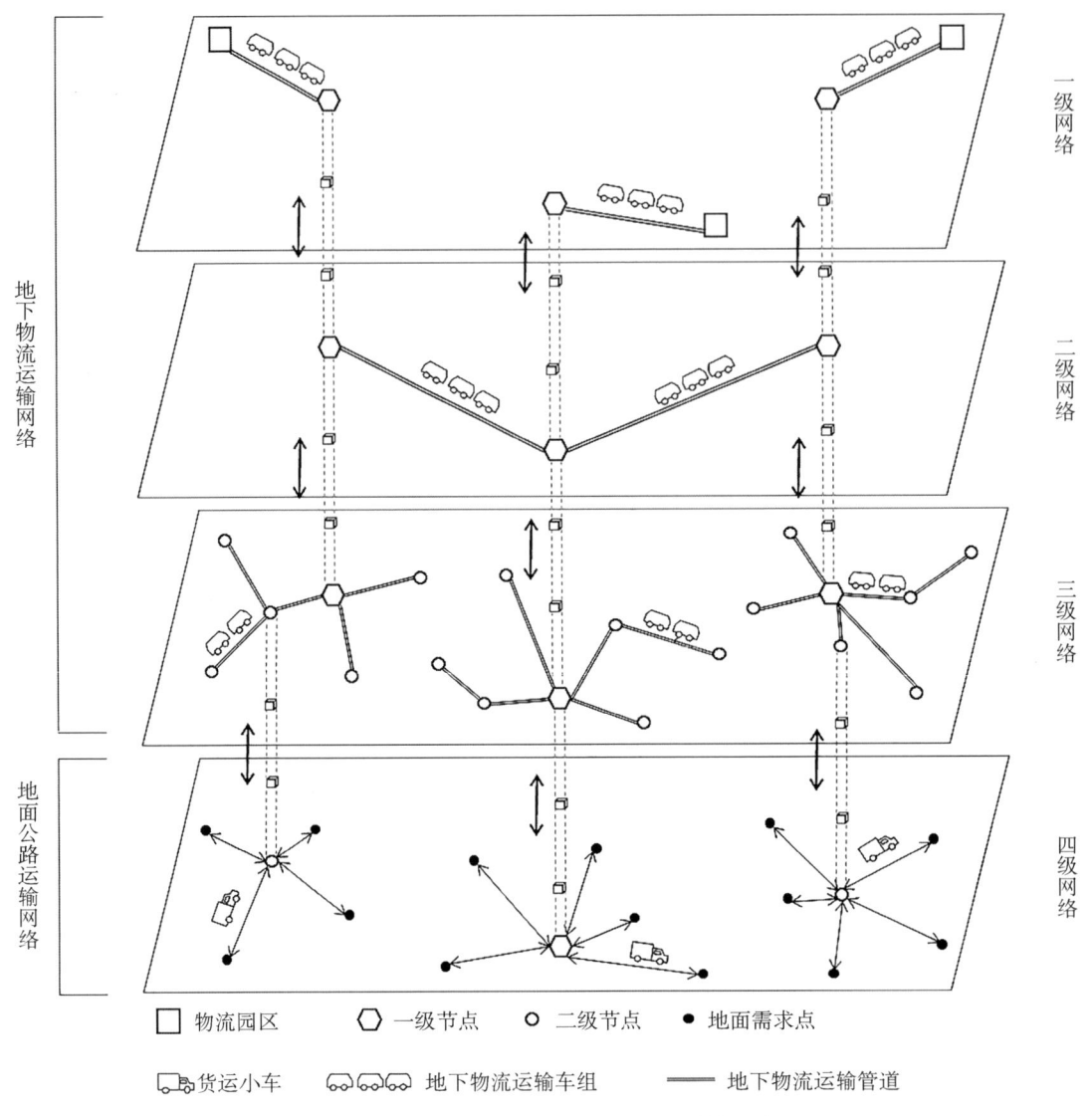

图 6-1　基于多式联运的 ULS 网络结构示意

第一层级网络：一级网络由物流园区、一级节点以及物流园区与一级节点之间的网络管道构成。物流园区与一级节点之间的网络管道被称为一级管道。一级管道是地下物流网络中的骨干运输管道，负责将物流园区的货物转运至市区。该管道的运输量最大，同时也具有最高的地下物流管道建设优先权。

第二层级网络：二级网络由一级节点和连接一级节点之间的网络管道构成。一级节点之间的网络管道被称为二级管道。二级管道负责不同一级节点之间货物的转移和输送，是 ULS 网络中的次骨干运输管道，具有第二优先建设权。

第三层级网络：三级网络由一级节点、二级节点以及连接一级节点与其内部二级节点之间的网络管道构成。一级节点与其内部二级节点之间的网络管道被称为三级管道。三级管道主要负责一级节点区域内部一级节点和二级节点之间的货物运输。由于第四层级网络无须建设实体运输管道,所以三级运输管道的建设优先权最低。

第四层级网络:四级网络由多式联运枢纽、需求点和地面"最后一公里"的配送路线构成。地面配送采用地面现有的道路,无须设置实体运输管道。

2) 多式联运的衔接

ULS 运输与地面公路运输在一级节点和二级节点处实现衔接,完成运输方式的转换。通过 ULS 管道运输的货物会经由一级节点和二级节点从地下转至地上,随后由货运车辆通过公路运输送至需求点。而对于需要从需求点进入地下物流运输的货物,先由小货车、三轮车将其运至所属节点,再通过节点转移至地下物流系统。地下物流的一级节点和二级节点都是多式联运网络的枢纽。

2. 基于多式联运的地下物流网络组成

多式联运网络由多式联运枢纽和多式联运枢纽间的路线两部分组成。基于多式联运的 ULS 网络主要由物流园区、一级节点、二级节点、各级节点间的地下运输管道、地下运输载具、地面公路运输车辆和地面运输路线组成。其中,物流园区与一级节点相连;二级节点仅与所在区域的一级节点相连,与非本区域的二级节点需通过本区域的一级节点实现连接。一级节点就是 ULS 中心,二级节点为 ULS 配送中心。

3. 地下物流-公路运输多式联运流程

就地下物流-公路运输的多式联运流程而言,可从物流园区至需求点以及需求点至物流园区这两个方面进行描述。

1) 物流园区至需求点

需求点所需的货物从物流园区进入地下运输环节,通过地下物流管道,经一级节点中转运输至该一级节点区域下的各个二级节点,或转运至其他区域的二级节点。二级节点负责将货物配送至其覆盖区域内的需求点。需要注意的是,一级节点与二级节点类似,也能够直接服务于某些需求点,即在一级节点或二级节点处转换为公路运输,通过公路运输完成"最后一公里"配送任务。

2) 需求点至物流园区

各个需求点通过三轮车、小货车或人力等方式,经公路将货物送至与其具有服务关系的二级节点或一级节点,随后货物再从一级节点或二级节点转移到地下物流管道,进行地下运输。从需求点转移至地下的货物,可借助一级节点中转运输至地下物流园区,或者经本区域一级节点发往其他区域的二级节点。

4. 多式联运网络的设计流程

多式联运网络的设计核心是节点选址和网络设计。首先,需要进行多式联运节点的选址,其次在设施选址的基础上进行网络连接。

1) 节点选址

节点选址的具体内容包括确定节点位置、明确节点与客户的服务关系以及确定节点的数量。首先,确定节点的位置;其次,依据节点的容量大小和服务半径等限制条件将客户分配给相应节点,使其能够为客户提供服务;最后,通过计算得出服务所有客户所需的物流节点数量。

物流节点选址在网络规划中具有重要的作用。一方面,节点的位置在一定程度上决定了 ULS 及其他层次的结构;另一方面,节点的分布状况和数量会对物流系统的服务范围和运营成本产生影响。

2) 网络设计

节点选址是网络设计的基础。网络设计需要在合理的节点选址的基础上进行,通过确定不同节点间的连接路线和连接类型,从而进行合理的网络布局,最终实现预先设定的目标。

6.1.2 城市级地下物流网络多式联运成本构成

鉴于 ULS 具有前期投资费用和运营成本偏高的特点,本章以基于多式联运的地下物流网络每日总成本最低为目标开展网络设计。基于多式联运的地下物流网络每日总成本由以下 5 个部分构成。

(1) 折旧费用。折旧费用是地下物流网络的建设成本与折旧率的乘积,是将地下物流网络的建设费用分摊到 ULS 每日运营成本中。折旧率为使用寿命的倒数。建设成本主要包括物流园区改建费用、一级节点建设费用、二级节点建设费用、一级管道建设费用、二级管道建设费用和三级管道建设费用。

(2) 运输费用。运输费用由物流园区至一级节点的运输费用、一级节点之间的运输费用、一级节点与其下属的二级节点之间的运输费用和地面公路运输费用组成。

(3) 中转费用。中转费用是指在地下物流节点处,地下物流运输方式与公路运输方式转换时,货物在地下与地上转移产生的费用。

(4) 仓储费用。仓储费用是指未能在规定时间(当天)从地下物流节点配送至需求点的货物,在储存过程中产生的费用。

(5) 惩罚费用。惩罚费用是指因未能在规定时间(当天)将货物从地下物流节点配送至需求点,给客户造成损失而产生的费用。由于该损失由运输者造成的,因此需由运输者承担。

6.2 城市级地下物流网络布局优化模型构建

6.2.1 优化模型构建

为便于模型的构建和求解,在构建基于多式联运的地下物流网络前,需要对一些条件进行假设,具体如下:

（1）物流园区仅与一级节点连接，二级节点只能与本区域的一级节点相连，无法直接与物流园区建立连接。

（2）处于一级节点区域内的二级节点无法直接连接其他区域内的一级节点，必须通过本区域的一级节点中转才能实现连通。

（3）区域交通拥堵指数与区域货运量成正比。

鉴于 ULS 具有前期投资费用及运营成本较高的特点，本章以基于多式联运的地下物流网络每日总成本最低为目标，进行网络设计。如本书 6.1.2 节所述，基于多式联运的地下物流网络每日总成本由以下 5 个部分构成，如式(6-1)—式(6-13)所示。

$$F_{折旧} = \left(pf_0 + mf_1 + nf_2 + \frac{1}{2} \sum_{j=-m-p+1}^{-m} \sum_{k=-m+1}^{0} x_{jk} d_{jk} c_1 + \frac{1}{2} \sum_{j=-m+1}^{0} \sum_{k=-m+1 且 j \neq k}^{0} x_{jk} d_{jk} c_2 + \frac{1}{2} \sum_{j=-m+1}^{0} \sum_{k=1}^{n} x_{jk} d_{jk} c_3 \right) \lambda \tag{6-1}$$

$$F_{运输} = \sum_{j=-m-p+1}^{-m} \sum_{k=-m+1}^{0} x_{jk} q_{jk} d_{jk} b_1 + \sum_{j=-m+1}^{0} \sum_{k=-m+1 且 j \neq k}^{0} x_{jk} q_{jk} d_{jk} b_1 + \sum_{j=-m+1}^{0} \sum_{k=1}^{n} x_{jk} q_{jk} d_{jk} b_1 + \sum_{j=-m+1}^{n} \sum_{i=1}^{c} x_{ji} \alpha_1 q_{ji} \omega d_{ji} b_2 \tag{6-2}$$

$$F_{中转} = \sum_{j=-m+1}^{n} q_j b_3 \tag{6-3}$$

$$F_{仓储} = \sum_{j=-m+1}^{n} \alpha_2 q_j b_4 \tag{6-4}$$

$$F_{惩罚} = \sum_{j=-m+1}^{n} \alpha_2 q_j b_5 \tag{6-5}$$

基于多式联运的地下物流网络设计的目标函数为

$$\begin{aligned} F &= F_{折旧} + F_{运输} + F_{中转} + F_{仓储} + F_{惩罚} \\ &= \left(pf_0 + mf_1 + nf_2 + \frac{1}{2} \sum_{j=-m-p+1}^{-m} \sum_{k=-m+1}^{0} x_{jk} d_{jk} c_1 + \frac{1}{2} \sum_{j=-m+1}^{0} \sum_{k=-m+1 且 j \neq k}^{0} x_{jk} d_{jk} c_2 + \right. \\ &\quad \left. \frac{1}{2} \sum_{j=-m+1}^{0} \sum_{k=1}^{n} x_{jk} d_{jk} c_3 \right) \lambda + \left(\sum_{j=-m-p+1}^{-m} \sum_{k=-m+1}^{0} x_{jk} q_{jk} d_{jk} b_1 + \sum_{j=-m+1}^{0} \sum_{k=-m+1 且 j \neq k}^{0} x_{jk} q_{jk} d_{jk} b_1 + \right. \\ &\quad \left. \sum_{j=-m+1}^{0} \sum_{k=1}^{n} x_{jk} q_{jk} d_{jk} b_1 + \sum_{j=-m+1}^{n} \sum_{i=1}^{c} x_{ji} q_{ji} \alpha_1 \omega d_{ji} b_2 \right) + \sum_{j=-m+1}^{n} q_j b_3 + \sum_{j=-m+1}^{n} \alpha_2 q_j b_4 + \\ &\quad \sum_{j=-m+1}^{n} \alpha_2 q_j b_5 \end{aligned} \tag{6-6}$$

约束条件见式(6-7)—式(6-13)：

$$\sum_{j=-m-p+1}^{-m} \sum_{k=-m+1}^{0} q_{jk} \leqslant 0.5 p_1 \tag{6-7}$$

$$\sum_{j=-m+1}^{0}\sum_{k=-m+1 且 j\neq k}^{0} q_{jk} \leqslant 0.5 p_2 \qquad (6-8)$$

$$\sum_{j=-m+1}^{0}\sum_{k=1}^{n} x_{jk} d_{jk} c_3 \leqslant 0.5 p_3 \qquad (6-9)$$

$$x_{jk} = x_{kj} \quad j,k \in I \cup M \cup N \qquad (6-10)$$

$$\alpha_1 + \alpha_2 = 1 \qquad (6-11)$$

$$x_{jk} = \begin{cases} 1, & \text{节点} j \text{ 与节点 } k \text{ 之间存在物流管道,即两节点连接} \\ 0, & \text{否则} \end{cases} \qquad (6-12)$$

$$x_{ji} = \begin{cases} 1, & \text{需求点} i \text{ 的需求由节点} j \text{ 满足,节点} j \text{ 向需求点} i \text{ 供货} \\ 0, & \text{否则} \end{cases} \quad (j \in M \cup N, i \in C) \qquad (6-13)$$

以上式中,C 表示需求点(客户)集合,$C=\{1,2,\cdots,c\}$；N 表示二级节点集合,$N=\{1,2,\cdots,n\}$；M 表示一级节点集合,$M=\{-m+1,-m+2,\cdots,0\}$；I 表示物流园区集合,$I=\{-m-p+1,-m-p,\cdots,-m\}$；$f_0$ 表示物流园区的改建成本；f_1 表示一级节点的建设成本；f_2 表示二级节点的建设成本；c_1 表示一级管道的单位建设成本；c_2 表示二级管道的单位建设成本；c_3 表示三级管道的单位建设成本；b_1 表示单位货物在地下物流运输网络中运输费用；b_2 表示单位货物通过地面配送的运输费用,包含车辆固定费用和折旧费用；b_3 表示货物在地下物流节点的中转成本,包含临时仓储、装卸和搬运等费用；b_4 表示地上公路运输阶段,未能在当天完成配送的货物在节点过夜的储存费用；b_5 表示地上公路运输阶段,未能在当天完成货物配送的惩罚费用；p_1 表示一级管道的运输能力；p_2 表示二级管道的运输能力；p_3 表示三级管道的运输能力；q_j 表示节点的货运量；q_i 需求点(客户)i 的货物需求量；q_{jk} 表示节点 j 和节点 k 之间所在物流管道的货运量；d_{jk} 表示节点 j 与节点 k 之间的距离,本文采用欧氏距离进行描述；ω 表示距离修正系数；α_1 表示地上运输阶段,当天实际完成运输的货物量占节点货运量的比例；α_2 表示地上运输阶段,未能在当天完成配送的货物量占节点货运量的比例,即需要仓储的货物量占比；λ 表示折旧率。

式(6-1)表示折旧成本,从左往右依次为地上物流园区的改建成本、一级节点的建设成本、二级节点的建设成本、一级管道的建设成本、二级管道的建设成本和三级管道的建设成本。由于地面原本就存在物流园区,在修建地下物流系统时,仅需对物流园区在现有建筑基础上进行改建,而不需要重新修建。式(6-2)表示运输成本,从左往右依次为一级网络运输成本、二级网络运输成本、三级网络运输成本和四级网络地面运输成本。其中,由于地面需求点与节点之间通过地面公路运输,需求点与节点无法直线连接,为了更接近实际,因此,在欧氏距离基础上添加一个修正系数。此外,式(6-3)—式(6-5)分别表示中转费用、仓储费用和惩罚费用。

式(6-7)、式(6-8)和式(6-9)分别表示一级物流管道、二级物流管道和三级物流管道的运输容量限制。式(6-10)表示地下物流运输管道的双向选择限制。式(6-11)为货流守恒约束。式(6-12)表示节点之间的连接情况,式(6-13)为需求点的配属关系约束。

6.2.2 城市级地下物流网络布局优化模型求解算法设计

基于多式联运的地下物流网络是一个多级网络,每一级网络的组织特性和节点功能定位各不相同。若运用一种或几种智能算法从整体上同时求解多级网络的路线连接方案,难度较大。因此,本节结合网络的分级特性,采用分层思路求解基于多式联运的地下物流网络模型。

对于一级网络,由于一级网络内物流节点的连接关系在一级节点选址时已经讨论过了,即物流园区与最近的一级节点相连接,因此这里无须讨论求解。

对于四级网络,从节点向需求点配送货物无须建设实体物流运输管道,因此四级网络的成本只有物流运输成本。此外,为了降低地面运输的配送费用,在各级节点选址时已考虑使节点尽可能靠近需求点,故假设节点与其服务的需求点直接相连。由于需求点与节点的供货(服务)关系已在前述节点选址中确定,所以四级网络也无须讨论求解。

除去一级网络和四级网络,仅需求解优化二级网络和三级网络。首先,通过建立邻接矩阵求解二级网络。其次,考虑一级节点和二级节点之间的网络连接,将三级网络划分为 M 个子网络,同样采用建立邻接矩阵的方法进行求解。在模型求解过程中,共需进行 $(M+1)$ 次求解。

本节采用 Dijkstra 算法和遗传算法进行求解。

1. Dijkstra 算法求解步骤

求解最短路径的算法主要有 Dijkstra 算法、Floyd 算法和逐次逼近算法等。本节选择 Dijkstra 算法来计算节点之间的最短路径,具体算法步骤如下。

(1) 引入三个集合 V、S 和 T,其中集合 V 为所有顶点集合,集合 S 用于存放已找到最短路径的顶点,集合 T 用于存放还未找到最短路径的顶点,$S = V/T$。初始时将顶点加入集合 S 中,$T = \varnothing$。

(2) 计算顶点 v_0 到集合 T 中各个顶点的最短距离。以 T 中的顶点 v_j 为例,顶点 v_0 到顶点 v_j 的最短距离 $Dist[v_0, v_j]$ 采用式(6-14)计算:

$$Dist[v_0, v_j] = \min\{dist[v_0, v_j], Dist[v_0, v_i] + dist[v_i, v_j]\} \quad (6\text{-}14)$$

式中　$dist$——两点之间的距离,若两点之间不相连,则两点间的距离 $dist = \infty$;

　　　v_i——集合 S 中的点。

从顶点 v_0 到顶点 v_j 有两种可能的路径:一种是顶点 v_0 直接连接顶点 v_j;另一种是顶点 v_0 通过集合 S 中的点 v_i 间接与顶点 v_j 相连。然后,从顶点 v_0 到 T 中各顶点 v_j 的最短距离结果中,选择值最小的距离所对应的顶点 v_k,将该顶点加入集合 S 中,并且将顶点 v_k 从集合 T 中删除。

(3) 重复步骤(2)直到集合 $T = \varnothing$,$S = V$。

2. 遗传算法求解步骤

遗传算法是一种模拟自然界生物进化规律演化而来的智能算法,主要用于解决最优化问题,具有收敛性强、鲁棒性高和容易操作实现等优点,被广泛应用于组合优化、图像处理和机器学习等领域[1]。但该算法也存在局部搜索能力较弱、容易出现早熟收敛、难以有效地处理复杂问题等缺点。结合数学模型的实际情况,本研究采用遗传算法进行模型求解,遗传算法的求解流程如图 6-2 所示。

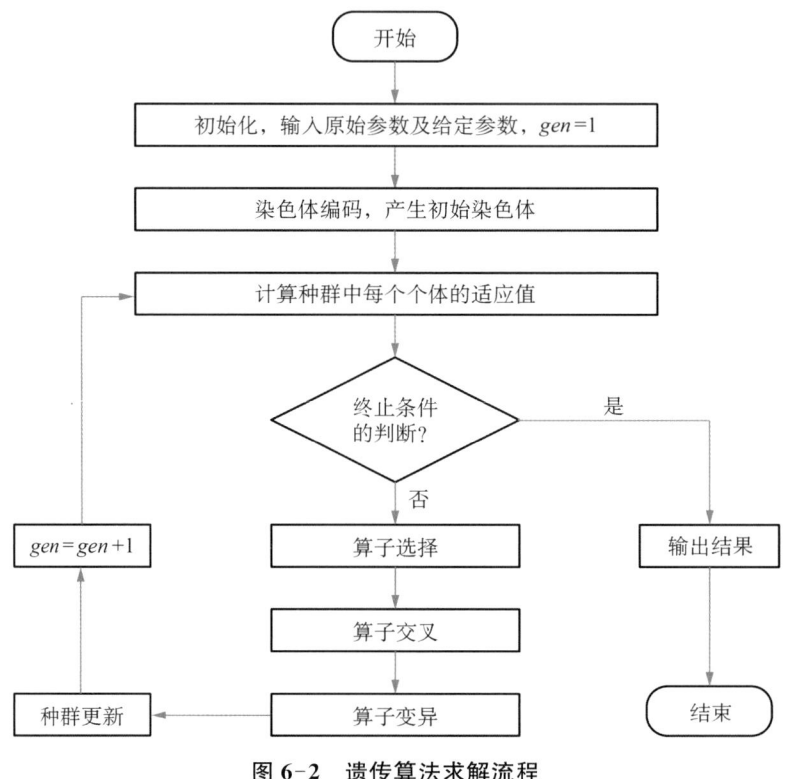

图 6-2 遗传算法求解流程

基于遗传算法的求解步骤如下:

(1) 染色体编码。首先对节点进行编码,假设节点数为 R 个,染色体采用二进制编码,染色体长度为 R^2。每个染色体都是一个 $1 \times R^2$ 的行向量,代表一个 $R \times R$ 的节点邻接矩阵。基因值为 1 表示两节点连接,基因值为 0 则表示两节点不连接。

(2) 种群规模。根据节点数量及求解准确性要求,需要合理地设置种群规模 U 的大小。若种群规模过大会增加求解时间,若种群规模过小则会降低求解结果的精确性。通常,种群规模取 20~160。

(3) 适应度函数。基于染色体所代表的节点邻接矩阵,使用 Dijkstra 最短路径算法求解各节点间的最短路径,得到最短路径矩阵。两点间的货物流量通过最短路径运输,由此求出该染色体表示的网络综合成本。针对违反约束条件的情况,采用添加惩罚函数的方式处理。当不满足某个约束条件时,可在目标函数值上添加一个极大值。分别计算每个染色体对应的目标函数值,并计算相应的适应度函数,适应度函数的计算公式见式(6-15)。

$$f_k = \frac{f_0}{F_k} \quad (6\text{-}15)$$

式中 F_k——种群中第 k 个染色体所表示的综合成本;

f_0——常数,避免因 f_k 计算值过小而不利于比较。

函数值越小表示适应度越大,而适应度越大代表染色体越优良。

(4) 遗传算子选择。采用轮盘赌法(又称比例选择法)选择算子,适应度越大,个体被选择的概率就越大。个体被选择的概率 p_k 采用式(6-16)计算。

$$p_k = \frac{f_k}{\sum_{k \in U} f_k} \quad (6\text{-}16)$$

式中,U 是种群规模。

计算各染色体的累计概率 P'_k,在[0,1]之间生成一个均匀分布的随机数 t,当 $t \leqslant P'_k$ 时,选择第一个染色体,否则选择使 $P'_k < t \leqslant P'_{k+1}$ 成立的第 k 个染色体。累计概率的计算公式见式(6-17)。

$$P'_k = \sum_{j=1}^{k} p_j \quad (6\text{-}17)$$

(5) 算子交叉。交叉操作需在一定概率下进行。设置交叉概率,在[0,1]之间生成随机数,当随机数小于交叉概率时,执行交叉操作。采用两点交叉法进行算子交叉,即任意挑选两个经过选择操作的染色体当作父本,从 $(1, R^2)$ 范围内随机产生两个整数 r_1 和 r_2,然后将父本染色体第 r_1 位基因至第 r_2 位基因(包含 r_1,r_2)之间的基因片段进行交叉,从而产生两个子染色体。通常,交叉概率取 0.44~0.99。

(6) 变异。设置变异概率,生成[0,1]之间的随机数,当随机数小于交叉概率时,进行变异操作,变异概率一般取 0.001~0.1。采用单点变异法进行变异操作,即随机选择一个染色体进行变异操作,从 $(1, R^2)$ 范围内随机产生一个整数 r_1,然后将父本染色体第 r_1 位基因进行变异(改变基因取值),即改变某对相邻节点的连接状态,从而生成新的染色体。

(7) 终止。根据需要合理设置最大迭代次数或者种群收敛条件,当实际迭代次数超过最大迭代次数或满足收敛条件时,终止算法运行,并输出结果。

6.3 南京仙林地区案例分析

6.3.1 南京仙林地区案例描述

本节选取南京仙林地区作为研究对象,开展基于多式联运的地下物流网络建设研究,以期缓解该区域交通拥堵。已知仙林地区的货运区域划分情况,以货运区域的中心代表整个需求区域,当物流网络覆盖区域中心点时,就意味着该货运区域被服务,如图 6-3 所示。图中编号 1~4 代表现有的物流园区,编号 791~900 代表仙林地区的需求点。

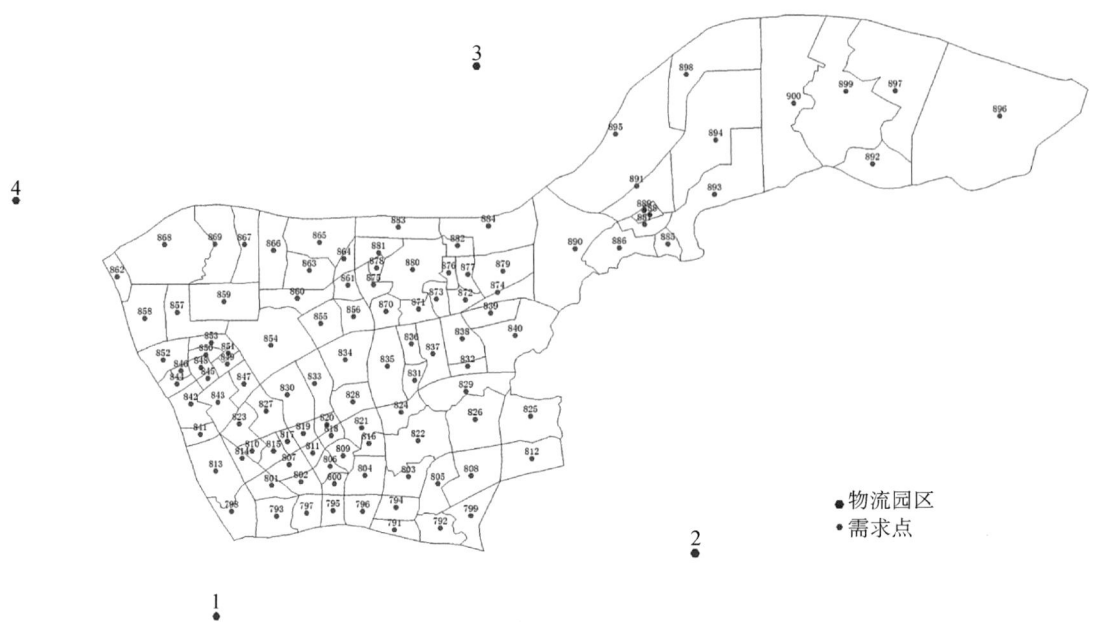

图 6-3　南京仙林地区的货运区域

南京仙林地区一天的货运 OD 流量矩阵如表 6-1 所列,区域中心点坐标和各区域的交通拥堵指数[2]如表 6-2 所列。由于数据量庞大,文中仅列出部分数据。

表 6-1　　　　　　　　一天的货运 OD 流量矩阵(部分数据)　　　　　　　　单位:t

编号	1	2	3	4	791	792	793	794
1	0	0	0	0	487.798	101.407	311.019	37.386
2	0	0	0	0	737.065	385.151	85.816	417.261
3	0	0	0	0	203.361	73.941	126.224	98.344
4	0	0	0	0	166.942	37.945	92.093	58.8
791	504	792.288	212.856	176.862	0	0	0	0
792	105.643	387.12	77.361	39.086	0	0	1.603	0.423
793	322.829	89.758	131.578	100.818	0	1.247	0	0.32
794	38.003	451.809	100.35	60.907	0	0.529	0.515	0

表 6-2　　　　　货运区域中心点坐标和交通拥堵指数(部分数据)

编号	中心点横坐标 X/m	中心点纵坐标 Y/m	交通拥堵指数
1	139 382.343 7	146 047.095 1	—

（续表）

编号	中心点横坐标 X/m	中心点纵坐标 Y/m	交通拥堵指数
2	157 688.418 5	148 489.031 0	—
3	149 441.162 2	167 278.639 4	—
4	131 764.713 0	162 103.092 5	—
791	146 277.000 0	149 377.050 0	4.48
792	148 037.420 0	149 443.900 0	6.57
793	141 732.230 0	149 908.020 0	6.79
794	146 343.980 0	150 237.090 0	6.53
795	143 903.270 0	150 127.840 0	5.33
796	145 062.680 0	150 092.550 0	6.35
797	142 863.270 0	150 030.940 0	6.64
798	139 998.810 0	150 082.720 0	6.78
799	149 198.460 0	149 918.920 0	6.41
800	143 976.300 0	151 159.160 0	6.79
801	141 546.870 0	151 107.900 0	7.03
802	142 646.600 0	151 242.960 0	6.96
803	146 813.380 0	151 435.820 0	6.53
804	145 146.770 0	151 489.560 0	6.08
805	147 951.680 0	151 173.070 0	6.42
806	143 800.100 0	151 838.390 0	6.64
807	142 199.940 0	151 897.770 0	7.22
808	149 214.810 0	151 472.230 0	6.49

通过计算可得到交通拥堵区域恢复畅通时各点间地下货物运输的 OD 流量矩阵，如表 6-3 所列；继而还能求出各（区域）点转移至地下的货运量，如表 6-4 所列。

表 6-3　　　　　　一天的地下货物运输 OD 流量矩阵（部分数据）　　　　　　单位：t/d

编号	1	2	3	4	791	792	793	794
1	0	0	0	0	52.264	39.668	127.797	14.485
2	0	0	0	0	78.971	150.660	35.262	161.665
3	0	0	0	0	21.789	28.924	51.865	38.103
4	0	0	0	0	17.887	14.843	37.841	22.782
791	54.000	84.888	22.806	18.950	0	0	0	0

(续表)

编号	1	2	3	4	791	792	793	794
792	41.325	151.431	30.261	15.289	0	0	0.659	0.165
793	132.650	36.881	54.065	41.426	0	0.512	0	0.131
794	14.724	175.050	38.880	23.598	0	0.207	0.212	0.000

表6-4　　　　　各区域转移至地下的货运量（部分数据）

需求点编号	交通拥堵指数	转移至地下的发货量/t	转移至地下的收货量/t	转移至地下的货运总量/t
791	4.48	181.37	171.31	352.68
792	6.57	304.11	299.12	603.23
793	6.79	398.62	399.21	797.83
794	6.53	274.69	252.82	527.51
795	5.33	178.65	165.55	344.20
796	6.35	327.71	288.03	615.74
797	6.64	387.27	346.58	733.85
798	6.78	305.07	387.92	692.99
799	6.41	303.60	300.59	604.19
800	6.79	182.49	177.41	359.90
801	7.03	329.48	324.41	653.89
802	6.96	291.40	281.94	573.34
803	6.53	241.61	216.53	458.14
804	6.08	110.87	102.50	213.37
805	6.42	252.68	241.20	493.88
806	6.64	139.93	131.40	271.33
807	7.22	422.73	394.71	817.44
808	6.49	530.48	503.25	1 033.73

6.3.2　南京仙林地区城市级地下物流网络节点选址

1. 一级节点的位置

一个一级节点负责一片区域,采用聚类方法确定聚类分区和一级节点的位置。K-mean均值聚类是经典的划分聚类方法,具有算法简单、效率高、伸缩性强、复杂度低等优点,被广泛应用于大规模数据的聚类。

但K-mean均值聚类方法对距离中心较远的孤立点及初始聚簇中心选择较为敏感。

为了优化这个问题，K-medoids 算法应运而生。K-medoids 算法与 K-mean 算法的原理大体相同，区别在于 K-medoids 聚类以聚簇内到剩余样本距离之和最小的样本为中心。本章采用 K-medoids 算法进行一级节点区域聚类，具体步骤如下。

（1）依据需要确定的聚类参数 k 的取值，结合本书第 4 章中对于选址的分析，一级节点的数量与物流园区的数量相匹配是一个较好的选择，并且为了节省建设成本以及提高物流园区转运率，物流园区宜与最近的一级节点相连。已知仙林地区有 4 个物流园区，因此取 $k=4$。

（2）在 110 个需求点中选择 4 个需求点作为每个聚簇的初始中心点。

（3）分别求出其余节点与 4 个聚簇中心点的距离，每个点选择与 k 个中心点距离最短的聚簇作为其所属簇：

$$i \in j \mid \min\{\sqrt{(x_i-x_j)^2+(y_i-y_j)^2}\}, 1 \leqslant j \leqslant 4, 791 \leqslant i \leqslant 900 \text{ 且 } i \neq 866,895,896 \tag{6-18}$$

（4）在每个形成的聚簇中按序选择节点，并计算该点到所属簇内其余所有点的距离总和，选择与剩余节点总距离最小的节点作为新聚簇的中心点。

（5）重复步骤（3）和步骤（4），直到簇内中心点不再变化。

通过 MATLAB 编程求解出 4 个一级节点聚类区域和聚簇中心，如图 6-4 所示。聚簇中心所在的需求点 811，838，853 和 894 即为一级节点。

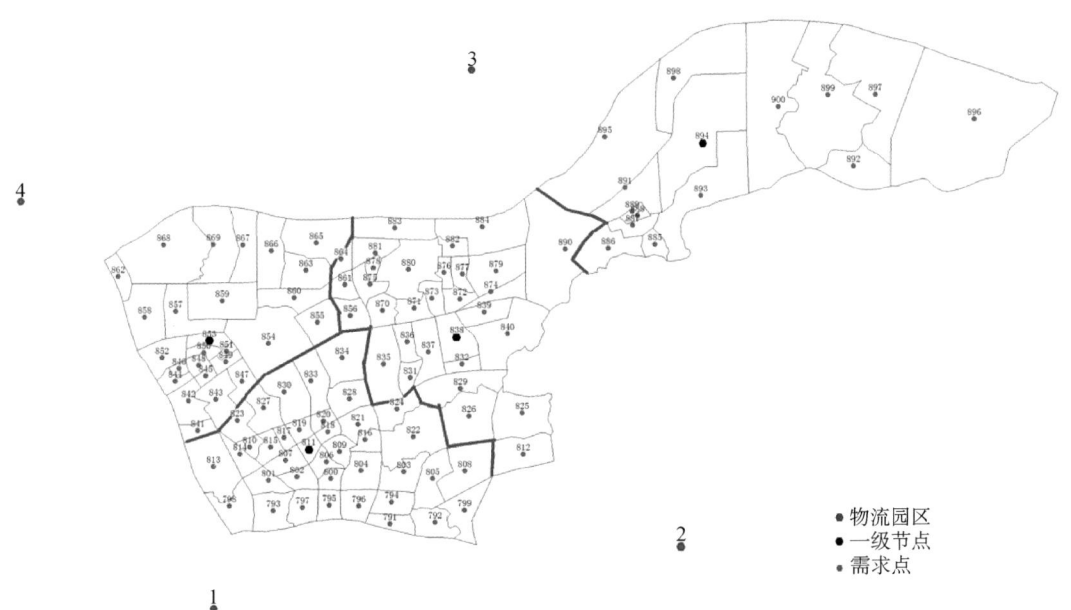

图 6-4　一级节点聚类和区域划分

2. 确定一级节点的服务范围

确定一级节点位置以后，在服务半径和节点容量约束下，需要确定一级节点直接服务的需求点,采用一级节点到需求点的运输成本来刻画物流成本,以物流成本最小为目标。

目标函数:

$$f = \sum_{i \in C} d_{ik} y_{ik} q_i, \ k \in M \tag{6-19}$$

约束条件:

$$\sum y_{ik} q_i \leqslant 0.8 \times 5\,000 \tag{6-20}$$

$$d_{ik} \leqslant 3 \tag{6-21}$$

$$y_{ik} \in \{0, 1\} \tag{6-22}$$

式中 C——需求点集合;

M——一级节点集合;

q_i——需求点(客户)i 的货物需求量;

d_{ik}——需求点 i 与节点 k 之间的距离,本章采用欧氏距离来描述;

y_{ik}——节点选址决策变量,用于表征节点 k 是否作为地下物流站点服务需求点 i。

式(6-19)为目标函数,表示从一级节点到需求点的物流成本。式(6-20)表示一级节点 k 向地面需求点 i 收发货物的能力。式(6-21)表示需求点 i 到一级节点 k 的距离需在一级节点的服务半径范围内。式(6-22)定义了决策变量,当一级节点 k 直接服务需求点 i 时,该变量取值为 1;否则,取值为 0。

经编程求解,得到各一级节点的位置及其直接服务的需求点,如表 6-5 所列。

表 6-5 一级节点的位置和服务范围

一级节点	节点编号	横坐标/m	纵坐标/m	直接服务的需求点	从地面收发货运量/t
1	811	143 106.67	152 356.13	795,800,802,804,806, 809,811,816,817,818,828	3 728.56
2	838	148 886.18	156 757.98	829,832,836,837,838, 871,872,873,874	3 712.26
3	853	139 202.45	156 601.01	845,849,850,851, 853,854,857	3 483.18
4	894	158 487.34	164 413.38	893,894	2 742.28

3. 二级节点选址

使用免疫算法对模型进行求解,算法的参数设置如下:种群规模为 40,记忆库容量为 20,迭代次数为 150 次,交叉概率为 0.5,变异概率为 0.4,多样性评价参数为 0.95。分别求解出各个一级服务区域下的二级节点的选址,共计算 4 次,图 6-5 展示了二级节点的选址结果,二级节点配属关系、服务的需求区域及货运量信息如表 6-6 所列。

第 6 章 考虑多式联运成本的城市级地下物流网络布局优化

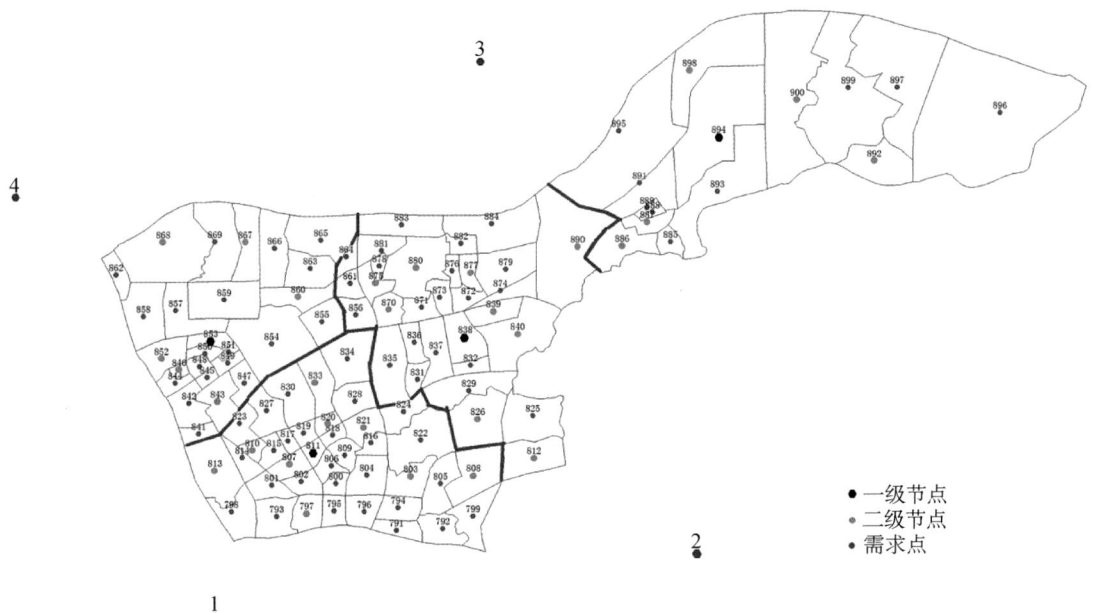

图 6-5 二级节点选址结果示意图

表 6-6 二级节点选址信息

二级节点	节点编号	所属一级节点	所服务需求区域	货运量/t
1	797	811	793，796，797	2 147.41
2	803	811	791，794，803，822	2 744.20
3	807	811	801，807，815	2 937.96
4	808	811	792，799，805，808	2 735.04
5	810	811	810，823，827，	2 721.24
6	813	811	798，813，814	2 346.32
7	820	811	8 919，820	2 299.02
8	821	811	821，824	1 697.29
9	833	811	830，833，834	2 940.49
10	812	838	812，825	2 110.16
11	826	838	826，831	2 077.95
12	839	838	839	2 288.49
13	840	838	840	828.89
14	870	838	835，856，870	2 114.95
15	875	838	861，864，875，878，881	2 257.16
16	877	838	876，877，879，882，884	2 878.81

(续表)

二级节点	节点编号	所属一级节点	所服务需求区域	货运量/t
17	880	838	880,883	2 749.46
18	890	838	890	1 372.45
19	843	853	841,842,843,847	2 582.9
20	846	853	844,846,848	2 641.31
21	852	853	852,858	1 248.05
22	860	853	855,860,863,865	2 517.83
23	867	853	859,867,868	2 839.48
24	868	853	862,868	1 250.85
25	886	894	886	2 363.55
26	887	894	885,887,888,889,891	2 589.12
27	892	894	892,897	2 070.04
28	898	894	898	1 405.04
29	900	894	889,900	2 108.06

6.3.3 南京仙林地区城市级地下物流网络管道布局

基于多式联运的地下物流网络是一个多层级网络，各层级的网络组织特性和节点功能定位并不相同。由于采用一种或几种智能算法从整体上同时求解多层级网络的路线连接难度较大，因此本书结合网络分级分层特性，运用分层理念，分别求解不同层级的网络连接，进而构建基于多式联运的地下物流网络模型。

1. 一级网络

在研究节点选址时，我们对一级节点和物流园区的连接关系进行了讨论。从降低成本、提高一级点运转效率、提高转运率的角度出发，物流园区与最近的一级节点相连时效益最佳。通过计算物流园区与一级节点间的距离，得到物流园区与一级节点的距离矩阵，如表6-7所列。由表可知，物流园区1与一级节点811相连，物流园区2与一级节点838相连，物流园区3与一级节点894相连，物流园区4与一级节点853相连。一级网络连接图如图6-6所示，物流园区与一级节点之间的货物流量计算结果如表6-8所列。

表6-7　　　　　　　　物流园区与一级节点的距离矩阵　　　　　　　　单位：km

园区/节点	园区1	园区2	园区3	园区4	节点811	节点838	节点853	节点894
园区1	0	18.47	23.49	17.77	7.33	14.32	10.56	26.50
园区2	18.47	0	20.52	29.28	15.09	12.08	20.19	15.94

（续表）

园区/节点	园区 1	园区 2	园区 3	园区 4	节点 811	节点 838	节点 853	节点 894
园区 3	23.49	20.52	0	18.42	16.21	10.54	14.79	9.49
园区 4	17.77	29.28	18.42	0	14.95	17.94	9.25	26.82
节点 811	7.33	15.09	16.21	14.95	0	7.26	5.77	19.54
节点 838	14.32	12.08	10.54	17.94	7.26	0	9.69	12.28
节点 853	10.56	20.19	14.79	9.25	5.77	9.69	0	20.81
节点 894	26.50	15.94	9.49	26.82	19.54	12.28	20.81	0

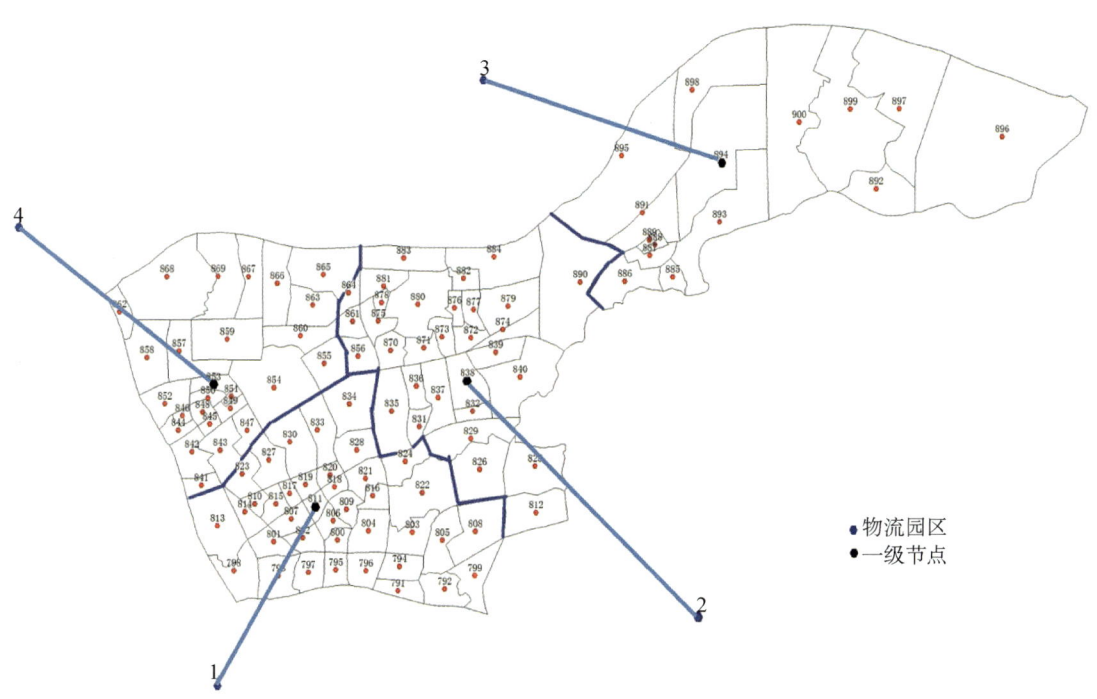

图 6-6 一级网络连接图

表 6-8　　　　　　　　　　一级网络物流管道货物流量

物流管道	货物流量/t	物流管道	货物流量/t
1-811	7 170.48	3-894	6 283.97
811-1	7 506.56	894-3	6 574.99
2-838	6 592.70	4-853	3 203.23
833-2	6 894.01	853-4	3 377.31

计算一级网络每日总成本：

$$F = F_{折旧} + F_{运输}$$

$$= \left(4 \times 1 + \frac{1}{2} \sum_{j=-7}^{-4} \sum_{k=-3}^{0} x_{jk} d_{jk} \times 2\right) \times \frac{1}{36\,500} + \sum_{j=-7}^{-4} \sum_{k=-3}^{0} x_{jk} q_{jk} d_{jk} \times 1.5$$

$$= [4 + 2 \times (7.33 + 12.08 + 9.49 + 9.25)] \times \frac{1}{36\,500} \times 10^8 + 1.5 \times (7.33 \times 14\,677.04 +$$

$$12.08 \times 13\,486.71 + 9.49 \times 12\,858.96 + 9.25 \times 6\,580.54)$$

$$= 220\,000 + 680\,105.528\,1$$

$$= 900\,105.528\,1$$

经过计算可得，一级网络每日总成本约为 900 105.53 元，折旧费用为 220 000 元，运输费用约为 680 105.53 元，其他费用为 0。

2．四级网络设计

四级网络是基于多式联运的地下物流网络——地下物流-公路联运中的公路联运部分，属于地面公路运输的"最后一公里"末端配送网络，负责从节点向需求点配送货物。四级网络不需要建立实体物流运输管道，其成本主要是物流运输成本。严格来说，从节点向需求点配送货物的四级网络可依据节点数（4 个一级节点，29 个二级节点）分为 33 个子网络。若对每个子网络都进行严格的规划设计，势必会导致工作量剧增。此外，为了降低地面输运的配送费用，本章在各级节点选址时已考虑使节点尽可能地靠近需求点，并以货运量加权距离最小为目标。同时，为接近实际情况，本研究在计算四级网络距离时引入了距离修正系数。因此，对四级网络的 33 个子网络进行严格规划设计的意义和效益不高。本研究假定节点与所服务的需求点直接相连构成四级网络。根据前面章节中的节点选址内容，需求点与节点的供货（服务）关系已经确定，四级网络中的节点配属关系及货运量如表 6-9 所列。

表 6-9　四级网络中的节点配属关系及货运量

序号	节点编号	连接的需求点	向节点的发货量/t	从节点的收货量/t	需求点货运量/t	节点货运总量/t
1	811	795	178.65	165.55	344.20	3 728.56
		800	182.49	177.41	359.90	
		802	291.40	281.94	573.34	
		804	110.87	102.50	213.37	
		806	139.93	131.40	271.33	
		809	165.05	160.65	325.70	
		811	202.23	184.93	387.16	
		816	98.22	86.21	184.44	
		817	192.59	174.85	367.44	

（续表）

序号	节点编号	连接的需求点	向节点的发货量/t	从节点的收货量/t	需求点货运量/t	节点货运总量/t
1	811	818	235.55	225.44	460.99	3 728.56
		828	124.51	116.19	240.70	
2	838	829	278.11	245.36	523.47	3 712.26
		832	221.48	211.04	432.52	
		836	158.45	151.52	309.97	
		837	454.61	420.55	875.16	
		838	346.44	319.39	665.83	
		871	140.11	128.94	269.05	
		872	120.57	108.12	228.69	
		873	119.24	106.74	225.97	
		874	102.33	79.26	181.60	
3	853	845	352.97	295.82	648.79	3 483.43
		849	226.51	203.61	430.12	
		850	255.05	231.77	486.82	
		851	249.46	222.60	472.05	
		853	297.54	263.16	560.70	
		854	248.52	232.16	480.68	
		857	175.18	229.08	404.26	
4	894	893	877.47	766.49	1 643.97	2 742.28
		894	557.02	541.29	1 098.31	
5	820	819	531.94	473.24	1 005.18	2 299.03
		820	674.93	618.92	1 293.85	
6	808	792	304.11	299.12	603.23	2 735.03
		799	303.60	300.59	604.19	
		805	252.68	241.20	493.88	
		808	530.48	503.25	1 033.73	
7	810	810	328.87	312.38	641.25	2 721.24
		823	547.79	492.48	1 040.27	
		827	549.59	490.13	1 039.72	
8	807	801	329.48	324.41	653.89	2 937.96

（续表）

序号	节点编号	连接的需求点	向节点的发货量/t	从节点的收货量/t	需求点货运量/t	节点货运总量/t
8	807	807	422.73	394.71	817.44	2 937.96
		815	824.21	642.42	1 466.63	
9	833	830	523.83	674.08	1 197.90	2 940.49
		833	294.23	538.81	833.04	
		834	269.10	640.44	909.55	
10	813	798	305.07	387.92	693.00	2 346.33
		813	390.11	617.16	1 007.27	
		814	257.75	388.31	646.06	
11	803	791	181.37	171.31	352.68	2 744.19
		794	274.69	252.82	527.52	
		803	241.61	216.53	458.14	
		822	743.13	662.72	1 405.85	
12	821	821	636.63	606.08	1 242.70	1 697.29
		824	201.85	252.74	454.59	
13	797	793	398.62	399.21	797.82	2 147.41
		796	327.71	288.03	615.74	
		797	387.27	346.58	733.85	
14	839	839	1 341.168	947.321 9	2 288.49	2 288.49
15	877	876	324.04	262.04	586.09	2 876.81
		877	572.11	515.89	1 088.00	
		879	61.68	56.83	118.51	
		882	220.91	216.82	437.73	
		884	317.70	328.79	646.48	
16	840	840	384.76	444.13	828.89	828.89
17	890	890	722.53	649.92	1 372.45	1 372.45
18	875	861	318.10	292.94	611.04	2 257.16
		864	97.84	120.92	218.76	
		875	396.56	408.22	804.78	
		878	129.14	200.97	330.11	
		881	112.63	179.83	292.46	

（续表）

序号	节点编号	连接的需求点	向节点的发货量/t	从节点的收货量/t	需求点货运量/t	节点货运总量/t
19	880	880	1 274.86	1 116.86	2 391.72	2 749.46
		883	145.64	212.10	357.74	
20	812	812	556.95	519.94	1 076.89	2 110.16
		825	548.69	484.58	1 033.27	
21	826	826	709.00	687.30	1 396.30	2 077.40
		831	332.90	348.21	681.10	
22	870	835	503.00	846.40	1 349.40	2 114.95
		856	214.14	195.59	409.73	
		870	182.05	173.77	355.82	
23	860	855	294.26	262.05	556.32	2 517.84
		860	261.69	242.79	504.48	
		863	553.19	446.04	999.23	
		865	287.57	170.24	457.81	
24	867	859	475.71	432.68	908.39	2 839.48
		867	714.08	624.13	1 338.21	
		869	253.01	339.87	592.88	
25	868	862	208.41	274.70	483.11	1 250.86
		868	251.06	516.69	767.75	
26	843	841	271.37	257.61	528.98	2 582.90
		842	268.47	297.25	565.72	
		843	394.56	358.16	752.72	
		847	386.41	349.07	735.48	
27	852	852	389.47	340.36	729.83	1 248.05
		858	219.61	298.61	518.22	
28	846	844	375.25	321.18	696.43	2 641.31
		846	436.53	386.81	823.34	
		848	613.97	507.56	1 121.54	
29	898	898	788.95	616.09	1 405.04	1 405.04
30	886	886	1 383.28	980.27	2 363.55	2 363.55
31	900	899	616.89	691.08	1 307.97	2 108.06
		900	399.58	400.50	800.09	

（续表）

序号	节点编号	连接的需求点	向节点的发货量/t	从节点的收货量/t	需求点货运量/t	节点货运总量/t
32	887	885	172.32	159.73	332.05	2 589.12
		887	264.00	270.09	534.09	
		888	297.69	389.82	687.51	
		889	290.43	308.06	598.49	
		891	219.13	217.85	436.98	
33	892	892	917.19	704.09	1 621.28	2 070.04
		897	208.57	240.19	448.76	

计算四级网络每日的总成本：

$$F = F_{折旧} + F_{运输} + F_{中转} + F_{仓储} + F_{惩罚}$$

$$= 0 + \sum_{j=-3}^{29} \sum_{i=791}^{900} x_{ji} q_{ji} d_{ji} \times 0.9 \times 1.25 \times 3 + \sum_{j=-3}^{29} q_j \times 0.5 +$$

$$\sum_{j=-3}^{29} q_j \times 0.1 \times 0.2 + \sum_{j=-3}^{29} q_j \times 0.1 \times 2$$

$$= 172\,401.669 + 39\,624.9 + 1\,584.996 + 15\,849.96$$

$$= 229\,461.53(元)$$

通过计算可得，四级网络每日总成本为 229 461.53 元，其中折旧费用为 0 元，运输费用约为 172 401.67 元，中转费用为 39 624.9 元，仓储费用约为 1 585 元，惩罚费用为 15 849.96 元。

针对地下物流系统的二级和三级网络，本章主要以运输和折旧成本最小为目标，采用 Dijkstra 算法和遗传算法进行求解。在求解顺序方面，首先求解二级网络，再针对以不同一级节点为中心的三级网络进行求解。

3. 二级网络

依据地下物流 OD 流量矩阵进行数据处理，首先求出一级节点间的流量矩阵，如表 6-10 所列。

表 6-10 一级节点间的流量 单位：t

节点	节点			
	811	838	853	894
811	0	4 807.034	4 157.971	2 827.458
838	5 124.849	0	2 435.443	3 942.894
853	4 341.455	2 446.148	0	1 355.29
894	3 050.046	4 123.855	1 367.707	0

根据需要对原数学模型进行部分修改以形成新的数学模型,具体如下。

目标函数:

$$F = F_{折旧} + F_{运输}$$
$$= \left(4 \times 1 + \frac{1}{2}\sum_{j=-3}^{0}\sum_{k=-3且j\neq k}^{0} x_{jk}d_{jk} \times 1.5\right) \times \frac{1}{36\,500} + \sum_{j=-3}^{0}\sum_{k=-3且j\neq k}^{0} x_{jk}q_{jk}d_{jk} \times 1.5 \qquad (6\text{-}23)$$

约束条件:

$$\sum_{j=-3}^{0}\sum_{k=-3且j\neq k}^{0} q_{jk} \leqslant 0.5 \times 28\,800 \qquad (6\text{-}24)$$

$$x_{jk} = x_{kj} \quad j, k \in M \qquad (6\text{-}25)$$

$$x_{jk} = \begin{cases} 1, & \text{节点 } j \text{ 与节点 } k \text{ 之间存在物流管道,即两节点连接} \\ 0, & \text{否则} \end{cases} \qquad (6\text{-}26)$$

采用遗传算法和 Dijkstra 算法进行求解,基于遗传算法的求解步骤具体如下。

(1) 染色体编码。首先对节点进行编码,节点数为 4 个,染色体采用二进制编码,染色体长度为 16。每个染色体都是一个 1×4^2 的行向量,代表一个 4×4 的节点邻接矩阵。基因值为 1 表示两节点连接,基因值为 0 则表示两节点不连接。

(2) 种群规模。根据节点数量和求解准确性要求,需要合理设置种群规模,即 $U = 160$。

(3) 适应度函数。基于染色体所代表的节点邻接矩阵,使用 Dijkstra 最短路径算法求解各节点间的最短路径,得到最短路径矩阵。两点间的货物流量通过最短路径运输,由此求出该染色体表示的网络综合成本。针对违反约束条件的情况,采用添加惩罚函数的方式处理。当不满足某个约束条件时,可在目标函数值上添加一个极大值。分别计算每个染色体对应的目标函数值,并计算相应的适应度函数,适应度函数的计算公式为 $f_k = f_0/F_k$。其中,F_k 为种群中第 k 个染色体所表示的综合成本,f_0 是一个常数,取值 $f_0 = 10\,000$,以避免 f_k 计算值过小而不利于比较的情况出现。函数值越低表示适应度越大,适应度越大则代表染色体越优良。

(4) 遗传算子选择。采用轮盘赌法选择算子,适应度越大则个体被选择的概率就越大,个体被选择的概率 p_k 采用 $p_k = f_k / \sum_{k \in U} f_k$ 计算,其中 U 是种群规模。

计算各染色体的累计概率 P'_k,在 $[0, 1]$ 之间生成一个均匀分布的随机数 t,当 $t \leqslant P'_k$ 时,选择第一个染色体,否则选择使得 $P'_k < t \leqslant P'_{k+1}$ 成立的第 k 个染色体,累计概率的计算公式为 $P'_k = \sum_{j=1}^{k} p_j$。

(5) 算子交叉。交叉操作要在一定概率下进行。设置交叉概率为 0.6,在 0~1 之间生成随机数,当随机数小于交叉概率时,执行交叉操作。采用两点交叉法进行算子交叉,即任意挑选两个经过选择操作的染色体当作父本,从(1,16)范围内随机产生两个整数r_1,r_2,然后将父本染色体第r_1位基因至第r_2位基因(包含r_1,r_2)之间的基因片段进行交叉,从而产生两个子染色体。

(6)变异。设置变异概率为0.2,生成0~1之间的随机数,当随机数小于交叉概率时,进行变异操作,变异概率一般取0.001~0.1。采用单点变异法进行变异操作,即随机选择一个染色体进行变异操作,从(1,16)范围内随机产生一个整数r_1,然后将父本染色体第r_1位基因进行变异(改变基因取值),即改变某对相邻节点的连接状态,从而生成新的染色体。

(7)终止。根据需要设置最大迭代次数为160,当实际迭代次数超过最大迭代次数或满足收敛条件时,终止算法运行,并输出结果。

通过计算求解得出二级网络如图6-7所示,二级网络物流管道货物流量如表6-11所列。

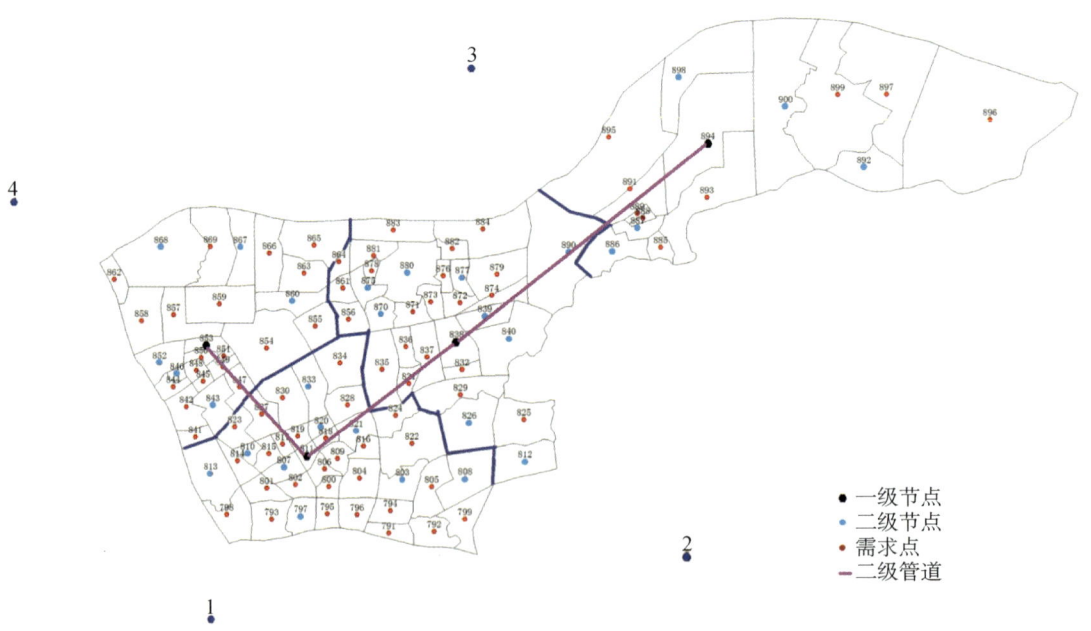

图6-7 二级网络

表6-11 二级网络物流管道货物流量

物流管道	货物流量/t	物流管道	货物流量/t
853-811	8 142.89	838-811	11 978.25
811-853	7 961.12	838-894	8 125.64
811-838	11 432.93	894-838	8 541.81

计算二级网络每日总成本：

$$F = F_{折旧} + F_{运输}$$
$$= [4 \times 1 + 1.5 \times (5.767 + 8.397 + 14.133)] \times 10^8 \times \frac{1}{36\,500} + 1.5 \times$$
$$(5.767 \times 16\,104.01 + 8.397 \times 23\,411.18 + 14.133 \times 16\,667.45)$$
$$= 127\,247.95 + 787\,524.86$$
$$= 914\,772.81$$

经过计算可得，二级网络每日总成本为 914 772.81 元，其中折旧成本为 127 247.95 元，运输成本为 787 524.86 元，中转费用、仓储费用和惩罚费用均为 0。

4．三级网络

将三级网络按一级节点个数划分为 4 个子网络，分别建立邻接矩阵并求解。这里以求解 1 区一级节点 811 下的子网络为例进行说明。依据地下物流 OD 流量矩阵进行数据处理，首先求出一级节点配属的二级节点 OD 流量矩阵，结果如表 6-12 所列。其中，对角线的值表示节点区域内部各需求点之间的货运量，在求解一级节点和二级节点的网络时，对角线的值可按 0 处理。

表 6-12　　　　　　　　一级节点配属的二级节点间 OD 流量　　　　　　　　单位：t

节点	节点									
	811	797	803	807	808	810	813	820	821	833
811	3 427.06	951.44	1 240.49	1 161.56	1 251.78	1 156.88	1 057.31	954.96	733.55	1 558.45
797	997.11	4.73	5.14	15.86	5.18	10.28	29.41	12.35	8.16	25.38
803	1 336.26	5.86	6.32	11.55	11.61	6.37	13.67	13.31	9.71	26.15
807	1 267.93	17.32	9.52	32.89	9.88	37.34	82.14	34.06	22.16	63.17
808	1 275.06	4.97	8.59	9.37	6.60	8.44	13.96	16.62	16.84	30.42
810	1 240.72	9.25	4.68	31.71	8.21	12.42	50.66	14.64	13.01	40.96
813	764.00	12.63	4.31	30.60	5.82	21.32	50.57	16.30	11.42	35.96
820	1 028.03	11.28	10.55	30.53	17.29	15.68	39.94	9.76	14.58	29.23
821	715.50	5.74	6.24	15.64	16.15	9.67	21.66	9.19	14.27	24.42
833	939.60	10.59	7.56	21.82	11.65	16.58	34.07	10.96	15.12	19.20

根据需要对原数学模型进行部分修改，生成新的数学模型，具体如下。
目标函数：

$$F = \left(9 \times 0.5 + \frac{1}{2} \sum_{j=0}^{9} \sum_{k=0 \text{且} j \neq k}^{9} x_{jk} d_{jk} \times 1\right) \times \frac{1}{36\,500} + \sum_{j=0}^{9} \sum_{k=0 \text{且} j \neq k}^{9} x_{jk} q_{jk} d_{jk} \times 1.5 \quad (6\text{-}27)$$

约束条件：

$$\sum_{j=-3}^{}\sum_{k=1}^{9} q_{jk} \leqslant 0.5 \times 10\ 000 \qquad (6-28)$$

$$x_{jk} = x_{kj} \quad j, k \in M \qquad (6-29)$$

$$x_{jk} = \begin{cases} 1, & \text{节点 } j \text{ 与节点 } k \text{ 之间存在物流管道，即两节点连接} \\ 0, & \text{否则} \end{cases} \qquad (6-30)$$

采用遗传算法和 Dijkstra 算法进行求解，编写 MATLAB 程序进行计算。关于求解步骤与二级网络中的求解步骤一样，这里不再赘述。采用二进制编码，染色体长度为 100，代表一个 10×10 的节点连接矩阵，基因值为 1 表示两节点连接，基因值为 0 则表示两节点不连接；设置种群规模为 160，以目标函数的倒数与一个常数的乘积作为适应度函数，采用轮盘赌法选择算子；另外，设置交叉概率为 0.6、变异概率为 0.2、最大迭代次数为 160。通过计算求解得到三级网络中的子网络一如图 6-8 所示，节点之间物流管道货物流量如表 6-13 所列。

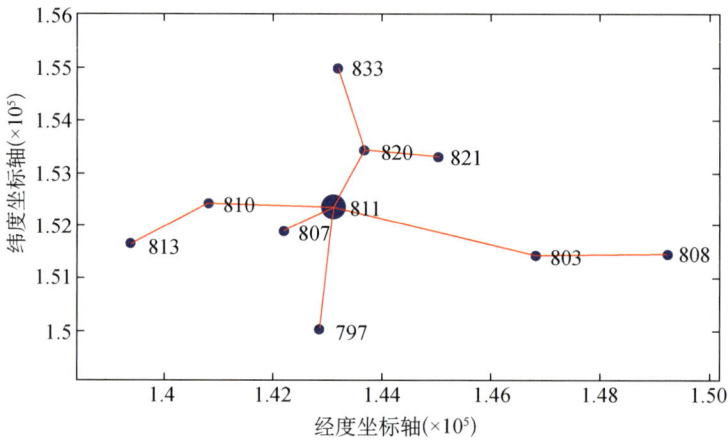

图 6-8　三级网络中的子网络一

表 6-13　　　　　　　　子网络一中节点之间物流管道货物流量

物流管道	货物流量/t	物流管道	货物流量/t
797-811	1 108.86	820-811	2 935.12
811-797	1 029.08	820-821	844.55
811-803	2 614.45	821-820	823.71
803-811	2 802.07	820-833	1 834.14
811-807	1 328.64	833-820	1 067.96
807-811	1 543.53	803-808	1 337.56

（续表）

物流管道	货物流量/t	物流管道	货物流量/t
811-810	2 425.11	808-803	1 384.27
810-811	2 244.22	810-813	1 342.82
811-820	3 657.58	813-810	902.36

计算网络成本：

$F = F_{折旧} + F_{运输}$

$= \left(9 \times 0.5 + \dfrac{1}{2}\sum_{j=0}^{9}\sum_{k=0}^{9}x_{jk}d_{jk}\times 1\right)\times\dfrac{1}{36\,500} + \sum_{j=0}^{9}\sum_{k=0}^{9}x_{jk}q_{jk}d_{jk}\times 1.5$

$= [4.5 + 1\times(1.639 + 2.300 + 1.016 + 2.338 + 1.230 + 1.654 + 1.364 + 3.819 + 2.402)]\times 10^8 \times \dfrac{1}{36\,500} + 1.5\times(1.639\times 2\,245.18 + 2.300\times 4\,669.33 + 1.016\times 2\,872.17 + 2.338\times 2\,137.94 + 1.230\times 6\,592.7 + 1.654\times 2\,902.1 + 1.364\times 1\,668.26 + 3.819\times 5\,416.52 + 2.402\times 2\,721.83)$

$= 60\,991.781 + 97\,116.096$

$= 158\,107.877$

采用同样的方法可以分别求出其他几个一级节点区域下的三级子网络，结果如图 6-9、图 6-10 和图 6-11 所示。相应地，节点之间管道货物流量分别如表 6-14、表 6-15 和表 6-16 所列。

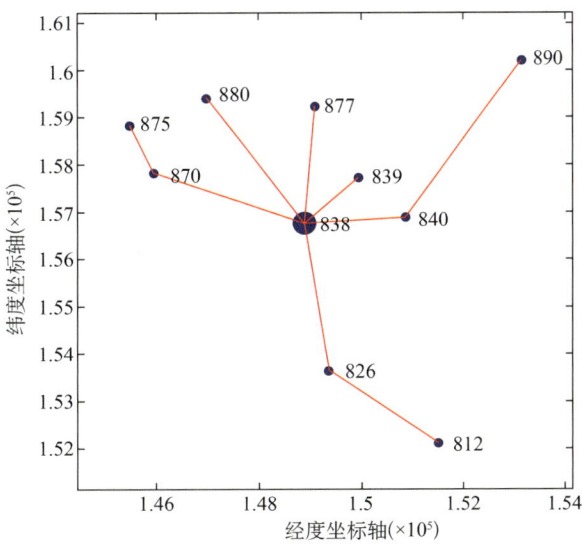

图 6-9　三级网络中的子网络二

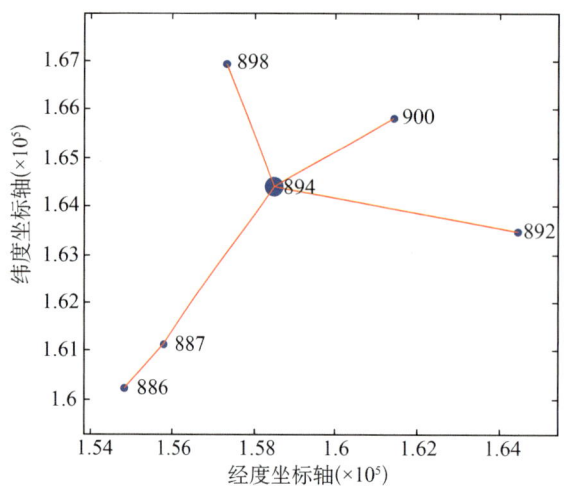

图 6-10　三级网络中的子网络三　　　　图 6-11　三级网络中的子网络四

表 6-14　　　　　　　　　　子网络二中物流管道货物流量

物流管道	货物流量/t	物流管道	货物流量/t
838-826	2 791.76	880-838	1 416.09
826-838	2 125.57	840-890	446.08
838-839	1 043.39	890-840	722.53
839-838	1 341.17	838-870	1 872.99
838-840	1 268.01	870-838	2 042.33
840-838	1 096.08	870-875	1 193.48
838-877	1 064.73	875-870	1 028.85
877-838	1 453.03	826-812	1 722.94
838-880	1 277.40	812-826	1 101.81

表 6-15　　　　　　　　　　子网络三中物流管道货物流量

物流管道	货物流量/t	物流管道	货物流量/t
853-843	1 251.22	867-868	779.43
843-853	1 309.92	868-867	447.51
853-846	1 804.36	867-860	1 001.63
846-853	1 984.67	860-867	1 277.22
853-867	2 679.94	852-846	604.26
867-853	2 653.85	846-852	634.15

表 6-16　　　　　　　　　子网络四中物流管道货物流量

物流管道	货物流量/t	物流管道	货物流量/t
894-887	2 239.09	892-894	1 099.76
887-894	2 563.17	894-898	616.09
886-887	1 383.28	898-894	788.95
887-886	980.27	894-900	1 018.14
894-892	918.28	900-894	843.03

通过计算可得,三级网络每日总成本约为 593 049.09 元,其中折旧成本约为 246 068.49 元、运输成本约为 346 980.60 元。

经过上述分析,最终得出仙林地区基于多式联运的地下物流网络如图 6-12 所示,通过将 4 个层级网络的成本相加,可以得到多式联运网络每日的总成本为 2 637 388.96 元,其中折旧费用为 593 316.44 元、运输费用为 1 987 012.66 元、多式联运枢纽中转费用为 39 624.9 元、仓储费用为 1 585 元、惩罚费用为 15 849.96 元。

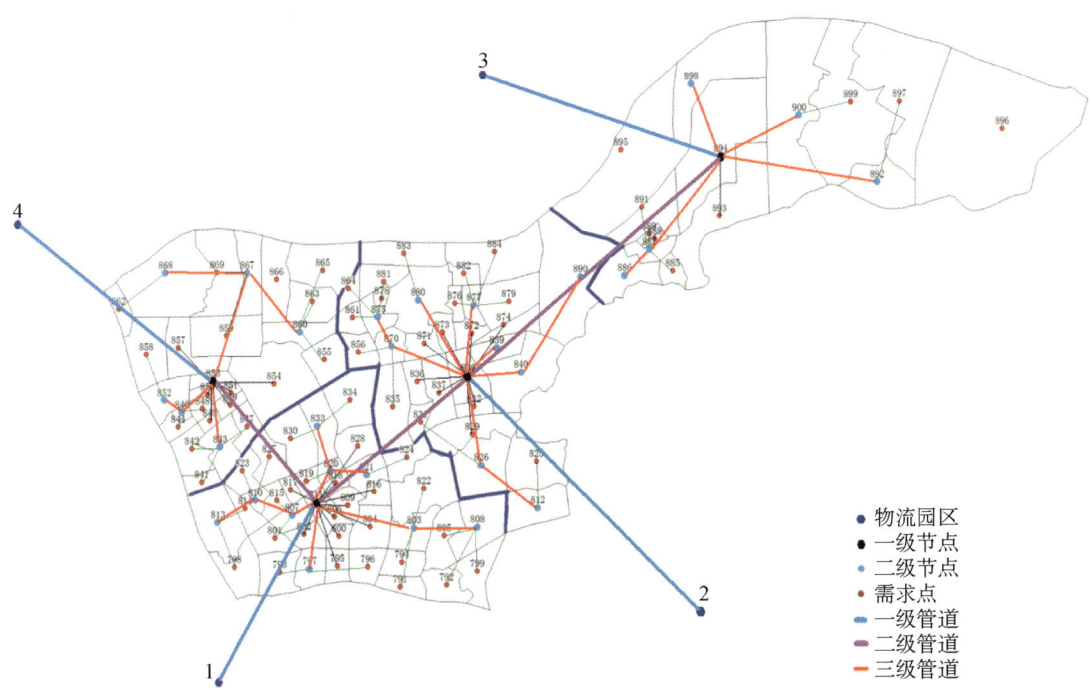

图 6-12　仙林地区基于多式联运的地下物流网络

通过构建南京仙林地区基于多式联运的地下物流网络,该地区原先拥堵的 107 个区域的交通拥堵指数降至 4。如此一来,不仅有效缓解了区域交通拥堵问题,还满足了仙林地区的货物运输需求。随着货运车辆减少,道路资源紧张局面得以缓解,汽车尾气排放量随之降低,区域环境污染状况改善,城市生态环境质量得到提升。此外,通过算例分析可知,本章提出的基于多式联运的网络规划模型及求解方法具备可行性与合理性。

6.4 本章小结

本章基于实际运输过程中的多式联运视角,分析了多层级地下物流系统网络的衔接机制及网络拓扑结构。研究表明,城市级地下物流网络多式联运的成本由节点建设成本和联运成本构成。在此基础上,在进行节点选址之前,对地区内各个需求区域的货物运输 OD 流量进行预测,并设计了基于多式联运的地下物流网络联运流程。同时,在充分考虑多式联运成本对地下物流网络的影响,以及节点容量和服务半径等约束的前提下,构建地下物流节点选址模型,并提出了求解方法。

围绕城市级地下物流网络优化模型构建,本章分析了多式联运对网络设计的影响。鉴于地下物流建设和运营成本高昂,以地下物流网络每日总成本最低为目标,构建地下物流网络优化模型,涵盖折旧费、运输费、中转费、仓储费和惩罚费。运用分层设计理念,结合 Dijkstra 算法和遗传算法,设计求解方法,最终获得基于多式联运的地下物流网络最优解。

最后,综合研究背景、预测数据、网络参数及多式联运成本分析,以南京仙林地区为例开展模拟仿真,验证所提出的基于多式联运的地下物流网络设计模型和求解方法的有效性。

参考文献

[1] 胡万杰,潘欣维,华云.基于综合效益的城市地下物流网络设计与优化方法[J].数学的实践与认识,2018,48(15):303-312.

[2] 封莎.地下物流系统网络设计:基于南京市仙林地区的交通货运研究[J].中国市场,2018(34):166-168.

第7章
地下物流系统综合效益生成机理研究

本章旨在基于 ULS 的半公共基础设施特征,对 ULS 综合效益进行量化分析,并提出货币化计算方法。本章主要采用服务替换成本法(SRCM)进行 ULS 综合效益的测算。SRCM 是在网络运营数据不足的情况下,通过估算替换服务成本实现基础设施综合效益货币化的有效方法。本研究设计的基于 SRCM 的计算框架不仅能为 ULS 项目决策者提供直观的收益结果,还可为其他类型的地下基础设施提供一种可行的综合效益货币化方法。

7.1 地下物流系统综合效益研究现状

在 ULS 效益研究中,"综合效益"常作为一个固有名词出现,用于开展项目的经济性分析。彭玫贞等学者[1, 2]均认为,城市地下配送系统对城市经济及其他领域的可持续发展具有显著的综合效益。借鉴建设工程项目的经验可知,效益分析与评价是为投资决策提供依据的可行性研究中的重要组成部分,因此科学计量城市 ULS 运营给城市各系统带来的正面影响,对推动其落地实施具有重要意义。通过文献综述发现,ULS 的可行性研究是当前的热点,其中效益问题备受关注,研究内容主要涵盖效益的组成、定性与定量评价等方面。

7.1.1 地下物流系统综合效益识别

长期以来,国内外学者对 ULS 效益的构成持有多种观点。2004 年,Liu[3] 指出城市 ULS 具有直接经济效益与外部效益,其中直接经济效益是指等距离下 ULS 相较于货车运输所节省的运输成本,外部效益则包括其他经济效益、环境效益和社会效益。2005 年,陈志龙和郭东军[4]在进行 ULS 经济可行性定性分析时提出,ULS 的间接效益包括社会效益、环境效益和防灾效益,其中社会效益包括货物配送时间节省带来的效益,防灾效益包括减少战争、地质、气象、交通等危害产生的效益。Huang 等[5]认为地下物流网络效益分为直接效益和间接效益,其中直接效益源于客户付费,间接效益源于社会效益和环境效益。2010年,黄欧龙等[6]提出ULS可通过应对气象、地质、疫情、人为灾害等获得防灾效益。Hu等[7]认为ULS的综合效益可采用公共技术经济分析方法计算,包括社会效益和环境效益。2012年,郭东军等[8]强调了综合效益研究的重要性,认为地下集装箱系统的外部效益包括节约土地、减少空气污染、降低能源消耗和促进社会经济。2018年,范益群等[9]对地下集装箱物流系统进行了效益分析,提出地下集装箱系统的效益根据受影响主体的不同可以分为交通效益、环境效益、经济效益和社会效益。Zahed等[10]提出ULS的主要效益包括交通效益、减少空气污染和噪声效益以及货运收入效益。此外,Visser[11]提出ULS的效益主要包括减少排放和视觉污染、减少噪声、减少CO_2排放、提高交通安全、减少能源使用、减少拥堵等方面。

7.1.2 地下物流系统综合效益量化研究

近年来,ULS效益的量化研究愈发受到重视。2002年,杨涛等[12]介绍了日本东京的案例,案例中对运量、时间、环境和交通事故这4个方面的效益进行了计算。此后,直到2017年,国内外才又出现了关于效益量化的研究成果。2017年,彭玫贞等[1]计算了协同运行条件下客货分线运营时非货币形式的节能、减排以及释放车道数量效益。2018年,范益群等[9]对地下集装箱物流系统效益展开具体分析,计算了环境与经济的间接效益(非货币形式)及直接经济效益(货币形式)。同年,许君洪等[13]通过估算得出,地下物流能够减少20%~50%的废气排放,从而产生环境效益。2019年,何凌晖等[14]对地下物流建设中的交通效益和环境效益进行非货币形式的量化分析,其中交通效益以释放车道数量作为量化指标,环境效益则以减少有害气体排放量作为量化指标;Dong等[15]运用系统动力学(SD)方法分析了ULS的实施与城市交通物流可持续发展之间的定量关系,旨在解决ULS实际应用不足和效益分析准确性欠缺的问题。2020年,孙飞飞等[16]考虑了碳排放、成本和时间这3个因素来构建模型,并利用Lingo12进行求解,得出ULS碳排放的货币化效益(碳交易价格)以及运输距离、运输时间的非货币化效益;杨涛等[17]采用SD模型分析了ULS对城市发展的影响,发现ULS对城市交通、环境、国土空间资源和就业人数均有着重要影响。2020年,Chen等[18]采用随机分配模型对比了ULS与道路运输,结果表明ULS可以提高城市物流的服务质量与运输效率,缓解交通拥堵和空气污染;Pérez等[19]采用生命周期评价方法对常规集装箱运输、地下集装箱运输和气动管道运输情景进行比较,发现地下集装箱运输的碳足迹最小。

网络化物流系统通过集约化运作可以显著改善城市物流的负外部性,这一点已成为共识。目前针对ULS效益的分析中,部分效益指标在宏观系统原型研究中提及,而多数研究都是基于单个案例,以碎片化方式对单项效益进行定量分析。

Zahed等[10]通过比较得克萨斯州3种地下货物运输(Underground Freight Transportation,UFT)系统方案的成本效益,证明UFT系统不仅在运输效率和减少污染方面效益显著,而且比卡车运输更具经济竞争力。Chen等[20]和Hai等[21]都指出,上海外高桥口岸的ULS

建设将会大幅减少港口的地面集装箱数量,从而缓解周边的交通拥堵状况,并减少碳排放。Hu 等[22]构建了考虑 4 个利益相关者的系统动力学模型,揭示了北京地铁城市轨道交通项目在 2021—2035 年期间最多可节省拥堵损失 36.9 亿美元,同时减少环境污染损失 8.1 亿美元。Dong 等[15]的研究表明,ULS 在北京的实施可使 PM 排放减少 60% 以上。Xu 等[23]对疫情下超大规模物流的实施与城市物流绩效之间的关系进行了分析,发现超大规模物流有助于抑制疫情扩散,并且能有效提高城市物流效率。Hu 等[24]从能源、安全、土地资源、交通和环境这 5 项外部效益出发,讨论了不同融资策略下超低硫柴油的发展,结果表明超低硫柴油在服务能力和盈利能力方面均具备较强的竞争力。

以往效益研究主要针对 ULS 不同的技术形式,采用多类型方法对其效益进行分析。研究涉及交通拥堵改善、物流效率、空气污染减少、能源和土地节约等方面。表 7-1 列出了现有地下物流效益评估框架。尽管大多数研究只分析了一个或几个效益指标,缺乏系统的超低排放标准效益评估框架,但相关定量计算可为微观层面构建 ULS 效益指标公式提供有益的启发。

表 7-1   地下物流效益评估框架

效益类别	释义	参考文献
交通效益	ULS 减少了道路上的卡车数量,从而减少了交通拥堵和交通事故	Chen 等[2];Chen 等[20];Langhe[25];Zhao 等[26]
物流效益	通过集约化运输,提高物流效率	Zahed 等[10];Visser[11];Xu 等[23];Roop 等[27];Asim 等[28];Wu 等[29]
环境效益	多式联运取代了道路上使用化石燃料的卡车,由此减少了对环境的负面影响	Dong 等[15];Chen 等[20];Hu 等[22];Langhe[25];Li 等[30]
社会效益	ULS 节约了土地资源,提高了城市空间结构的合理性	Binsbergen 和 Bovy[31];Chen 等[2];Qiao 等[32];Qiao[33]

重置成本法(Replacement Cost Method,RCM)被视为是一种对非市场商品或服务进行货币估值的有效方法。相较于成本效益分析法[34,35]、或有索取权估值法[36]、享乐定价法[37]和旅行成本法[38]等其他用于非市场商品外部效益货币化方法,RCM 具有不完全依赖实际项目概况和市场数据的优势[39,40]。

ULS 作为复杂的巨型系统,涉及多个利益相关者,由于目前缺乏实施 ULS 的工程实践经验,因此无法找到对其效益进行评估的参考依据。在缺乏 ULS 相应数据的情况下,可采用 RCM 对 ULS 进行货币估值。Qiao 等[32]在 RCM 基础上提出服务重置成本法(Service Replacement Cost Method,SRCM),即用其他城市服务来替代需要支付的成本,以此评估城市地下空间的效益。该方法已应用于城市轨道交通系统[41]以及更多的与地下空间相关的效益评估中[42,43]。鉴于传统的价值交换方法难以评估 ULS 的外部效益,SRCM 有望成为基于边际效益评估 ULS 货币化外部效益的有效方法。

7.2 地下物流系统综合效益内涵刻画

7.2.1 地下物流系统综合效益的概念与特征

由于 ULS 具有半公共项目的性质,其效益可依据公共项目的分类标准进行划分。通常,公共项目效益有三种分类方式:直接效益与间接效益、内部效益与外部效益、有形效益和无形效益。其中,直接效益是指项目在全生命周期内直接产生的全部效益,间接效益则是由直接效益衍生而来。在该分类下,ULS 的直接效益包括直接经济效益;间接效益包括间接经济效益[9]、环境效益[3]、社会效益[7]和防灾效益[4]。内部效益是指由项目投资经营主体所获得的效益,如 ULS 的货运收入可归为内部效益;外部效益则是指项目以外的效益,也被称为间接效益。有形效益是指具有物质形态的效益;无形效益则是指缺乏物质形态的效益。上述效益划分仅为宏观层面的分类,国内外学者在这种划分方式上的分歧较小。然而,由于 ULS 的复杂性,事实上每种效益都是由不同的子效益组成的,因此对于子效益的归属判定存在显著差异,且部分子效益存在交叉重叠。在针对地下物流效益的研究中,范益群等[9]提出的 ULS 效益新分类方向为本章描述综合效益及区分每种效益下的子效益提供了重要参考。

为了能够科学地分析 ULS 网络的综合效益,本章需对其概念进行清晰的界定。尽管"综合效益"一词在地下物流研究中经常被提及,但鲜有文献给出具体定义。目前,地下物流效益构成研究和定量研究还处于对单一效益或多个效益进行分析的阶段,例如节约能源、减少碳排放等。由于效益缺乏系统性,综合效益至今尚未形成明确的概念。但是,综合相关研究,我们可以从构成角度对地下物流综合效益作如下描述:地下物流综合效益是地下物流各类效益的复合,是为城市带来的环境效益、交通效益、物流效益、经济效益和防灾效益共同作用的结果,是用于全面且系统性地评估 ULS 总体成效的综合性指标。

表 7-2 列出了 ULS 相关文献中出现的子效益、子效益出现频次及归属情况。通过频次分析可知,国内外研究中关于减少有害气体排放的研究数量最多,其次是减少拥堵、减少碳排放方面的研究。由于子效益具有明显的系统归属特征,本章将 21 个子效益分别归属到环境、交通、物流、经济和社会效益类别中。分析结果表明,在以往针对 ULS 效益的研究中,环境效益和交通效益被研究得较多。

表 7-2　ULS 相关文献中出现过的子效益及其出现频次和归属情况

序号	子效益	出现频次	归属
1	减少有害气体排放	15	①
2	释放车道数量(减少拥堵)	10	②
3	减少碳排放	6	①

（续表）

序号	子效益	出现频次	归属
4	提高交通安全	6	②
5	减少噪声污染	6	①
6	节省货物配送时间	5	③
7	降低能源消耗	4	①
8	节约运输成本	3	③
9	减少战争、地质、气象、疫情、交通、恐袭等方面的危害	3	⑤
10	土地节约	3	①
11	ULS运营收入	2	④
12	减少对基础设施的破坏	2	②
13	创造新就业机会	2	⑤
14	增加货物安全性	1	③
15	减少交通事故造成的死亡	1	⑤
16	减少健康问题（癌症和哮喘）	1	⑤
17	土地利用价值提升	1	⑤
18	促进社会经济	1	③
19	减少上班旅行时间	1	②
20	减少视觉污染	1	①
21	提高物流服务质量	1	③

注：1. 该表仅罗列出既有文献中出现过的地下物流系统效益。
2. 归属：①环境；②交通；③物流；④经济；⑤社会。

7.2.2 地下物流系统综合效益分析框架构建

首先，城市地下物流系统兼具交通、物流和地下工程三种属性，其引入将对既有交通系统和物流系统产生影响。同时，ULS通过替代地面货运在地下运营，能够有效改善城市自然环境。其次，由于城市地下物流系统具有半公共产品性质，这不仅会给ULS运营者带来正面影响，还将带来很多间接的经济效益。因此，ULS的受益主体可先按城市子系统划分为城市环境系统、交通系统、物流系统和经济系统，再根据各子系统中主要的涉及主体开展ULS综合效益分析。

1. 城市地下物流系统环境效益

ULS环境效益是指ULS为城市自然环境、生产生活环境带来的效益。环境效益的受益主体为自然环境系统和生产生活环境系统。气候和土壤是城市自然环境的组成部分。当受益主体为自然环境系统时，ULS可带来减排与节约土地资源的效益，从而减轻自然环境系统承受的日益加重的负担。其中,减排是指减少有害气体和温室气体的排放。当受益主体为生产生活环境系统时,ULS 不仅能减少噪声污染和视觉污染,还能减少生产生活所消耗的能源。

2. 城市地下物流系统交通效益

ULS 交通效益是指 ULS 为城市交通运行、交通基础设施带来的效益。交通效益的受益主体为交通系统和出行居民。交通出行已经成为人们生活中必不可少的一部分,同时也是城市内部及城市之间联系的纽带。当前,交通出行的舒适度和出行安全是人们关注的重点。当受益主体为交通系统时,ULS 带来的效益主要表现为缓解交通堵塞、减少地面道路损坏;当受益主体为出行居民时,ULS 带来的效益主要表现为提高交通出行安全、减少出行旅行时间。事实上,当前人们大多选择公共交通出行是因为高峰时期交通状况差。对于运行 ULS 使得交通情况变好之后是否会增加人们采用私家车出行的欲望以及如何影响的问题还有待进一步的研究,本研究暂未考虑。

3. 城市地下物流系统物流效益

ULS 物流效益是指 ULS 为城市物流系统及 ULS 使用者(如京东物流等现有物流企业)带来的效益。国内一直大力倡导物流行业降本增效,然而,当前物流系统中的一些环节(如装卸、仓储、运输等)存在效益背反现象。举例来说,降低仓储费用必然会引发运输频次增加,进而导致运输成本增加;运输时间延长会引起物流接收者的不满。尤其当下,物流系统的大多环节由不同主体负责运营,因此降本增效对于物流行业而言无疑是一项巨大的挑战。当受益主体为物流系统时,ULS 可以提升城市物流供应能力,增加运量;当受益主体为 ULS 使用者时,ULS 带来的效益包括运输成本的节约、运输设备购入的减少以及物流服务质量的提升。其中,物流服务质量的提升,依照物流接收者意愿的不同,主要表现为运输安全水平的提高和运输时间的缩短。此外,物流效益还包括因 ULS 促使物流质量提升,使得物流接收者与 ULS 使用者的合作意愿增强,进而带动使用 ULS 的意愿上升所产生的效益。

4. 城市地下物流系统经济效益

ULS 经济效益是指 ULS 为城市经济发展所带来的效益。其受益主体包括 ULS 运营商和城市经济系统。当受益主体为 ULS 运营商时,ULS 为其带来了直接运营效益,即 ULS 运营商通过为使用者提供服务获得的直接收入。将此直接收入与 ULS 运营前的规划和建设费用以及运营期间的运营和维护费用进行比较,所得差值即为 ULS 运营商的直接经济效益。由于城市 ULS 具有半公共产品属性,与地铁类似,它能够让城市区域内的货流变得更为方便、快捷。ULS 的建设及运营会促使城市内部土地使用结构发生变化,具体表现为城市内部物流用地比例下降,商业等用地比例相应提高。与此同时,ULS 的建设与运营还会带动沿线房地产价值的提升,不过关于其价值的具体变化规律还有待进一步研究。

5. 城市地下物流系统社会效益

ULS 社会效益是指 ULS 为城市社会稳定发展带来的效益。具体而言,社会效益主要聚焦于 ULS 能够为城市带来防灾效益和就业带动效益。在本章中，防灾效益表现为：在极端天气状况下，避免城市供应能力即货运量出现减少的情况。此外，避免极端天气下的运输安全风险，保障城市系统能够正常运转，也是 ULS 防灾效益的重要体现形式。

7.3 地下物流外部效益货币化评估框架

7.3.1 外部效益形成过程分析

结合文献综述以及对货运特征的分析，可以得出 ULS 外部效益的评估框架，如图 7-1 所示。相较于传统公路货运模式，ULS 具备诸多独特优势，这些优势可细化为 13 个具体的效益评估指标，而这些指标分别对应可为城市带来改善的四类效益。

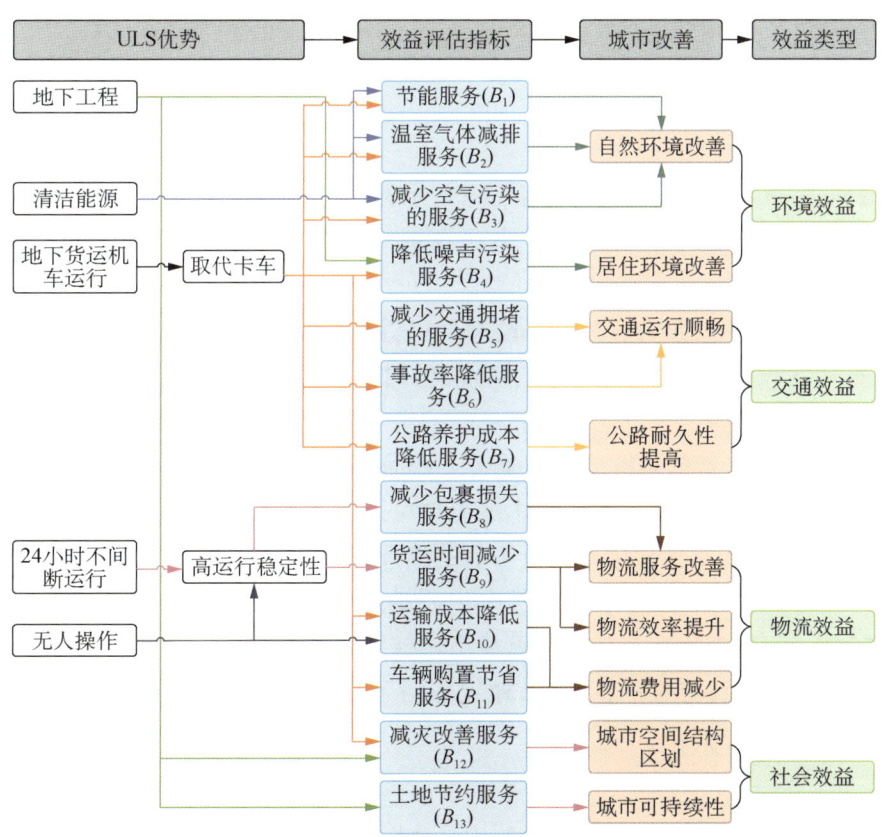

图 7-1 ULS 外部效益评估框架

环境效益（B_1—B_4）：由于 ULS 采用电力驱动，故可减少化石燃料的消耗及温室气体排放，同时还可减少卡车噪声对城市居民的影响。因此，ULS 在节约能源、减少温室气体、减少空气污染和降低噪声污染等方面发挥了显著的环境效益。

交通效益（B_5—B_7）：传统物流与客运交通共用地面道路系统，这会对道路交通产生很大影响。ULS 通过将货物运输转移到地下，能够取代大量原本在道路上行驶的卡车，从而在缓解交通压力、减少事故及降低公路维护成本方面产生交通效益。

物流效益（B_8—B_{11}）：与公路运输相比，ULS 受外部环境因素干扰小，其通过地下空间开展货物运输，不但可以提升物流效率、优化服务质量，而且还具备 24 小时稳定运行的优势。此外，ULS 可替代公路运输供给，整合传统物流供应链资源，还降低了卡车采购成本和运营成本。因此，ULS 带来的物流效益包括：运输时间缩短、包裹丢失率降低、运输成本削减和卡车采购量减少。

社会效益（B_{12}—B_{13}）：ULS 通过充分利用地下空间，一方面有利于实现城市土地资源的高效节约，另一方面能够显著提升城市减灾能力。特别是在灾害场景下，ULS 可以保障城市交通生命线畅通无阻。作为地下空间利用的一种新形式，ULS 还有助于优化城市三维空间结构，使其更趋合理。

通过将上述 4 个方面有机组合，最终构建起一个由 4 个方面、13 个效益指标组成的评价体系。

7.3.2　货币化评价方法

本研究假定货币价值至少等于替代 ULS 服务所产生的社会成本或损失。本研究采用服务重置成本法（SRCM）对 ULS 外部效益进行货币化评价，主要包含以下 3 个步骤[41]。

(1) 确定 ULS 的服务内容。为了能够准确评估，就需要尽可能完整地列出 ULS 所提供的服务。本研究主要根据 ULS 的特点，通过梳理文献和分析效益指标的形成过程，构建 ULS 服务清单。

(2) 确定 ULS 服务的重置成本。确定 ULS 服务的重置成本类型和指定计量单位是货币化计算的先决条件。由于重置成本的单位可能会存在很大差异，且会直接影响 ULS 货币化的构建，因此需对重置成本进行可靠的选择。

(3) 计算无偿服务的货币价值。货币化公式是根据 ULS 所提供服务节约成本的具体方式确定的。而数据获取是成功计算货币化结果的关键。鉴于许多数据难以获得或统计口径不一致会对最终结果产生影响，建议采用可靠数据来源的参数来构建公式。外部效益估值公式见式(7-1)。

$$V = \sum_{i}^{n} B_i = \sum_{i}^{n} Q_i \cdot C_i \qquad (7\text{-}1)$$

式中　V——ULS 的外部总效益；

　　　B_i——估值服务类别 i 的外部效益；

　　　Q_i——i 类服务的数量；

　　　C_i——i 类服务的重置成本。

考虑到时间尺度，采用经济增长率来反映重置成本增长率 R_i 随时间的变化。研究期内外部总收益可按式(7-2)计算。

$$V = \sum_{i}^{n} \sum_{j}^{m} \frac{Q_i \cdot C_{i0} \cdot (1+R_i)^j}{(1+r_i)^j} \tag{7-2}$$

式中　C_{i0}——估价期重置成本初始值；

　　　R_i——重置成本增长率；

　　　r_i——i 类服务的折现率；

　　　j——单位估价期；

　　　n——服务的总数量；

　　　m——总周期 Y 内第 i 类服务单位估价期的总周期数，当单位估价期为一年时，$m=Y$。

7.3.3　货币化计算

ULS 服务的重置成本和计量单位如表 7-3 所列。ULS 服务的货币值计算公式如下，其中主要参数的数据采集方法如表 7-4 所列。

表 7-3　　ULS 服务的重置成本和计量单位

服务类别	重置成本	单位	数量	单位
节能服务(B_1)	汽油价格(C_1)	元/kg	减少的汽油消耗量(Q_1)	kg
温室气体减排服务(B_2)	碳交易价格(C_2)	元/t	减少的碳排放量(Q_2)	t
减少空气污染的服务(B_3)	污染处理费(C_3)	元/t	减少的污染排放量(Q_3)	t
降低噪声污染服务(B_4)	意愿支付费(C_4)	元/人	愿意支付这些费用的人数(Q_4)	人
减少交通拥堵的服务(B_5)	单位时间值(C_5)	元/h	节约的时间(Q_5)	h
事故率降低服务(B_6)	人均国内生产总值(C_6)	元/人	伤亡人数减少(Q_6)	人
公路养护成本降低服务(B_7)	公路养护费(C_7)	元/m²	由 ULS 保存的道路区域(Q_7)	m²
减少包裹损失服务(B_8)	处理损坏或丢失货物的费用(C_8)	元/t	损坏或丢失的货物量(Q_8)	t
货运时间减少服务(B_9)	货运量的单位时间值(C_9)	元/(h·t)	减少货物的数量(Q_9)	h·t
运输成本降低服务(B_{10})	货运成本(C_{10})	元/(t·km)	减少货物周转量(Q_{10})	t·km
车辆购置节省服务(B_{11})	卡车购置费用(C_{11})	元/辆	减少的卡车数量(Q_{11})	辆
减灾改善服务(B_{12})	储存和补偿费用(C_{12})	元/t	受灾难影响的货物(Q_{12})	t

（续表）

服务类别	重置成本	单位	数量	单位
土地节约服务（B_{13}）	不同设施的建设成本和机会成本（C_{13}）	元/m^2	减少的卡车运输面积（Q_{13}）	m^2

表 7-4　　本案例的主要参数数据采集方法

参数	数据采集方法	参数	数据采集方法
能源价格	市场价	公路养护费	北京地区城市道路和高速公路的维护和维修的预算配额和年度资金目标[47]
碳价	《国际碳行动伙伴关系全球排放交易：2021年状态报告》[46]	车辆购买价格	企业调查
单位时间值	《北京统计年鉴2021》	道路物流的出行和流通处理成本	企业调查
交通事故损失	《北京统计年鉴2021》	传统物流流通加工的单位时间	企业调查
人均GDP	《北京统计年鉴2021》	仓储费	企业调查
包裹损失率	企业调查	道路及停车场	《北京统计年鉴2021》
货物运价	中国公路物流运价指数	灾害平均持续时间	《2020年中国气候公报》[48]

1. 环境效益

1）节能服务（B_1）

式（7-3）表示在不考虑车速对能耗影响情况下，ULS替代传统卡车节约的化石燃料所带来的效益[44]。

$$B_1 = \sum_{j=1}^{Y} \frac{(\sum_{h=1,2} U_{\text{TM},h} \cdot C_{Eh} - U_{\text{ULS}} \cdot C_{E2}) \cdot (1+R)^j}{(1+r)^j} \quad (7-3)$$

$$U_{\text{TM},h} = Tr_{\text{TM},h} \cdot CF_h \quad (7-4)$$

$$Tr_{\text{TM},h} = \sum Q_{\text{ULS},h} \cdot d_{\text{TM},h} \quad (7-5)$$

$$U_{\text{ULS}} = \sum_{\gamma=1,2} Tr_{\text{ULS}}^{\gamma} \cdot CF_e^{\gamma} \quad (7-6)$$

以上式中　B_1——ULS代替传统卡车节约的化石燃料消耗量所带来的效益；

　　　　　r——折现率；

　　　　　R——经济增长率；

　　　　　$U_{\text{TM},h}$——h型卡车的总燃油消耗量，L；

　　　　　$Tr_{\text{TM},h}$——h型卡车的货车周转总量，t·km；

$Q_{ULS,h}$——被 ULS 取代的 h 型卡车的货运量,t;

$d_{TM,h}$——h 型卡车的行驶距离,km;

CF_h——h 型卡车的平均能源消耗量,L/(t·km)或者 kW·h/(t·km);

U_{ULS}——ULS 总用电量,kW·h;

CF_e^γ——ULS 两层级网络的平均用电量;

γ——ULS 网络的级别,$\gamma=1,2$ 分别代表一级网络和二级网络;

C_{Eh}——h 型能源的单价,元/L 或元/(kW·h);

C_{E2}——ULS 用电的单位价格,元/(kW·h);

Tr_{ULS}^γ——γ 层级 ULS 网络运输的货物周转量,t·km。

2) 温室气体减排服务(B_2)

式(7-7)表示 ULS 替代卡车所导致的温室气体减排量所带来的效益。在量化温室气体排放时,不同的温室气体排放系数通常被统一转换为每单位活动的二氧化碳当量(CO_2e)[45]。

$$B_2 = \sum_{j=1}^{Y} \frac{\left(\sum_{h=1,2} U_{TM,h} \cdot E_{CO_2}^h - U_{ULS} \cdot E_{CO_2}^e\right) \cdot C_C \cdot (1+R)^j}{(1+r)^j} \quad (7\text{-}7)$$

式中 B_2——温室气体减排所带来的效益;

$E_{CO_2}^h, E_{CO_2}^e$——替代燃料和电力所排放的温室气体的二氧化碳当量(CO_2e)的排放系数;

C_C——碳交易价格,元/kg。

3) 减少空气污染的服务(B_3)

货车尾气是城市大气污染的重要来源,其中一氧化碳(CO)、氮氧化物(NO_x)、碳氢化合物(HC)和颗粒物(PM)是主要污染物。这些污染物的排放限值可在中国六号机动车排放标准中找到,具体如下:CO 为 0.5 g/(km·辆);NO_x 为 0.035 g/(km·辆);HC 为 0.035 g/(km·辆);PM 为 0.003 g/(km·辆)。减少空气污染所带来的效益可按式(7-8)计算。

$$B_3 = \sum_{j=1}^{Y} \frac{\sum_{h=1,2} \sum_{\mu=1,2,3,4} l_{h,\mu} \cdot N_{V,h} \cdot D_{TM,h} \cdot F_{h,\mu} \cdot (1+R)^j}{(1+r)^j} \quad (7\text{-}8)$$

$$N_{V,h} = T_{TM,h}/(q_{TM,h} \cdot T_{TM,h} \cdot v_{TM,h}) \quad (7\text{-}9)$$

以上式中 B_3——减少空气污染所带来的效益;

$F_{h,\mu}$——污染处理费;

$l_{h,\mu}$——污染物 μ 的排放量,g/(km·辆),这可以被视为排放限值;

$N_{V,h}$——被 ULS 替代的 h 型卡车的数量,辆;

$q_{TM,h}$——h 型卡车的装载量,t;

$T_{\text{TM},h}$——h 型卡车的工作时间，h；

$v_{\text{TM},h}$——h 型卡车的平均速度，km/h；

$D_{\text{TM},h}$——h 型卡车的平均行驶距离，km。

4）降低噪声污染服务（B_4）

式（7-10）表示 ULS 降低噪声污染所带来的效益。相关效益主要取决于受 ULS 影响的人数以及他们的支付意愿。

$$B_4 = \sum_{j=1}^{Y} \frac{PO \cdot \alpha \cdot WTP \cdot (1+R)^j}{(1+r)^j} \tag{7-10}$$

式中　B_4——减少噪声污染所带来的效益；

PO——区域内人口；

α——愿意支付噪声污染治理费用的人的比例，这可以看作是由 ULS 导致的车辆减少率；

WTP——年人均支付意愿费用，可以用个人平均年收入的 3% 计算，元/(人·年)[49]。

2．交通效益

1）减少交通拥堵的服务（B_5）

ULS 将货物运输转移到地下，释放了原本卡车交通占用的道路资源，从而有效缓解了因卡车运输造成的城市交通拥堵。减少交通拥堵所带来的效益可通过式（7-11）计算。

$$B_5 = \sum_{j=1}^{Y} \frac{\dfrac{\sum_{h=1,2} d_{\text{TM},h} \cdot K}{N_a} \cdot V_{\text{UT}}^{\text{PA}} \cdot (1+R)^j}{(1+r)^j} \tag{7-11}$$

$$K = \sum_h N_{\text{V},h} / L \tag{7-12}$$

以上式中　B_5——减少交通拥堵所带来的效益；

K——区域路网的交通密度，辆/km；

L——路网的长度，km；

N_a——道路网的交通流量，veh/h；

$V_{\text{UT}}^{\text{PA}}$——乘客的单位时间价值，可以作为当地的时薪，元/h。

2）事故率降低服务（B_6）

ULS 的实施可有效减少地面货运量从而降低道路交通事故率。事故率降低所带来的效益可通过式（7-13）计算。

$$B_6 = \sum_{j=1}^{Y} \frac{\sum_k N_V \cdot N_k^a \cdot Lo_k \cdot (1+R)^j}{(1+r)^j} \tag{7-13}$$

$$N_v = \sum_h N_{\text{V},h} \tag{7-14}$$

以上式中　B_6——降低事故发生率所带来的效益；

　　　　　N_V——被 ULS 取代的卡车总数；

　　　　　N_k^a——由单位车辆造成的受伤人数（$k=1$）和死亡人数（$k=2$），人/辆；

　　　　　Lo_k——k 型事故的直接经济损失。

3）公路养护成本降低服务（B_7）

卡车常年处于高载重运行状态，其对城市道路的破坏程度是普通车辆的好几倍。而 ULS 的应用减少了卡车运输需求，进而降低了地面货运对城市道路造成损坏所需投入的维护成本。减少公路养护成本所带来的效益如式（7-15）所示。

$$B_7 = \xi \cdot \sum_{j=1}^{Y} \frac{\sum_{r=1,2,3} C_{ma} \cdot (1+R)^j}{(1+r)^j} \tag{7-15}$$

$$\xi = \sum_h Tr_{TM,h} / Tr_{road} \tag{7-16}$$

$$C_{ma} = S_{road} \cdot C'_{ma} \tag{7-17}$$

以上式中　B_7——减少公路养护成本所带来的效益；

　　　　　ξ——由 ULS 取代的货运造成的道路损坏率；

　　　　　Tr_{road}——公路客货运的总周转量，t·km；

　　　　　C_{ma}——不同的维护活动的总成本，$ma=1$ 表示大修，$ma=2$ 表示小修，$ma=3$ 表示道路检查；

　　　　　S_{road}——路网的面积，m^2；

　　　　　C'_{ma}——不同维护活动的单位成本，元/m^2。

3. 物流效益

1）减少包裹损失服务（B_8）

传统运输业以人工操作为主，包裹损失率较高，这是运输成本增加的一个主要因素之一[28]。ULS 通过机械化操作过程降低了包裹损失率，由此带来的效益的计算公式见式（7-18）。

$$B_8 = \sum_{j=1}^{Y} \frac{\varepsilon \cdot (C_{tr,TM} + Q_{ULS} \cdot C_{co}) \cdot (1+R)^j}{(1+r)^j} \tag{7-18}$$

$$C_{tr,TM} = \sum_h Tr_{TM,h} \cdot C'_{tr,TM,h} \tag{7-19}$$

以上式中　B_8——减少包裹损失所带来的效益；

　　　　　ε——道路运输的包裹损失率；

　　　　　$C_{tr,TM}$——卡车的运输成本，元；

　　　　　Q_{ULS}——ULS 运输的货运量；

　　　　　$C'_{tr,TM,h}$——h 型卡车的单位运输成本，元/t·km；

　　　　　C_{co}——公路货运的单位包裹损失补偿成本，元/t，通常是运输成本的 3～5 倍。

2) 货运时间减少服务(B_9)

得益于独立的地下化运行模式，ULS 能够避免因红灯、交通拥堵或恶劣天气导致的道路交通延误。此外，传统道路货运的中转处理需在配送中心依靠半人工方式完成，而 ULS 的中转处理具备完全自动化特征。基于此，减少货运时间服务所带来的效益的计算公式见式(7-20)。

$$B_9 = \sum_{j=1}^{Y} \frac{\left\{\left[\left(\sum_h \frac{Tr_{TM,h}}{v_{road}} + Q_{cp,TM} \cdot T_{cp,TM}\right) - \left(\sum_\gamma \frac{Tr_{ULS}^\gamma}{v_{\gamma,ULS}} + Q_{cp,ULS} \cdot T_{cp,ULS}\right)\right] \cdot V_{UT}^F\right\} \cdot (1+R)^j}{(1+r)^j} \tag{7-20}$$

式中 B_9——货运时间减少所带来的效益；

v_{road}——道路上卡车的平均行驶速度，km/h；

$v_{\gamma,ULS}$——ULS 网络 γ 的平均速度，km/h；

$Q_{cp,TM}, Q_{cp,ULS}$——传统物流和 ULS 需要进行流通处理的货运量；

$T_{cp,TM}, T_{cp,ULS}$——传统物流和 ULS 的循环处理单位时间；

V_{UT}^F——货运时间的单位价值，元/(t·h)[50]。

3) 运输成本降低服务(B_{10})

降低运输成本服务的价值是道路货运与 ULS 之间差异的重要体现。运输成本包括所有物流阶段的成本。本章主要考虑货物运输和物流作业成本。降低运输成本所带来的效益计算公式见式(7-21)。

$$B_{10} = \sum_{j=1}^{Y} \frac{[(C_{tr,TM} + C_{cp,TM}) - (C_{tr,ULS} + C_{cp,ULS})] \cdot (1+R)^j}{(1+r)^j} \tag{7-21}$$

$$C_{tr,ULS} = \sum_\gamma Tr_{ULS}^\gamma \cdot C_{tr,ULS}^\gamma \tag{7-22}$$

$$C_{cp,TM} = Q_{cp,TM} \cdot C'_{cp,TM} \tag{7-23}$$

$$C_{cp,ULS} = Q_{cp,ULS} \cdot C'_{cp,ULS} \tag{7-24}$$

以上式中 B_{10}——降低运输成本所带来的效益；

$C_{tr,ULS}$——ULS 的总运输成本，元；

$C_{tr,ULS}^\gamma$——ULS 网络 γ 的单位运输成本，元；

$C_{cp,TM}, C_{cp,ULS}$——道路运输和 ULS 的总循环处理成本，元；

$C'_{cp,TM}, C'_{cp,ULS}$——道路运输和 ULS 的单位循环处理成本，$C'_{cp,ULS}$ 可以参考文献[51]。

4) 车辆购置节省服务(B_{11})

式(7-25)表示物流企业通过使用 ULS 所减少的卡车购置成本。

$$B_{11} = \sum_h \sum_{j=1}^{m_{p,h}} \frac{N_{V,h} \cdot P_{TM,h} \cdot (1+R)^j}{(1+r)^j} \tag{7-25}$$

$$m_{p,h} = Y/y_{V,h} \tag{7-26}$$

以上式中 B_{11}——使用 ULS 而减少的卡车购置成本；

$P_{TM,h}$——h 型卡车的平均价格，元/辆；

Y——总估计期；

$y_{V,h}$——h 型卡车的使用寿命，年，假设柴油卡车的使用寿命为 15 年，其他车辆的使用寿命为 12 年。

4．社会效益

1）减灾改善服务（B_{12}）

式（7-27）表示 ULS 在灾害情形下通过减少仓库积压、道路运输损失和物流设施破坏而带来的相关效益。

$$B_{12} = \sum_{j=1}^{Y} \frac{(\sum_{disa} C_S^{disa} + C_{co}^{disa} + C_{as}^{disa}) \cdot (1+R)^j}{(1+r)^j} \tag{7-27}$$

$$C_S^{disa} = \frac{t_{disa} \cdot (t_{disa}+1)}{2} \cdot Q_{ULS} \cdot (1-\varphi_{disa}) \tag{7-28}$$

$$C_{co}^{disa} = \frac{t_{disa} \cdot (t_{disa}+1)}{2} \cdot Q_{ULS} \cdot \varphi_{disa} \cdot \varepsilon_{disa} \cdot C_{co} \tag{7-29}$$

$$C_{as}^{disa} = \eta_{disa} \cdot S_F \cdot C_{C3} \tag{7-30}$$

以上式中 B_{12}——减灾效益；

C_S^{disa}——传统物流中各种灾难造成的库存过剩而节省的存储成本，元；

t_{disa}——灾难 $disa$ 持续的总天数；

φ_{disa}——灾难中的货物供应比率；

C_S——每天的单位存储成本；

C_{co}^{disa}——传统物流中灾难造成的包裹损失；

ε_{disa}——不同道路灾害下的包裹损失率，可为正常率的 3 倍；

C_{co}——单位货物损失补偿成本，元/t；

C_{as}^{disa}——由灾难 $disa$ 造成的基础设施损失的节约损失；

η_{disa}——由于 $disa$ 基础设施破坏程度的系数；

S_F——物流设施损失面积，m^2；

C_{C3}——物流设施的建设成本，元/m^2。

2）土地节约服务（B_{13}）

式（7-31）表示 ULS 通过取代地面货运节省的道路、停车场和地面物流设施所占用的土地资源而获得的外部效益。土地节约服务的价值为节省的设施建设成本。

$$B_{13} = \sum_{k=1,2,3} S_k \cdot C_{Ck} \tag{7-31}$$

式中 B_{13}——土地节约效益；

S_1，S_2——卡车占用的道路和停车场的平均面积，m^2；

C_{C1}，C_{C2}，C_{C3}——道路、停车场和物流设施的建设成本，元$/m^2$；

S_3——被 ULS 所取代的物流设施所占用的土地面积，m^2，它可以被假定为已节约的存储区域。

7.4 基于北京地下物流系统案例的综合效益研究

7.4.1 北京地下物流案例背景分析

本节选取的案例区域位于北京五环路以内，总面积为 667 km^2，服务人口约 1 050 万人。包裹投递日均需求量达 680 万件。该区域有 4 个物流园区及大型仓库(LPWs)、24 个配送中心(DCs)和 76 个需求点(DPs)，如图 7-2 所示。

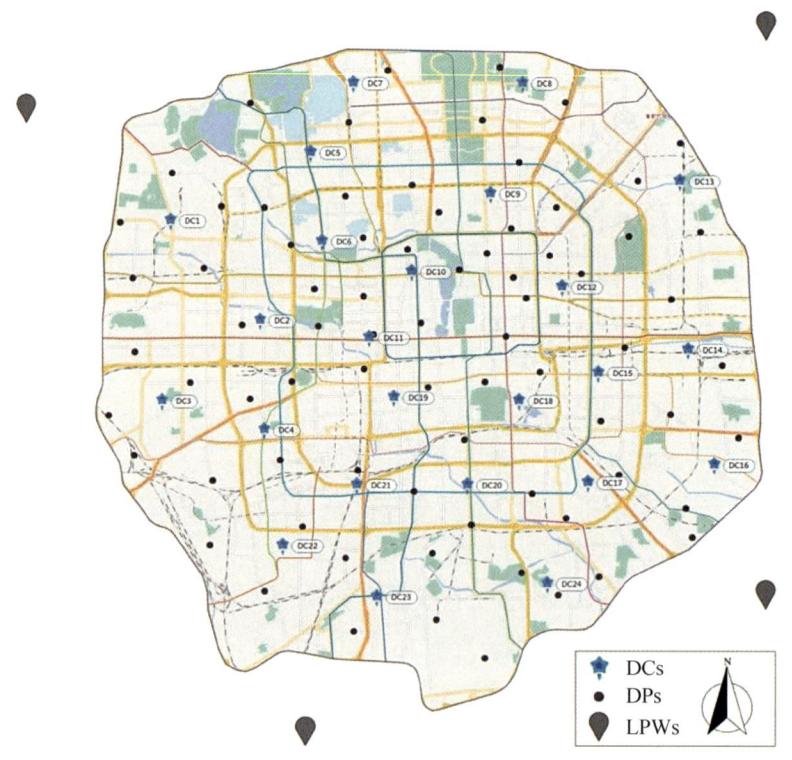

图 7-2 案例区域物流设施布局

Hu 等[52]以北京为案例背景，构建了一个双层 ULS 网络。该网络主要由物流园区及大型仓库、地下主枢纽(PH_S)和主洞(PT_S)组成的主干网，以及由一级枢纽、二级节点(SN_S)和二级管道(ST_S)组成的分支网络共同构成。根据 OD 将货流划分为两类：①物流园区外与内部需求点之间的货流;②各内部需求点之间的货流。ULS 的物理网络结构和运作流程如图 7-3 所示。

公路货运中的货流:对于货流类型一而言,货物由卡车从物流园区运至配送中心,经拆箱、分拣等作业后,再由电动卡车 MDTs 配送至需求点;对于货流类型二而言,货物由电动卡车直接运输到目的地。

ULS 中的货流:货物通过主隧道从物流园区运输至目的地货运枢纽,经处理后,再通过次级管道分发到相应的次要节点。货物在次级节点完成收集,随后通过一个或多个枢纽节点中转至目的地附近的次级节点。从次级节点到需求点的"最后一公里"配送则由电动物流车(LEVs)完成。

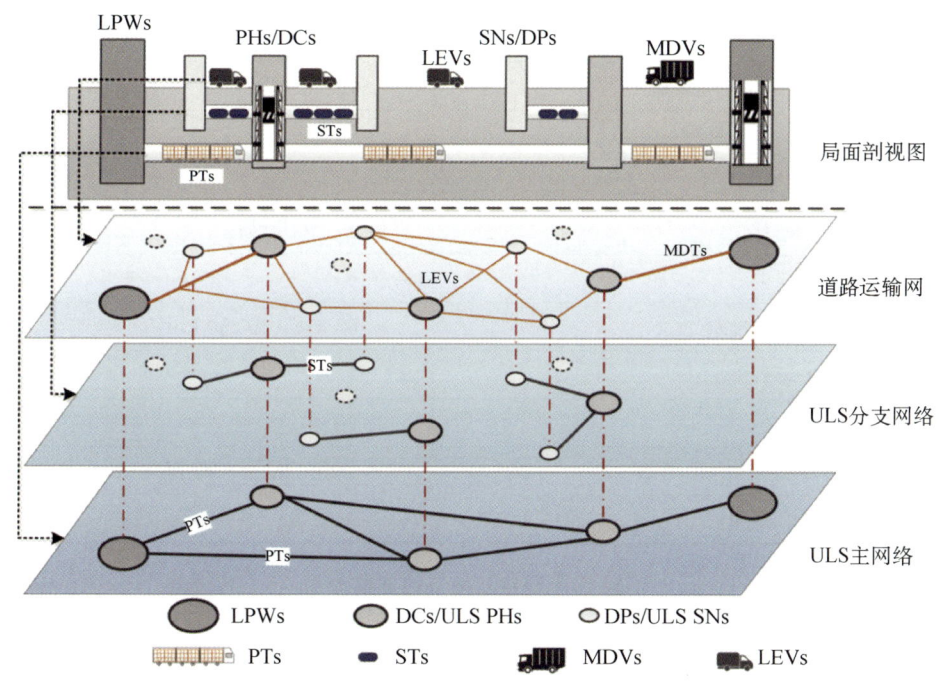

图 7-3 ULS 的物理网络结构和运作流程

本章默认 ULS 主隧道中采用大型铁路机车作为运输工具,该机车可运载 45 ft(1 ft=0.304 8 m)集装箱,载货量约为 30 t,每组共有 5 节车厢,即每列机车可运载 150 t 货物;二级管网则采用单位载荷为 10 t 的自动导引车(AGV)。ULS 网络的固定参数及相应数值见表 7-5。需要注意的是,参考 Hu 等[52]的研究,由于 ULS 中不同类型的基础设施和设备有着不同的折旧期,例如隧道为 80 年、管道为 40 年、轨道为 15 年、机车为 30 年等,因此本章将折旧期设定为 50 年。不同 ULS 网络规模下的系统参数如表 7-6 所列。本研究选取一级节点数量分别为 10、12、14、16、18、20 的 6 种场景,对外部效益进行计算和对比分析。

表 7-5　　ULS 网络的固定参数及相应数值

参数	数值
一级枢纽的能力	每天 2.6×10^5 件包裹
二级枢纽的能力	每天 1.0×10^6 件包裹
ULS 设施投资的折旧期	50 年，365 天
ULS 一级隧道的直径	6 m
ULS 二级管道的直径	3 m
ULS 一级隧道货运机车单位能耗	200 kW·h/100 km
ULS 二级管道货运机车单位能耗	130 kW·h/100 km
ULS 一级隧道货运机车装载能力	150 t
ULS 二级管道货运机车装载能力	10 t
大型轨道机车的平均速度	80 km/h
AGV 的平均速度	36 km/h
中型卡车单位能耗	15 L/100 km
中型卡车装载能力	6 t
轻型电动货车单位能耗	63 kW·h/250 km
轻型电动货车装载能力	1.5 t
装载率	70%
城市货运需求	每天 680 万件包裹
一个包裹的平均重量	1.14 kg

表 7-6　　不同 ULS 网络规模下的系统参数

网络规模	PT 长度/km	ST 长度/km	ULS 所承载的货运量的比例	PT 总周转量/(t·km)	ST 总周转量/(t·km)
$NPH=10$	130.22	85.69	27.51%	74 880.24	8 312.38
$NPH=12$	157.91	89.85	32.54%	99 219.74	9 419.57
$NPH=14$	174.05	120.04	39.93%	137 809.77	14 031.36
$NPH=16$	220.97	124.83	42.91%	179 413.82	14 996.06
$NPH=18$	256.50	142.30	48.13%	200 069.87	18 234.24
$NPH=20$	368.73	148.94	51.56%	272 119.94	19 502.38

注：① 表中第 1~3 列数据来自文献[52]，第 4~6 列数据基于文献[52]数据计算所得。
② NPH 为 PH_S 数量，即地下主枢纽数量，基于不同的地下主枢纽数量设置仿真情景。

7.4.2 综合效益仿真结果讨论

1. 综合效益分析

表 7-7 中列出了 ULS 的综合效益仿真评估结果。ULS 作为一种大型的地下基础设施,兼具减少道路货运对城市的负面影响、突破传统物流业瓶颈的双重优势。ULS 在 50 年内的年货币化外部收益总额至少可达 96.9 亿元。与传统地下基础设施相比,ULS 不仅能产生环境、交通和社会效益,还可为物流公司带来显著的物流效益,实现成本节约。由于物流效益在综合效益中的占比是最高的,因此在城市物流投融资中,可考虑让更多的私人资本参与 ULS 基础设施建设,而非完全依赖政府来投入。物流系统的建造及运营费用可通过外部福利转移支付的方式予以补偿。

表 7-7 ULS 综合效益仿真评估结果

评估服务	评估结果/×10⁵ 元						比例($NPH=10$)	
	$NPH=10$	$NPH=12$	$NPH=14$	$NPH=16$	$NPH=18$	$NPH=20$	所有	子范畴
节能服务(B_1)	1 047.84	1 229.02	1 445.64	1 505.55	1 668.90	1 697.71	10.85%	13.31%
温室气体减排服务(B_2)	46.95	54.48	60.45	60.08	65.37	60.84	0.49%	
减少空气污染的服务(B_3)	3.27	3.88	4.75	5.05	5.66	6.07	0.03%	
降低噪声污染服务(B_4)	187.50	222.86	272.15	291.43	326.79	350.36	1.94%	
减少交通拥堵的服务(B_5)	6.49	7.71	9.41	10.11	11.34	12.16	0.07%	6.28%
事故率降低服务(B_6)	43.38	61.24	91.28	104.66	131.56	151.20	0.45%	
公路养护成本降低服务(B_7)	555.95	657.58	807.10	867.26	972.74	1 042.03	5.76%	
减少包裹损失服务(B_8)	1 153.25	1 364.09	1 674.25	1 799.04	2 017.86	2 149.27	11.94%	48.42%
货运时间减少服务(B_9)	1 728.22	2 094.35	2 594.49	3 103.50	3 845.50	4 016.59	17.89%	
运输成本降低服务(B_{10})	1 291.35	1 528.16	1 954.03	2 347.08	2 909.72	3 354.70	13.37%	
车辆购置节省服务(B_{11})	504.67	599.96	732.30	785.24	880.53	944.06	5.22%	

(续表)

评估服务	评估结果/×10⁵ 元						比例（$NPH=10$）	
	$NPH=$10	$NPH=$12	$NPH=$14	$NPH=$16	$NPH=$18	$NPH=$20	所有	子范畴
减灾改善服务（B_{12}）	744.16	880.20	1 080.34	1 160.86	1 302.06	1 394.80	7.70%	31.99%
土地节约服务（B_{13}）	2 346.83	2 781.07	3 406.74	3 655.85	4 100.09	4 393.55	24.29%	
总数	9 659.86	11 521.98	14 180.83	15 746.83	18 295.45	19 634.81	100%	—

2. 综合效益组成分析

土地节约效益在综合效益中占比高达 24.29%，这主要得益于北京是中国地价高昂的城市之一。ULS 为道路、停车、物流等基础设施节省下的土地资源可以实现巨大的土地增值收益。此外，即便不考虑土地节约效益，ULS 仍能产生可观的综合效益。其中，ULS 的物流效益占比最大，占总效益的 48.42%（$NPH=10$）。货物运输时间和包裹损耗的减少，不仅显著提升了物流服务水平，还能有效降低物流企业的运营成本（包括车辆采购成本和运输成本）。

然而，由于卡车在城市机动车辆总数中占比较低，因此 ULS 取代卡车在减少空气污染、缓解交通拥堵和降低交通事故方面产生的效益就相对较小。此外，需要注意的是，多数效益会随着 ULS 网络规模扩大而增加，即网络化程度越高，物流收益增长得越快，如图 7-4 所示。

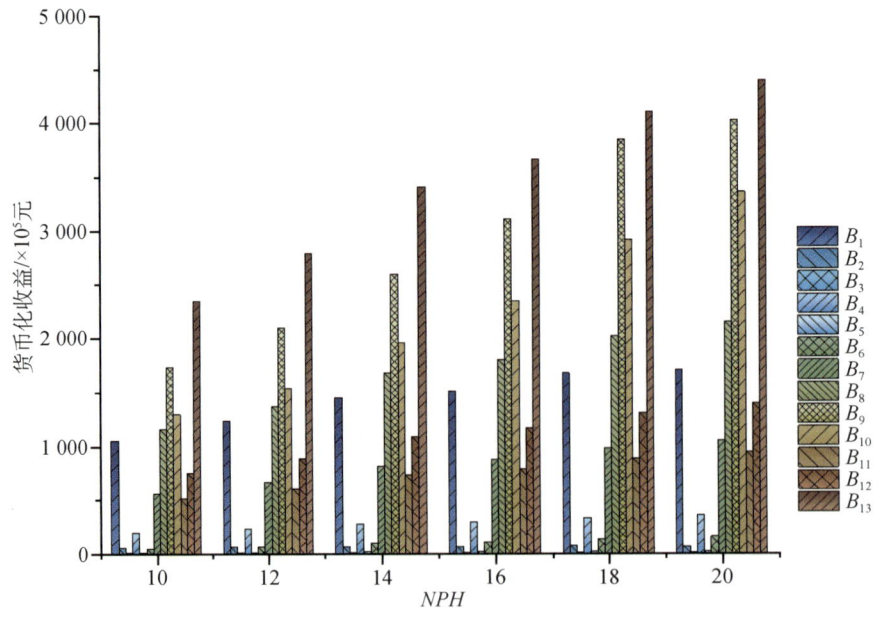

图 7-4　不同网络规模的货币化收益

3. 物流效益分析

ULS通过整合和管理城市物流供应链的各业务环节，大幅减少了传统物流中难以避免的转运流程。由于货运周转量与网络布局形态有关，当只考虑隧道和管网运输时，货运时间减少服务（B_9）和运输成本降低服务（B_{10}）所对应的外部效益可能出现负值；然而，一旦涉及整个物流运作全过程，ULS将实现运输效率的显著提升，如表7-8所列。造成上述现象的主要原因包括：①ULS货运机车运行高速平稳，可有效避免地面货运面临的限行、拥堵和事故等问题；②ULS货运站点集成了传统物流供应链中的收集、分拣、流通处理和仓储等功能，依托自动化和智能化管理模式，物流流程相较于传统人工模式更为高效；③网络化的ULS可以整合城市物流供应链资源，对物流运作实现一体化管理，使物流过程更有条理。当网络发展到一定程度时，ULS的货运效率还将得到进一步的提升。

表7-8　　　　　　　　　ULS运输链对B_9、B_{10}的影响

评估服务		评估结果/×10⁵ 元					
		$NPH=10$	$NPH=12$	$NPH=14$	$NPH=16$	$NPH=18$	$NPH=20$
货运时间减少服务（B_9）	仅考虑线网运输	−49.56	−129.67	−316.24	−567.22	−650.64	−1 118.42
	物流运作全过程	1 971.29	2 730.37	4 145.61	5 885.67	7 036.83	9 502.32
	总量	1 728.22	2 094.35	2 594.49	3 103.50	3 845.50	4 016.59
运输成本降低服务（B_{10}）	仅考虑线网运输	−0.76	−1.23	−2.12	−3.30	−3.71	−5.87
	物流运作全过程	1 295.06	1 534.20	1 964.42	2 363.27	2 927.92	3 383.50
	总量	1 291.35	1 528.16	1 954.03	2 347.08	2 909.72	3 354.70

此外，ULS的运行调度对节省运输时间有显著影响，如图7-5所示。在相同的网络规模情况下，ULS列车的发车频率越高，节省的时间就越多。随着网络规模不断扩大，

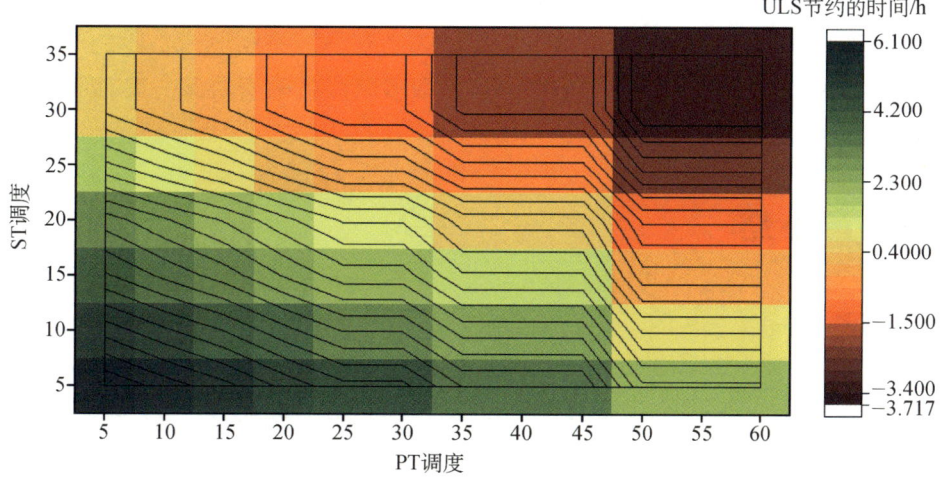

图7-5　ULS的运行调度对节省运输时间的影响（$NPH=10$）

ULS 的调度需更加紧凑，此时应综合考虑实际需求和运营成本，合理选择网络发车频率，以确保 ULS 具有更快的货运速度。同时，针对不同货物类型优化 ULS 货运流程，可进一步提升系统运作效率。

4. 物流企业在 ULS 发展中的定位

与传统基础设施相比，ULS 的最大优势在于可以为物流公司带来巨大收益。在中国，物流行业属于劳动密集型行业，其粗放的操作流程使得物流成本一直居高不下。而日益增长的物流需求以及行业的高质量发展追求对物流行业提出了新的要求。ULS 的自动化程度较高，其可以替代大量人工和分布式物流设施，从而为物流企业节省大量资金，每年甚至可达 3 亿元之多。同时，随着 ULS 网络规模的逐步拓展，其智能化、集约化的管理模式可以解决一系列问题，诸如传统物流发展的瓶颈、物流需求的增长与城市道路资源有限之间的矛盾、同质化企业之间的恶性竞争以及各种物流设施和资源的随意分布等。

ULS 在为物流企业节约运营成本、改善物流服务的同时，极大地拓展了城市物流的发展空间。当 ULS 投入运营后，其所产生的可观的物流效益将会吸引越来越多的物流公司逐步采用这一模式。随着 ULS 网络规模的不断扩大以及市场份额的不断增长，其盈利能力将逐步提升，同时，物流效益占比也将呈上升趋势。因此，鼓励物流企业参与 ULS 投资，是助力企业增收的可行路径。

5. ULS 的投资策略分析

城市基础设施通常由政府主导，但 ULS 作为一种准公共产品，其投融资策略更为灵活多样。已有研究表明，从直接经济效益来看，ULS 具有较强的经济竞争力，其产生的经济效益足以覆盖建设和运营成本。根据 Hu 等[52]的研究，北京 ULS 的建设和运营总成本约为 370 亿元（$NPH=10$），直接经济效益约为 850 亿元，综合效益可覆盖大约 26% 的 ULS 成本。然而，在建设初期，由于 ULS 建设成本高昂，仍需地方政府牵头并指导投资。随着 ULS 网络的不断扩展，其成本与效益的增长速度并不相同，效益的增长会远超成本，进而吸引大量私人资本参与。考虑到各利益相关者在系统不同运行阶段的成本-构成比例，为降低各利益相关者的投资风险，ULS 宜采取多阶段的融资决策方案，即前期加大政府投入，后期逐步加大社会资本投入。

7.5 本章小结

目前，针对 ULS 效益的量化研究主要聚焦于两种类型：货币形式的量化与非货币形式的量化。但已有研究大多聚焦于单个或部分效益的量化，且以非货币化形式的量化研究为主。因此，设计并构建系统性的量化评估框架与模型，是完善 ULS 综合效益评估理论的关键。本章运用 SRCM 方法，提出 ULS 综合效益货币化评估框架，并以北京市作为案例背景开展了实证研究。结果显示，按 50 年折算，ULS 可产生至少 96.9 亿元的综合效益，并且多数效益会随着网络规模的扩大而增长。

参考文献

[1] 彭玫贞,陈一村. 城市地下物流系统探析[J]. 江苏科技信息,2017(19):65-67.

[2] Chen Z, Dong J, Ren R. Urban underground logistics system in China: opportunities or challenges?[J]. Underground Space, 2017, 2(3): 195-208.

[3] Liu H. Feasibility of underground pneumatic freight transport in New York city final report[R]. 2004.

[4] 陈志龙,郭东军. 第五类运输和供应系统:北京建设地下物流系统的战略构想[J]. 北京规划建设, 2005(3):77-80.

[5] Huang O, Chen Z, Guo D. Study on network planning of Underground Logistic System in Beijing city central[C]/Proceedings of the 4th International Symposium on Underground Freight Transport by Capsule Pipelines and Other Tube/Tunnel Technologies, 2005.

[6] 黄欧龙,王正. 浅析地下物流系统对城市灾害的应对[J]. 物流技术(装备版),2010(18):58-61.

[7] Hu H, Zhang Y, Fan Y. Cost-benefit analysis on Underground Logistics Systems for solid wastes transport in Shanghai[C]//Proceedings of 6th Conference of International Society on Underground Freight Transport, 2010.

[8] 郭东军,谢金容,陈志龙,等. 地下集装箱运输系统研究的深层动因及趋势[J]. 地下空间与工程学报,2012(2):229-235.

[9] 范益群,游克思. 地下集装箱物流系统在港城融合发展中的应用[J]. 地下空间与工程学报,2018, 14(z1):49-54.

[10] Zahed S E, Shahandashti S M, Najafi M. Lifecycle benefit-cost analysis of underground freight transportation systems[J]. Journal of Pipeline Systems Engineering and Practice, 2018, 9(2): 4018003.1-4018003.9.

[11] Visser J. The development of underground freight transport: an overview[J]. Tunneling & Underground Space Technology, 2018, 80: 123-127.

[12] 杨涛,杨东援,何永占,等. 新型城市地下货运交通系统[J]. 国际城市规划,2002(1):45-46.

[13] 许君洪,段征宇,陈川. 港口公路集疏运系统的污染气体排放估计:以上海外高桥港区为例[J]. 综合运输,2018,40(5):11-16.

[14] 何凌晖,段征宇,陈川,等. 基于疏港通道交通特征的地下物流效益分析[J]. 地下空间与工程学报, 2019,15(5):1283-1289.

[15] Dong J, Xu Y, Hwang B G, et al. The impact of underground logistics system on urban sustainable development: a system dynamics approach[J]. Sustainability, 2019, 11(5): 1223-1244.

[16] 孙飞飞,梁承姬,胡筱渊. 碳交易背景下集装箱港区地下物流系统运输网络分析[J]. 隧道建设(中英文),2020,40(1):58-65.

[17] 杨涛,董建军,郭宗逵. 基于系统动力学的地下物流系统对城市发展影响研究[J]. 地下空间与工程学报,2020,16(1):1-6,34.

[18] Chen Y, Liu Y, Guo D, et al. Freight transit assignments for an integrated network of road

transportation and Underground Logistics Systems[J]. Journal of Pipeline Systems Engineering and Practice, 2020, 11(2): 4020014.1-4020014.11.

[19] Pérez J, Lumbreras J, Rodríguez E. Life cycle assessment as a decision-making tool for the design of urban solid waste pre-collection and collection/transport systems[J]. Resour Conserv and Recycling, 2020, 161: 104988.

[20] Chen Y, Guo D, Chen Z, et al. Using a multi-objective programming model to validate feasibility of an underground freight transportation system for the Yangshan port in Shanghai[J]. Tunnelling and Underground Space Technology, 2018, 81: 463-471.

[21] Hai D, Xu J, Duan Z, et al. Effects of Underground Logistics System on urban freight traffic: a case study in Shanghai, China[J]. Journal of Cleaner Production, 2020, 260(1): 121019.1-121019.14.

[22] Hu W, Dong J, Hwang B G, et al. Using system dynamics to analyze the development of urban freight transportation system based on rail transit: a case study of Beijing[J]. Sustainable Cities and Society, 2020, 53: 101923.

[23] Xu Y, Dong J, Ren R, et al. The impact of metro-based Underground Logistics System on city logistics performance under COVID-19 epidemic: a case study of Wuhan, China[J]. Transport Policy, 2022, 116, 81-95.

[24] Hu W, Dong J, Yuan J, et al. Agent-based modeling approach for evaluating Underground Logistics System benefits and long-term development in megacities[J]. Journal of Management Science and Engineering, 2022(2), 266-286.

[25] De Langhe K. The importance of external costs for assessing the potential of trams and trains for urban freight distribution[J]. Research in Transportation Business and Management, 2017, 24: 114-122.

[26] Zhao L, Li H, Li M, et al. Location selection of intra-city distribution hubs in the metro-integrated logistics system[J]. Tunneling & Underground Space Technology, 2018, 80: 246-256.

[27] Roop S, Roco C, Morgan C, et al. Year 4 report on the technical and economic feasibility of a freight pipeline system in Texas[R]. TTI, 2003.

[28] Asim T, Mishra R, Abushaala S, et al. Development of a design methodology for hydraulic pipelines carrying rectangular capsules[J]. International Journal of Pressure Vessels and Piping, 2016, 146(31): 111-128.

[29] Wu P, Chen M, Tsau C. The data-driven analytics for investigating cargo loss in logistics systems [J]. International Journal of Physical Distribution and Logistics Management, 47(1): 68-83.

[30] Li Y, He Q, Luo X, et al. Calculation of life-cycle greenhouse gas emissions of urban rail transit systems: a case study of Shanghai Metro[J]. Resources, Conservation and Recycling, 2018, 128: 451-457.

[31] Binsbergen A, Bovy P. Underground urban goods distribution networks[J]. Innovation: The European Journal of Social Sciences, 2000, 13(1), 111-128.

[32] Qiao Y, Peng F, Wang Y. Monetary valuation of urban underground space: a critical issue for the decision-making of urban underground space development[J]. Land Use Policy, 2017, 69: 12-24.

[33] Qiao Y, Peng F, Wu X, et al. Visualization and spatial analysis of socio-environmental externalities of urban underground space use: part 2 negative externalities[J]. Tunnelling and Underground Space Technology, 2022, 121: 104326.

[34] Yzer J, Walker W, Marchau V, et al. Dynamic adaptive policies: a way to improve the cost-benefit performance of megaprojects? [J]. Environment and Planning B: Planning and Design, 2014, 41(4): 594-612.

[35] Lu W, Fung A, Peng Y, et al. Cost-benefit analysis of Building Information Modeling implementation in building projects through demystification of time-effort distribution curves[J]. Building and Environment, 2014, 82(1): 317-327.

[36] Lin J J, Lo C W. Valuing user external benefits and developing management strategies for metro system underground arcades[J]. Tunnelling and Underground Space Technology, 2008, 23(2): 103-110.

[37] Czembrowski P, Kronenberg J. Hedonic pricing and different urban green space types and sizes: insights into the discussion on valuing ecosystem services[J]. Landscape and Urban Planning, 2016, 146: 11-19.

[38] Hanauer M, Reid J. Valuing urban open space using the travel-cost method and the implications of measurement error[J]. Journal of Environmental Management, 2017, 198(2): 50-65.

[39] Notaro S, Paletto A. The economic valuation of natural hazards in mountain forests: an approach based on the replacement cost method[J]. Journal of Forest Economics, 2012, 18(4): 318-328.

[40] Jackson S, Finn M, Scheepers K. The use of replacement cost method to assess and manage the impacts of water resource development on Australian indigenous customary economies[J]. Journal of Environmental Management, 2014, 135: 100-109.

[41] Qiao Y, Peng F, Wang Y. Valuing external benefits of underground rail transit in monetary terms: a practical method applied to Changzhou city[J]. Tunnelling and Underground Space Technology, 2019, 83(1): 91-98.

[42] Liu S, Peng F, Qiao Y, et al. Evaluating disaster prevention benefits of underground space from the perspective of urban resilience[J]. International Journal of Disaster Risk Reduction, 2021, 58: 102206.

[43] Qiao Y, Peng F, Dong Y, et al. Planning an adaptive reuse development of underutilized urban underground infrastructures: a case study of Qingdao, China[J]. Underground Space, 2024, 14: 18-33.

[44] Chen K, Zhang G, Wu H, et al. Uncovering the carbon emission intensity and reduction potentials of the metro operation phase: a case study in Shenzhen megacity[J]. International Journal of Environmental Research and Public Health, 2023, 20(1): 206.

[45] Turner D, Williams I D, Kemp S. Greenhouse gas emission factors for recycling of source-segregated waste materials[J]. Resources, Conservation and Recycling, 2015, 105 (Part A): 186-197.

[46] ICAP. Emissions Trading Worldwide: ICAP Status Report 2021[R/OL]. (2021-03-29)[2024-06-17]. https://icapcarbonaction.com/en/publications/emissions-trading-worldwide-icap-status-report-

2021.

[47] 北京市普通公路日常养护预算定额(路基、路面、桥梁、泵站、运行保障)[EB/OL]. https://www.bjglzj.com/upload/day_20200528/202005280411017495.pdf.

[48] 2020年中国气候公报[EB/OL]. (2021-04-06)[2024-06-17]. https://www.cma.gov.cn/zfxxgk/gknr/qxbg/202104/t20210406_3051288.html.

[49] Li J, Wang Z. Evaluation of the loses of noise pollution in Macao with contingent valuation method[J]. Advances in Earth Science, 2006, 21(6): 599-604.

[50] Tao X, Zhu L. Meta-analysis of value of time in freight transportation: a comprehensive review based on discrete choice models[J]. Transportation Research Part A: Policy and Practice, 2020, 138: 213-233.

[51] Sun X, Hu W, Xue X, et al. Multi-objective optimization model for planning metro-based underground logistics system network: Nanjing case study[J]. Journal of Industrial and Management Optimization, 2023, 19(1): 170.

[52] Hu W, Dong J, Hwang B G, et al. Hybrid optimization procedures applying for two-echelon urban underground logistics network planning: a case study of Beijing[J]. Computers and Industrial Engineering, 2020, 144: 106452.

第8章
网络扩展下的地下物流效益研究

尽管 ULS 在推动城市交通与物流可持续发展方面的优势已在理论层面获得广泛认可,然而,因缺乏准确的效益分析,致使 ULS 在实施和推广过程中遭遇重重困难。本章运用系统动力学(SD)方法,在基于真实数据开展模拟仿真的基础上,分析 ULS 的实施策略与城市交通物流可持续性之间的定量关系。本章研究选择北京市作为实证案例背景,根据城市对 ULS 的潜在投资以及对 ULS 网络容量的需求,提出了 4 种 ULS 实施策略,并选取了高峰时段路网平均速度、拥堵损失、高峰时段送货出行时间、货车 PM 排放这 4 个代表性指标对仿真结果进行评估。仿真结果表明,ULS 作为城市综合交通系统的重要补充,可以显著改善城市交通状况与物流效率。本章所采用的 SD 方法也为 ULS 的系统定量分析提供了一个新的视角。

8.1 考虑综合效益的地下物流网络扩展问题分析

城市的可持续发展与城市货运的可持续性是紧密关联、相互依存的。然而,当前城市货运所带来的负外部性(如废气污染和拥堵等)严重制约了城市和城市货运的可持续发展[1]。例如,尽管货车数量仅占总交通流量的 20%~30%,可城市货运仍是造成交通拥堵的一个重要原因[2]。同时,货运活动排放的污染物在城市空气中污染物总量中的占比近 50%。随着城市货运需求的急剧增长,能源消耗和土地利用也面临着严峻挑战[3]。

ULS 被广泛视为解决上述问题的有效手段。ULS 通过专用的地下隧道或管道运输货物[4]。货物先是在 ULS 地铁站完成自动分类和包装,然后通过基础设施网络服务范围内的电动运输车辆交付给客户。这种新型的基础设施可以直接减少地面卡车的数量,进而缓解货运带来的负面影响。此外,ULS 具备全天候(24 h)高效运行的特性,有助于提升城市物流能力与效率。相较于目前所采用的交通限制、推广节能卡车等措施,ULS 是一种更为有效的运输模式。

尽管 ULS 具有巨大的经济和社会效益,但因其社会认知度[5]较低,尚未得到广泛应用。以往研究多聚焦于 ULS 机车技术开发与概念设计[6-9],虽然大量研究分析了 ULS 实施的可行性，但对其综合效益及对城市可持续发展影响的定量分析相对匮乏。此外，与地铁系统类似，ULS 只有在网络形成后才能发挥全局性效益。因此，ULS 的影响评估应该随着网络扩展而进行动态调整。此外，资金也是影响 ULS 能否成功实施并产生预期效益的关键因素，ULS 的发展需要大量资金投入和持续的政策支持。

ULS 作为一种新型交通基础设施，与城市发展有着密切的互动关系。一方面，网络规模和密度决定了 ULS 的运输能力，进而影响其社会经济效益[10]。通过建设具备高运输能力的 ULS，可以显著提高城市物流效率。另一方面，ULS 的网络密度依赖于政策支持及投资策略，地方政府往往发挥着重要作用。地方政府的决策通常基于 ULS 的成本效益评估[11]。

本章采用系统动力学(SD)方法，该方法能够将定性分析和定量分析相结合，系统性解析复杂系统的内部机制。SD 方法通过改变决策变量来研究系统的长期变化趋势，特别适用于为那些具有交互因素、不确定性和时间相关变量的复杂系统提供综合性评估模型。本章的研究对象符合 SD 方法的适用特征。

综上所述，本章旨在运用系统动力学方法来探究 ULS 的实施与城市可持续发展之间的关系。通过基于北京真实统计数据的模拟仿真，将不同网络密度下 ULS 所产生的综合效益与当前地面卡车运输方式进行对比分析，进而提出有利于城市可持续发展的 ULS 实施策略。相较于以往研究，本章研究具有两个显著的不同之处：其一，ULS 被视为当前货运模式的潜在补充而非替代品；其二，从城市货运外部性和物流运营效率出发，全面评估了 ULS 对城市可持续发展的影响。

8.2 网络扩展模型构建

SD 模型的构建主要包含三个阶段[12,13]。首先，根据研究目的确定系统变量。其次，设计因果循环图(Causal Loop Diagram，CLD)来分析多个自变量之间的因果关系，厘清系统目标与关键驱动因素。最后，建立存量-流量图，将定性关系转化为定量方程，以用于基于真实案例的策略分析和模拟仿真。

8.2.1 基于北京市核心功能区案例的实证背景

SD 模型需要依赖真实数据进行仿真以验证其有效性，并基于仿真结果开展策略分析。因此，模拟仿真所需数据的搜集工作就显得至关重要。本章将北京核心功能区作为研究背景。北京作为中国的首都，是全球经济增长迅猛、人口高度密集的城市之一。仅 2018 年前三季度，北京的快递业务量就达到了 15.867 亿件，营业收入高达 241 亿元。其中，核心功能区占地面积约 1 381 km²，占北京市总面积的 8%，常住人口约为 1 240 万人。

根据中国交通科学院的调查，北京核心功能区的货运量约占北京市货运总量的 21%。相关数据可通过北京市统计局的官方网站[14]获取，且与北京运输研究所发布的数据[15]一致。

8.2.2 网络扩展模型因果循环图

本章所做研究中的因果循环图如图 8-1 所示。反馈回路中的变量通过表示因果关系的箭头连接,每个箭头都标记有一个极性符号,用以表示影响的正极性或负极性。正极性"＋"意味着两个变量的变化方向相同,负极性"－"则表示两个变量的变化方向相反[16]。

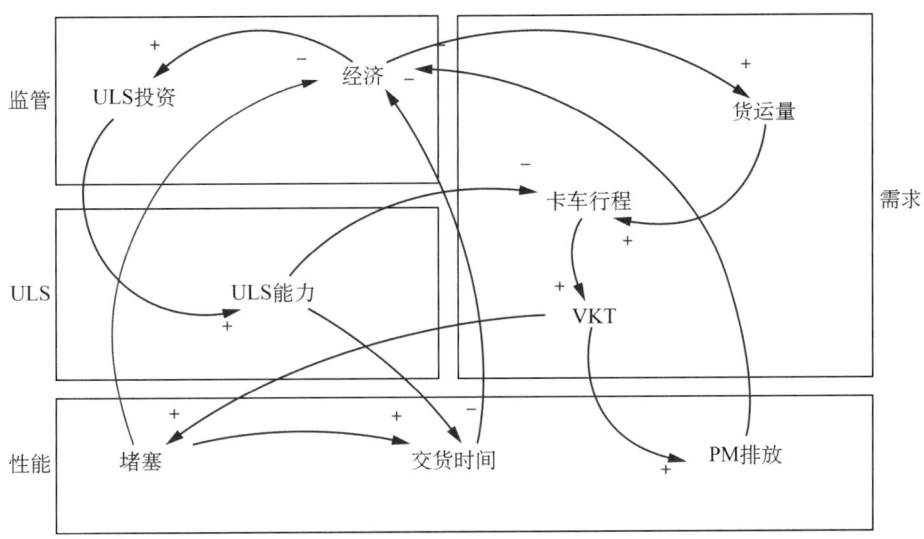

图 8-1　因果循环图

如图 8-1 所示,CLD 中的"监管"子模块包含两个主要变量,即经济和 ULS 投资,这是物流需求和 ULS 发展的关键;"需求"子模块是由社会发展驱动的,它包括货运量、卡车行程和车辆行驶里程(VKT);"性能"子模块主要体现 ULS 的综合效益,其在很大程度上受到"需求"子模块的影响;"ULS"子模块主要包括 ULS 系统的运输能力。

表 8-1 列出了基于 CLD 图所形成的 7 个反馈回路。其中,3 个平衡回路代表了交通严重拥堵、颗粒物排放增加及交货时间延长等负面影响;4 个强化回路意味着 ULS 可以缓解当前的城市运输和物流问题。

表 8-1　CLD 中的反馈循环

类别	可 变 因 素
强化回路 1	经济→＋ULS 投资→＋ULS 能力→－卡车行程→＋VKT→＋堵塞→＋交货时间→－经济
强化回路 2	经济→＋ULS 投资→＋ULS 能力→－卡车行程→＋VKT→＋PM 排放→－经济
强化回路 3	经济→＋ULS 投资→＋ULS 能力→－卡车行程→＋VKT→＋堵塞→－经济
强化回路 4	经济→＋ULS 投资→＋ULS 能力→－交货时间→－经济

(续表)

类别	可 变 因 素
平衡回路 1	经济→+货运量→+卡车行程→+VKT→+堵塞→−经济
平衡回路 2	经济→+货运量→+卡车行程→+VKT→+PM 排放→−经济
平衡回路 3	经济→+货运量→+卡车行程→+VKT→+堵塞→+交货时间→−经济

8.2.3 ULS 网络扩展存量-流量图构建

本节基于系统动力学方法构建了 ULS 网络扩展模型,即存量-流量图,用于评估 ULS 对城市可持续发展的动态影响。本章使用 Vensim PLE 7.2a 软件对模型进行验证和仿真。根据 CLD 的划分结果,该模型可分为 4 个子系统:监管子系统、需求子系统、ULS 子系统和性能子系统。具体的模型构建细节将在下文详述。表 8-2 列出了模型中的主要变量及其缩写形式。

表 8-2 模型的主要变量及缩写形式

变量	缩写形式	参考文献	变量	缩写形式	参考文献
ULS 货运量	UFV	[10]	平均卡车行驶时间	ATTT	[19]
ULS 能力	UC	[10]	高峰时段运输时间	DTPH	[19]
ULS 投资比例表函数	UITF	[10]	国内生产总值	GDP	[20]
ULS 网络项目实施进度	UNPP	[10]	GDP 增长率	GDPGR	[20]
城市货运量	FV	[10]	GDP 增长	GDPT	[20]
市中心货运量	FVCC	[10]	卡车行驶量	TTV	[21]
ULS 物流需求	ULD	[10]	平均卡车行驶距离	ATTD	[21]
ULS 网络密度	UND	[10]	卡车行驶高峰小时因子	TPHF	[21]
平均 ULS 行驶时间	AUTT	[10]	卡车车辆转换因子	TVCF	[21]
ULS 货运比例	UFP	[10]	交通强度	TI	[21]
ULS 投资	UI	[10]	道路容量	RC	[21]
ULS 网络单元物流容量	UULC	[10]	高峰时段的车辆周转量	GT	[21]
ULS 网络	UN	[10]	平均速度	AS	[21]
ULS 物流供需比	UR	[10]	运输和物流投资	TLI	[21]
卡车周转量	TT	[17]	车辆行驶里程	VKT	[21]
货运量减少因子	FVRF	[17]	PM 排放	PME	[22]
延迟时间	DT	[18]	排放因素	EF	[22]
人的时间价值	VPT	[18]	卡车负载	TL	[23]
堵塞损失	CL	[18]			

1. 监管子系统

监管子系统如图 8-2 所示，用于分析城市经济发展对 ULS 投资的影响。

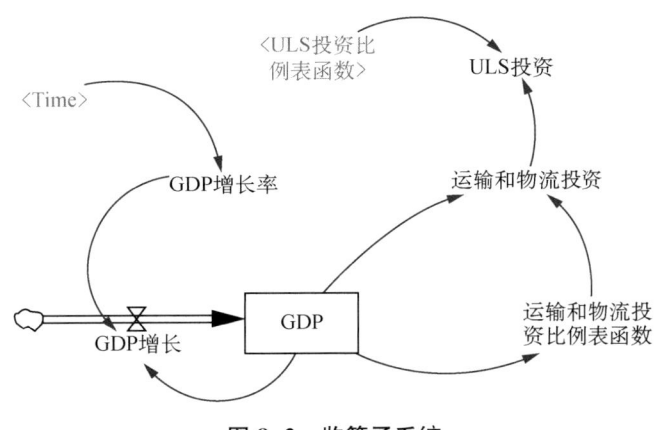

图 8-2 监管子系统

式(8-1)用于计算 GDP 存量，其中流量变量 $GDPI$ 表示 GDP 增长，$INTEG$ 为积分函数。GDP_{t0} 和 GDP_{tn} 分别表示开始时间和终止时间的 GDP。

$GDPI$ 可由式(8-2)计算得到，其中 $GDPGR$ 为 GDP 增长率。相关数据可从统计年鉴中获取。

$$GDP_{tn} = INTEG(GDPI, GDP_{t0}) \tag{8-1}$$

$$GDPI = GDP \cdot GDPGR \tag{8-2}$$

ULS 投资(UI)取决于城市运输和物流投资(TLI)，同时，ULS 的开发策略也会影响 UI，可以用 ULS 投资比例表函数($UITF$)来表示，UI 计算式见式(8-3)。

$$UI = TLI \cdot UITF \tag{8-3}$$

2. 需求子系统

需求子系统如图 8-3 所示，该系统用于分析城市交通和物流中存在的问题与需求。一般来说，城市运输及货运需求不断增长，而交通状况却日益恶化，二者之间的矛盾造成了巨大的经济损失。在需求子系统中，道路网络高峰时段的平均速度被用于表征城市交通状况。

平均速度(AS)主要受交通强度(TI)的影响，如式(8-4)所示[21,24]。其中，TI 被定义为高峰时段的车辆周转量(GT)与道路容量(RC)的比值，以反映城市交通需求和供应的状况，如式(8-5)所示。

$$AS = 125.19 \times \exp(-0.7866 \times TI) \tag{8-4}$$

$$TI = GT/RC \tag{8-5}$$

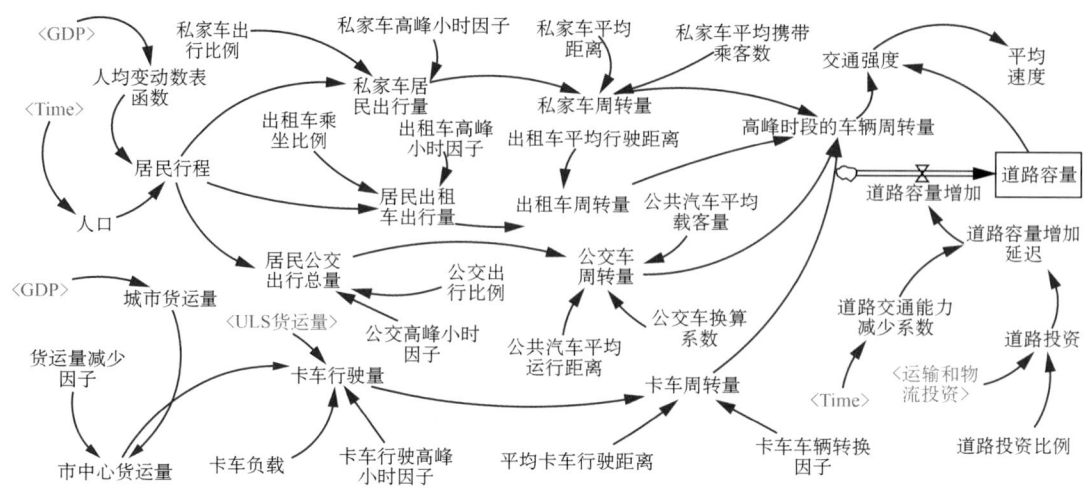

图 8-3 需求子系统

GT 则主要受到私家车、出租车、公交车和卡车的影响。以卡车为例,卡车周转量(TT)取决于卡车行驶量(TTV)、卡车行驶高峰小时因子($TPHF$)、卡车车辆转换因子($TVCF$)和平均卡车行驶距离($ATTD$),具体计算见式(8-6)。此外,由于卡车对道路交通拥堵的影响可等效为若干辆私家车的影响,故模型中引入 $TVCF$,将卡车转换为标准车辆进行计算[21, 25]。私家车、出租车、公交车的周转量可采用类似方法计算,GT 是 4 种不同交通方式车辆周转量之和。

$$TT = TTV \cdot ATTD \cdot TVCF \cdot TPHF/3.65 \tag{8-6}$$

卡车行驶量(TTV)受市中心货运量($FVCC$)、ULS 货运量(UFV)和卡车负载(TL)的影响,如式(8-7)所示。

$$TTV = (FVCC - UFV)/TL \tag{8-7}$$

$FVCC$ 是城市货运量(FV)和货运量减少因子($FVRF$)的函数,见式(8-8)。FV 可使用 SPSS 软件基于北京市的历史数据进行数据拟合得到,如式(8-9)所示。

$$FVCC = FV \cdot FVRF \tag{8-8}$$

$$FV = 162.876 \times GDP^{0.507289} \tag{8-9}$$

3. ULS 子系统

如前所述,ULS 的效用在很大程度上取决于网络规模和通过它的实际货物数量。图 8-4 显示了围绕 ULS 的两个重要特征变量即 ULS 网络密度(UND)和 ULS 能力(UC)所构建的 ULS 子系统。UND 被定义为 ULS 所服务的面积与整个规划区域面积的比值。ULS 投资比例表函数($UITF$)的计算公式见式(8-10),其中 $WITH\ LOOKUP$ 表示表函数,该函数可通过数据表建立变量和因变量之间的函数关系。

$$UITF = WITH\ LOOKUP(UND,(UND_{t0},UND_{tn})) \tag{8-10}$$

UC 是 ULS 网络(UN)和 ULS 网络单元物流容量($UULC$)的函数,如式(8-11)所示,式中 $INTEGER$ 函数表示该变量采用整数形式。

$$UC = INTEGER(UN) \cdot UULC \tag{8-11}$$

采用 ULS 服务区域的物流需求来表示 ULS 物流需求(ULD)。ULD 可以看作是 UND、$FVCC$ 和 ULS 网络项目实施进度($UNPP$)的函数,如式(8-12)所示。其中,$UNPP$ 反映了 ULS 的建设进度。

$$ULD = UNPP \cdot UND \cdot FVCC \tag{8-12}$$

此外,在 ULS 网络建设的早期阶段,由于区域物流需求可能超过 ULS 能力,因此,模型中引入 ULS 货运量(UFV)来表示地下转移的实际货运量,即 ULD 和 UC 之间的较小值,如式(8-13)所示。同时,用 UFV 与 ULD 的比值来表示 ULS 物流供需比(UR),如式(8-14)所示。

$$UFV = \mathrm{MIN}(ULD, UC) \tag{8-13}$$
$$UR = UFV/ULD \tag{8-14}$$

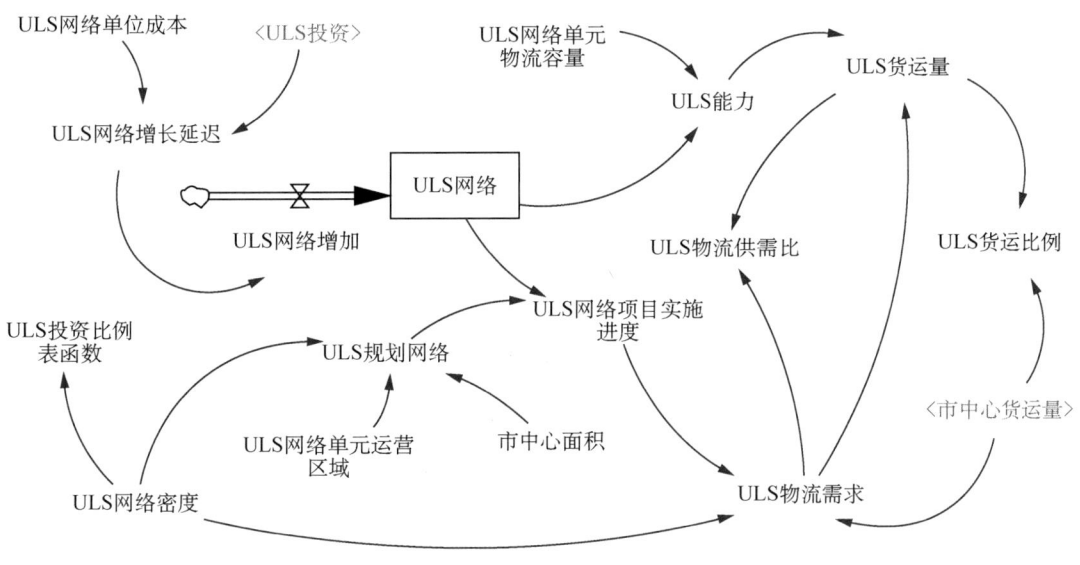

图 8-4 ULS 子系统

4. 性能子系统

ULS 性能子系统根据 ULS 三个主要综合效益构建而成,这三个主要综合效益分别是缓解拥堵、减少 PM 排放和减少物流配送时间,相关计算示意图分别如图 8-5、图 8-6 和图 8-7 所示。

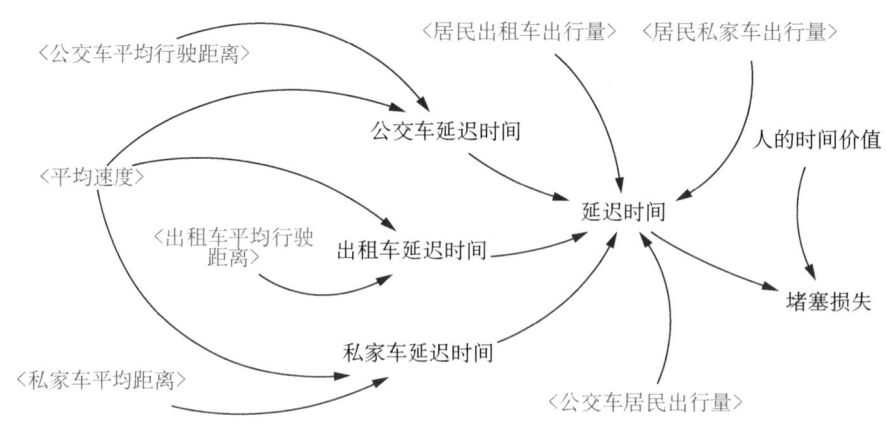

图 8-5　交通拥堵损失的计算示意

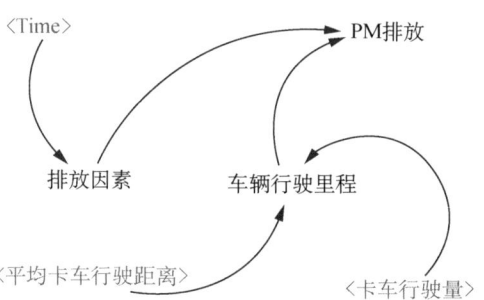

图 8-6　PM 排放量的计算示意

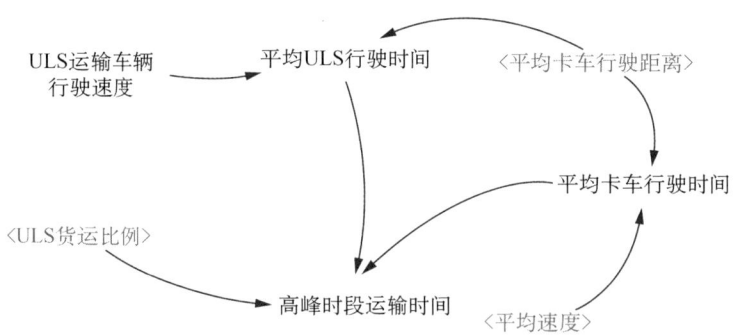

图 8-7　高峰时段运输时间的计算示意

当城市道路上的平均交通速度低于理想速度时,就会发生拥堵,并给使用各种交通方式的乘客造成巨大的经济损失。模型中选取堵塞损失(CL)来衡量 ULS 在缓解交通拥塞方面所带来的效益。由于交通延误引发的后果多种多样,因此其价值损失的计算较为复杂,缺乏统一标准。本模型主要对乘客的延误时间进行估计。基于德州农工大学运输研究所的报告,CL 的量化方法如式(8-15)所示[18]。CL 主要与延迟时间(DT)和人的时间价值(VPT)有关。与 VPT 相关的数据来自《中国经济周刊》的相关报告。

$$CL = DT \cdot VPT \times 365 \tag{8-15}$$

汽车排放的 PM(如 $PM_{2.5}$ 和 PM_{10})被认为是大都市地区危害较大的污染物,其中卡车排放是 PM 污染的主要来源。PM 排放(PME)可以通过车辆行驶里程(VKT)和排放因素(EF)进行计算[21]。PME 的计算公式见式(8-16)。在模型中还考虑了卡车的往返距离和天数。

$$PME = EF \cdot VKT \times 730 \tag{8-16}$$

运输时间往往被用于评价物流运营效率,其与高峰时间的拥堵水平密切相关[26]。因此,在评估 ULS 的实施对于交通拥堵的缓解效用时,高峰时段运输时间($DTPH$)是一个较为直接的指标。$DTPH$ 由在卡车上和在 ULS 上的货物旅行时间决定,其计算公式见式 8-17。其中,平均卡车行驶时间($ATTT$)与道路网中的平均行驶速度有关,而平均 ULS 行驶时间($AUTT$)是恒定的,其与地面交通无关。ULS 的自动运输车辆的平均行驶速度为 40~60 km/h,模型计算时设置为 50 km/h。ULS 货运比例(UFP)被定义为 UFV 与 $FVCC$ 的比值,见式(8-18),用于表征 ULS 货运占比。

$$DTPH = (1-UFP) \cdot ATTT + UFP \cdot AUTT \tag{8-17}$$

$$UFP = UFV/FVCC \tag{8-18}$$

8.3 网络扩展模型参数设置和模型测试

模型测试是开展定量模拟与分析前的关键环节。鉴于 ULS 尚未实际应用,本研究采用 2007—2016 年的真实数据对模型进行参数校准与验证。基础数据源于 2007—2016 年各年的《北京统计年鉴》以及由北京交通发展研究院发布的 2007—2016 年各年的《北京市交通发展年度报告》[15]。表 8-3 所列为模拟过程中主要变量的取值。模型检验包含历史数据的输出拟合、极端条件检验两个步骤。本章选择模型的主要变量(如 AS 和 FV)来进行模型检验。

表 8-3　　　　　　　　　　模拟过程中主要变量的取值

变量	取值	变量	取值
货运量减少因子	0.211	ULS 网络单元运营区域	4 m²
卡车行驶高峰小时因子	0.2	ULS 网络单位成本	4.2 亿元
人的时间价值	52.5 元/h	私家车出行比例	0.33
卡车负载	1 t/辆	出租车乘坐比例	0.06
平均卡车行驶距离	30 km	公交出行比例	0.27
卡车车辆转换因子	3	私家车高峰时间因子	0.2
ULS 运输车辆行驶速度	50 km/h	出租车高峰小时因子	0.1
ULS 网络单元物流容量	0.33×10^8 t/年	公交高峰小时因子	0.16

8.3.1 历史数据的输出拟合

模型检验首先对历史数据进行拟合分析,以验证模型的有效性。如图 8-8 所示,通过将城市货运量(FV)模拟值与实际历史数据进行对比分析可以得出,模拟仿真结果很好地反映了 2007—2014 年的历史值。然而,2015 年和 2016 年的数据显示,二者出现明显偏差,实际城市货运量下降明显,而模拟结果仍保持上升趋势。产生这一结果的主要原因是北京在该时期实施了大量强制性环境保护政策,导致位于市郊的企业被迫搬迁,进而 FV 大幅下降[27]。不过,这些政策对于市中心货运量($FVCC$)的影响较小,仿真结果仍然有效。

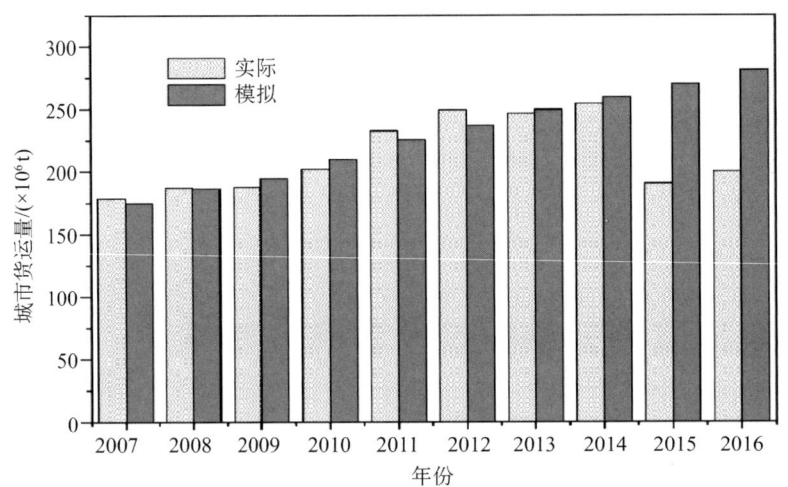

图 8-8 城市历史货运量和模拟货运量

此外,表 8-4 显示了城市历史货运量和模拟货运量之间的误差百分比。结果表明,2007—2014 年的误差百分比小于 5%,符合通用测试标准,该模型具有高可靠性[13]。

表 8-4　　　　　　　　　　城市历史货运量和模拟货运量误差

年份	2007	2008	2009	2010	2011	2012	2013	2014	2015	2016
历史值 /($\times 10^6$ t)	17 872	18 689	18 753	20 184	23 276	24 925	24 651	25 416	19 044	19 972
模拟值/ ($\times 10^6$ t)	17 482	18 608	19 440	20 981	22 537	23 694	24 958	25 954	26 975	28 097
误差	2.2%	0.4%	−3.7%	−3.9%	3.2%	4.9%	−1.2%	−2.1%	−41.6%	−40.7%

本章参照 Sterman[28] 和 Rúa Gómez[29] 所运用的检验方法,通过进一步对比模型生成的行为与实证行为,从定性和定量两个方面来验证模型的行为效度。实际的和模拟的平均速度(AS)对比情况如图 8-9 所示。从图中可以看出,模拟结果捕捉到了 AS 的变化趋势。此外,通过计算平均百分比误差(MAPE)、均方误差(MSE)以及 Theil 不等式统计

量,从定量角度评估模拟 AS 与实际 AS 之间的拟合程度,结果如表 8-5 所列。Theil 不等式统计量提供了偏差(UM)、不等变异(US)和不等协变(UC)的 MSE 分解。结果显示,UM 和 US 的值均较低,方差主要集中在 UC 部分。上述结果表明,模拟变量对实际数据有着很好的拟合效果,且误差具有非系统性。综上所述,行为效度检验进一步验证了该模型的效度,即该模型可以有效地复现历史行为,并且捕捉历史数据的变化趋势。

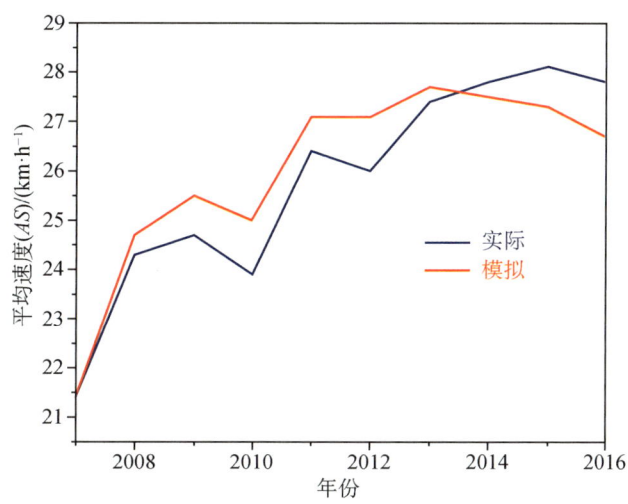

图 8-9　平均速度(AS)对比分析

表 8-5　　　　　　　　　　平均速度(AS)的误差分析

统计方法	MAPE	MSE(units2)	UM	US	UC
平均速度(AS)	2.5%	0.57	0.08	0.09	0.83

8.3.2　极端条件检验

模型采用 Sterman[30] 提出的方法进行极端条件检验,具体做法是对模型参数赋予极值,以此来检验模型的稳健性。模型将城市货运量(FV)的参数值分别设置为原始参数值的 5 倍和 1/5,以模拟在高货运量和低货运量这两种极端情况下的平均速度(AS),结果如图 8-10 所示。不改变变量参数的情况被称作基本情况。

从图 8-10 可以看出,在低货运量场景下,由于 FV 显著降低,交通状况得以改善,AS 显著提升。相反,在高货运量场景下,高货运量需求使得路网负担加重,交通速度随之降低。同时,仿真结果与基本情况相比,呈现出相似的变化趋势。由此可见,针对极端情况所做的检验有效地验证模型性能的合理性。

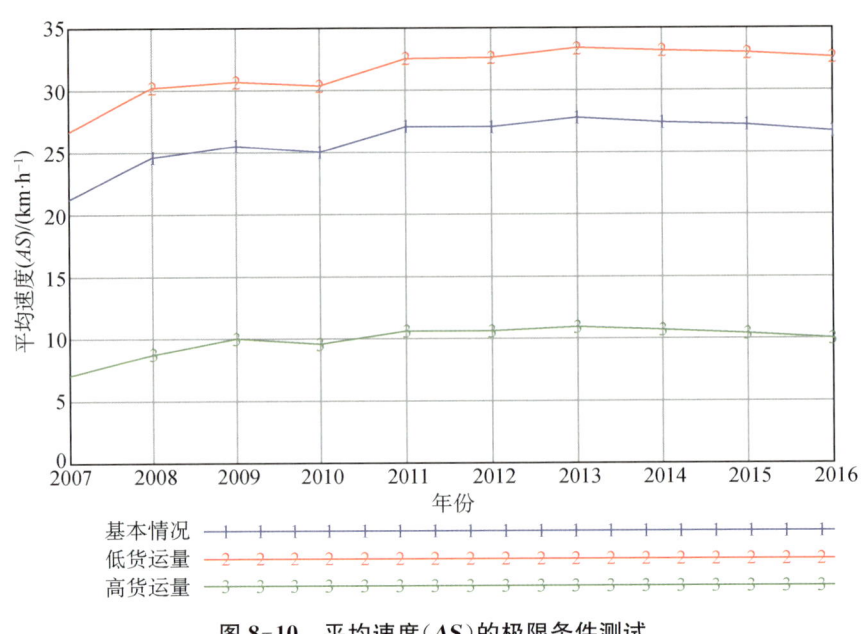

图 8-10 平均速度(AS)的极限条件测试

8.4 网络扩展下的地下物流效益仿真分析

8.4.1 地下物流网络仿真策略设置

ULS 的实施策略主要聚焦于 ULS 的网络密度。基于此,模型设计了一套 ULS 模拟场景,包含 4 种不同的网络密度类型,分别是基本情况(BC)、低密度(LD)、中密度(MD)和高密度(HD),具体如表 8-6 所列。其中,场景 BC 表示网络密度为零,即未采用 ULS。研究选取平均速度(AS)、堵塞损失(CL)、高峰时段运输时间($DTPH$)、PM 排放(PME)等关键变量来衡量在不同策略下 ULS 产生的综合效益。此外,模型假设整个网络的建设时间为 10 年,即从 2017 年至 2026 年,系统容量将于 2027 年达到最高值。

表 8-6　　　　　　　　　　北京 ULS 的参数

网络密度类型	BC	LD	MD	HD
ULS 网络密度	0	0.4	0.6	0.8

8.4.2 仿真结果讨论

图 8-11 为 ULS 能力(UC)和 ULS 物流需求(ULD)在 HD 场景下的仿真结果。从图中可以看出,UC 随着 ULS 网络的扩展而持续增加,如此一来,ULS 可以满足其覆盖区域内的大部分物流需求。在 2024 年及之前,UC 均大于 ULD,这表明所有货物都可以通过

ULS 进行运输。然而,从 2025 年开始,运输需求超过了 UC 的承载上限。即便如此,ULS 每年仍能运输 7 820 万 t 货物,2035 年 ULS 物流供需比(UR)高达 80.6%。这一结果表明,ULS 是对当前运输方式的有效补充,可以显著减轻城市货运量快速增长带来的巨大压力。另外,在 LD 和 MD 场景中也发现了类似的趋势。此外,ULS 的投资由 UND 决定,并随着 ULS 网络的持续扩大而相应增加。经测算,LD、MD 和 HD 场景下的总投资额分别约为 399 亿元、602 亿元和 805 亿元。

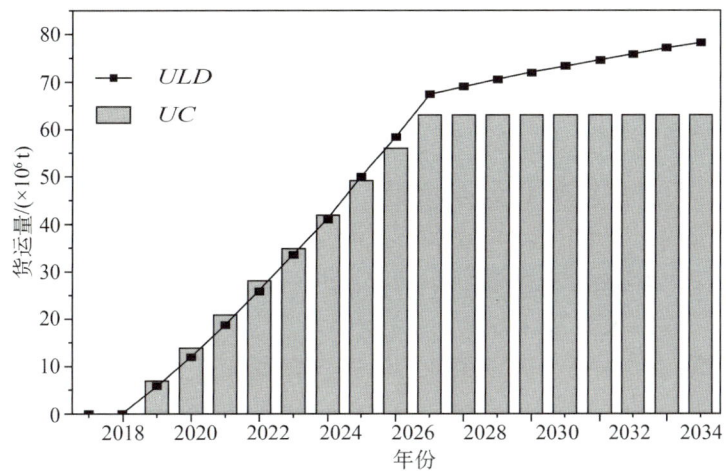

图 8-11　HD 场景下 UC 与 ULD 对比

图 8-12 所示为卡车行驶量(TTV)的模拟结果。在 BC 场景下,预计 2035 年 TTV 将达到 9 820 万。然而,在 LD、MD 和 HD 场景下,TTV 分别降至 6 680 万、5 070 万和 3 520 万。

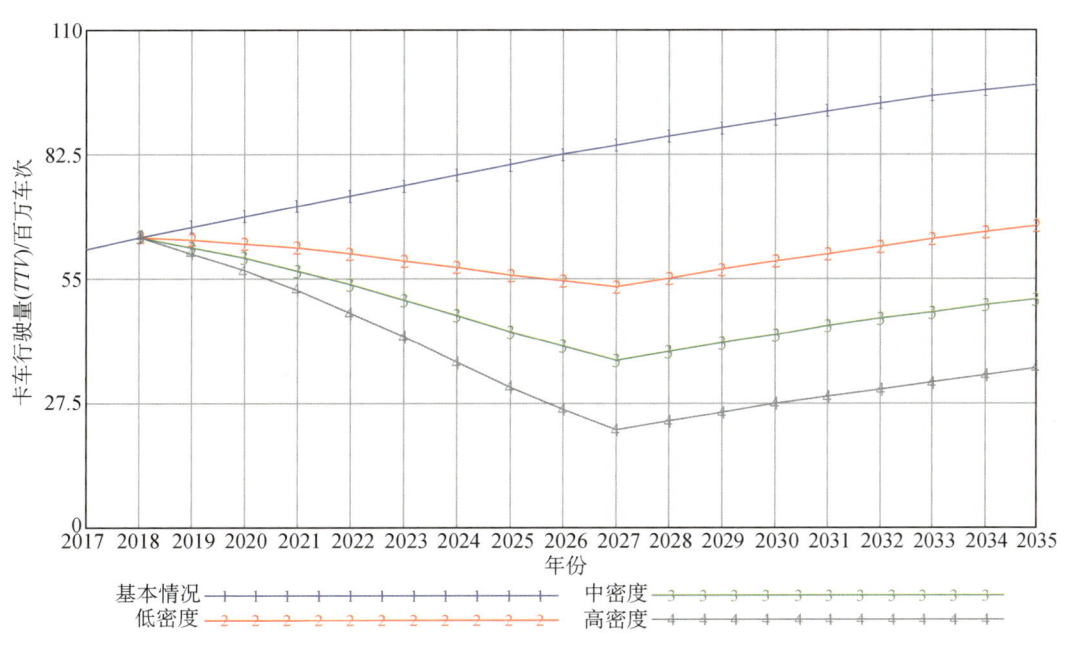

图 8-12　卡车行驶量(TTV)的模拟结果

由此可见，在这 4 个场景中，HD 场景在削减 TTV 方面效果最为显著。尽管从 2025 年起 ULS 就已处于满负荷状态，但 TTV 仍会随着 UC 的增长而呈现下降趋势。此外，随着 ULS 网络在 2027 年完成扩张，TTV 开始快速增长，从而导致地面交通状况趋于恶化。这一变化趋势符合 ULS 实施的真实情境，即 ULS 仅是作为现有运输模式的一种补充，若要从根本上改善交通状况，还需结合其他方法和措施。

图 8-13 显示了关于 ULS 综合效益的一系列仿真结果。结果表明，若未来市中心的交通和物流状况依照当前态势持续发展，将会进一步恶化。然而，ULS 的实施可以有效地缓解这些问题，但缓解的程度与 ULS 的网络密度密切相关。

图 8-13(a) 显示了在所设计场景下 AS 的仿真结果。根据 BC 场景，当不实施 ULS 时，2035 年 AS 将降至 13.5 km/h。然而，随着 ULS 的实施，情况将会得到明显改善。到 2035 年，在 LD、MD 和 HD 场景下，AS 分别为 15.3 km/h、16.4 km/h 和 17.3 km/h，相比 BC 场景分别提高了 13.3%、21.5% 和 28.1%。此外，到 2027 年，模拟的物流需求已经超过了 ULS 的设计运输能力，地面卡车交通将再次活跃，从而导致 AS 绩效的恶化。该结果同 TTV 的仿真结果类似。

图 8-13(b) 显示了在所设计场景下 CL 的仿真结果。到 2035 年，在 BC 场景下，CL 将达到 100.1 亿元。然而，在 LD、MD 和 HD 场景下，CL 将分别大幅降低至 85.4 亿元、78.4 亿元和 72.1 亿元。与 BC 场景相比，堵塞损失减少率分别约为 14.6%、21.6% 和 27.9%。其中，HD 场景的性能最好，而 LD 场景的性能最差。

交通拥堵会导致出行时间延长以及配送时间的不确定性增加，从而给城市物流效率带来诸多负面影响。图 8-13(c) 模拟了 4 种场景下的 $DTPH$。从 BC 场景对应的模拟仿真曲线可以看出，$DTPH$ 快速增长。到 2035 年，BC 场景下的 $DTPH$ 将高达 2.2 h。相反，实施 ULS 后，情况得到显著改善，$DTPH$ 显著下降。在 LD、MD 和 HD 场景下，$DTPH$ 分别降至 1.5 h、1.2 h 和 1.0 h。

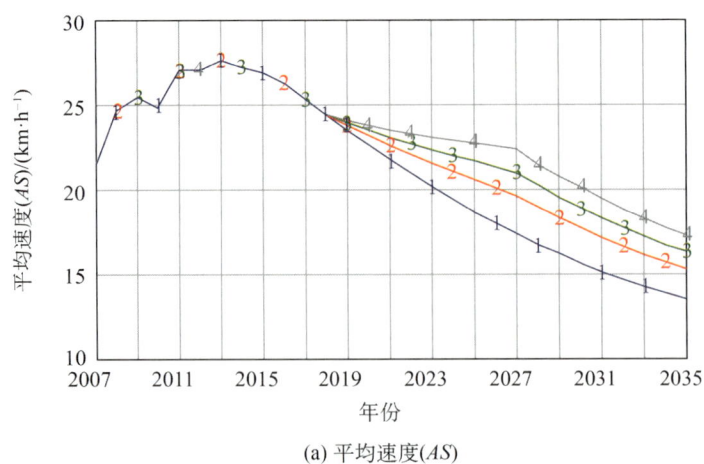

(a) 平均速度(AS)

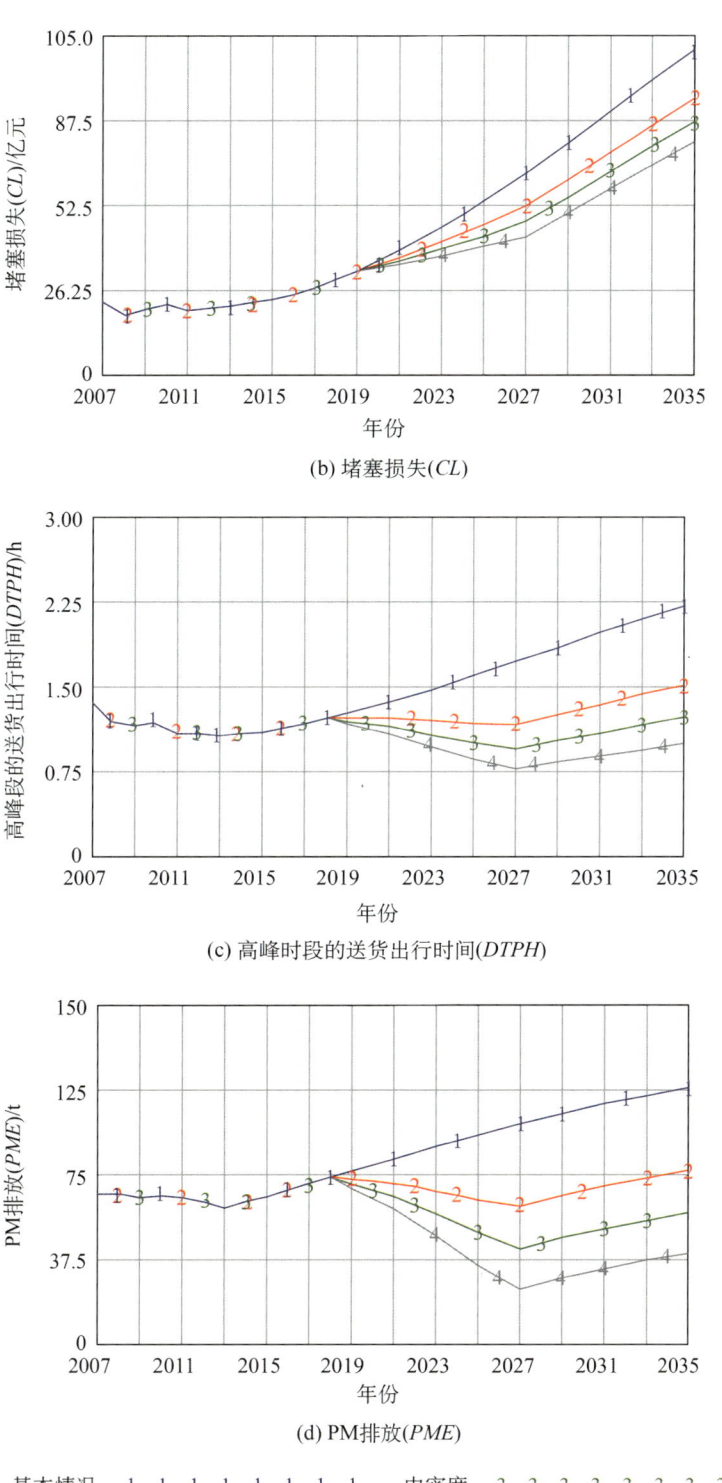

图 8-13 该模型的仿真结果

PME 的仿真结果如图 8-13(d)所示。以 BC 场景为例，PME 急剧增加，到 2035 年达到 111.9 t。与之前的关键综合效益参数模拟仿真结果相似，实施 ULS 后，在 LD、MD 和 HD 场景下，PME 分别为 76.3 t、57.8 t 和 40.1 t，相比 BC 场景分别降低了 31.8%、48.3%和 64.2%。

基于上述仿真结果可知，ULS 的实施对城市交通和物流能产生显著效益。然而，其对于缓解交通拥堵的贡献远低于提高物流效率以及减少颗粒物排放的贡献。当然，这与模型中所设置的卡车对道路拥堵的影响系数有关。若进一步增加货运卡车的空车数量，仿真结果呈现出的变化趋势将会更加明显。以往的统计数据显示，公路上因卡车空驶引发的交通、污染和事故的比例占城市货运的 15%～30%[31]。总之，从长远来看，实施 ULS 对推动城市可持续发展具有显著效益。

8.5 本章小结

本章探讨了网络扩展情境下的地下物流综合效益。回顾 ULS 的既有研究和应用实践可以发现，效益不明确一直是影响其大规模实施的重要障碍。尽管，良好的社会效益为 ULS 的发展提供了激励作用。但是，缺乏实际验证和定量模拟分析，导致人们夸大了 ULS 的社会效益，同时，忽视了其作为城市物流基础设施的其他功能。此外，ULS 并不仅仅着眼于通过减少地面卡车的数量来获得利益，事实上，ULS 的效益与网络密度和城市物流需求均密切相关。因此，有必要基于需求预测来分析 ULS 与社会经济效益之间的复杂关系。

本章基于北京城市中心地区的实证背景，构建了一个 SD 量化评估模型，分析 ULS 网络扩展带来的综合效益。模型提出 3 种网络密度下的 ULS 实施策略，并通过与传统地面卡车货运策略对比来分析 ULS 的实施效用。结果表明，随着 ULS 的实施，卡车交通量显著减少，不仅有效缓解了交通拥堵，还大幅减少了与卡车相关的 PM 排放。由于 ULS 的高效运输及城市交通状况改善，物流配送时间也明显缩短。仿真结果还表明，高密度开发策略能实现最佳的综合效益，所选的 4 项关键仿真模拟指标均得到显著提升。

总体而言，本章全面分析了 ULS 实施带来的积极影响，这有助于决策者对 ULS 能有一个深刻的认识。特别是 ULS 可以显著提高城市物流效率，这为 ULS 网络规划提供了一个原创视角。此外，本章还分析了市场需求和投资决策以及互动决策对 ULS 综合效益的影响。结果表明，尽管 ULS 投资成本较高，但其带来的巨大社会和环境效益显著，从政府层面来看，ULS 可被视作一种高回报的方案。本章针对 ULS 综合效益展开的系统性和定量分析将有助于 ULS 的功能定位和基础设施网络规划。

参考文献

[1] Lindholm M，Behrends S. Challenges in urban freight transport planning-a review in the Baltic Sea

Region[J]. Journal of Transport Geography, 2012, 22: 129-136.

[2] Dablanc L. Goods transport in large European cities: difficult to organize, difficult to modernize [J]. Transportation research, Part A: Policy and practice, 2007, 41(3): 280-285.

[3] Richardson B C. Sustainable transport: analysis frameworks[J]. Journal of Transport Geography, 2005, 13(1): 29-39.

[4] Vernimmen B, Dullaert W, Geens E, et al. Underground Logistics Systems: a way to cope with growing internal container traffic in the port of antwerp? [J]. Transportation Planning and Technology, 2007, 30(4): 391-416.

[5] Chen Z, Dong J, Ren R. Urban Underground Logistics System in China: opportunities or challenges? [J]. Underground Space, 2017, 2(3): 195-208.

[6] Rezaeifar F, Najafi M, Ardekani S, et al. Optimized terminal design for UFT systems in integrated subterranean pipeline infrastructure[C]//Proceedings of the Pipelines 2017 Conference: Planning and Design, 2017.

[7] O'Connell R, Liu H, Lenau C. Performance of pneumatic capsule pipeline freight transport system driven by linear motor[J]. Journal of Transportation Engineering, 2008, 134(1): 50-58.

[8] Marchau V, Walker W, Van Duin R. An adaptive approach to implementing innovative urban transport solutions[J]. Transport Policy, 2008, 15(6): 405-412.

[9] Tabesh A, Najafi M, Ashoori T, et al. Environmental impacts of pipeline construction for underground freight transportation[C]//Proceedings of the Pipelines 2017 Conference: Planning and Design, 2017.

[10] Dong J, Hu W, Yan S, et al. Network planning method for capacitated metro-based Underground Logistics System[J]. Advances in Civil Engineering, 2018, 2018(pt6): 6958086.1-6958086.14.

[11] Egbunik O N, Potter A T. Are freight pipelines a pipe dream? A critical review of the UK and European perspective[J]. Journal of Transport Geography, 2011, 19(4): 499-508.

[12] Inghels D, Dullaert W, Raa B, et al. Influence of composition, amount and life span of passenger cars on end-of-life vehicles waste in Belgium: a system dynamics approach[J]. Transportation Research, Part A: Policy and Practice, 2016, 91: 80-104.

[13] Duran-Encalada J A, Paucar-Caceres A, Bandala E R, et al. The impact of global climate change on water quantity and quality: a system dynamics approach to the US-Mexican transborder region[J]. European Journal of Operational Research, 2017, 256(2): 567-581.

[14] 北京市统计局. 北京市统计年鉴[EB/OL]. https://tjj.beijing.gov.cn/.

[15] Beijing Urban Traffic Annual Report (2007-2016)[R/OL]. http://www.bjtrc.org.cn/.

[16] Zhang L, Zhao Z, Xin H, et al. Charge pricing model for electric vehicle charging infrastructure public-private partnership projects in China: a system dynamics analysis[J]. Journal of Cleaner Production, 2018, 199: 321-333.

[17] Yu D, Wang S. Analysis and suggestion of highway freight volume sampling survey in Beijing[J]. Highw. Transp. Res. Dev., 2017, 145: 183-187.

[18] Najafi M, Ardekani S, Shahanadashti S M. Intergating underground freight transportation into existing intermodal systems[EB/OL]. [2024-06-17]. https://library.ctr.utexas.edu/hostedpdfs/

uta/0-6870-1. pdf.

[19] Figliozzi M A. The impacts of congestion on commercial vehicle tour characteristics and costs[J]. Transportation Research Part E: Logistics and Transportation Review, 2010, 46(4): 496-506.

[20] Egilmez G, Tatari O. A dynamic modeling approach to highway sustainability: strategies to reduce overall impact[J]. Transportation Rresearch, Part A: Policy and Practice, 2012, 46(7): 1086-1096.

[21] Shen L, Du L, Yang X, et al. Sustainable strategies for transportation development in emerging cities in China: a simulation approach[J]. Sustainability, 2018, 10(3): 844.

[22] Lang J, Cheng S, Zhou Y, et al. Air pollutant emissions from on-road vehicles in China, 1999-2011[J]. Science of the Total Environment, 2014, 496: 1-10.

[23] Castillo-Manzano J I, Castro-Nuño M, Fageda X. Exploring the relationship between truck load capacity and traffic accidents in the European Union[J]. Transportation Research Rart E: Logistics and Transportation Review, 2016, 88: 94-109.

[24] Figliozzi M A. Analysis of the efficiency of urban commercial vehicle tours: data collection, methodology, and policy implications[J]. Transportation Research Part B: Methodological, 2007, 41(9): 1014-1032.

[25] Liu S, Chen S, Liang X, et al. Analysis of transport policy effect on CO_2 emissions based on system dynamics[J]. Advances in Mechanical Engineering, 2015, 7(1): 1687-8132.

[26] Sankaran J K, Gore A, Coldwell B. The impact of road traffic congestion on supply chains: insights from Auckland, New Zealand[J]. International Journal of Logistics, 2005, 8(2): 159-180.

[27] 节能与环保产业处. 北京市经济和信息化委员会 北京市发展和改革委员会 北京市财政局等关于落实清洁空气行动计划进一步规范污染扰民企业搬迁政策有关事项的通知[EB/OL]. [2025-03-08]. https://jxj.beijing.gov.cn/ztzl/ywzt/jnhbfwpt/jnhbtzgg/201911/t20191113_509326.html.

[28] Sterman J D. Appropriate summary statistics for evaluating the historical fit of system dynamics models[J]. Dynamica, 1984, 10(2): 51-66.

[29] Rúa Gómez C, Arango-Aramburo S, Larsen E R. Construction of a Chilean energy matrix portraying energy source substitution: a system dynamics approach[J]. Journal of Cleaner Production, 2017, 162: 903-913.

[30] Sterman J D. All models are wrong: reflections on becoming a systems scientist[J]. System Dynamics Review, 2002. 18(4): 501-531.

[31] Speranza M G. Trends in transportation and logistics[J]. European Journal of Operational Research, 2018, 264(3): 830-836.

第9章
利益相关者互动视角下的地下物流效益研究

ULS 作为推动城市可持续发展的创新型城市物流基础设施,其广泛应用的关键在于各主要利益相关者能否达成有效合作。然而,当前这种合作面临诸多阻碍,例如各利益相关者长期行为的不确定性,以及缺乏对利益相关者互动效益的定量评估方法。本章运用系统动力学方法来分析 ULS 运营商、用户及地方政府的决策对 ULS 的发展及其效益的影响。研究结果表明,尽管 ULS 的实施可以为城市物流带来显著的环境效益和经济效益,但利益相关者之间不可避免地仍存在决策冲突。为此,本章设计了一套切实可行的实施促进策略体系,以满足所有利益相关者的利益。研究成果不仅从关键利益相关者的角度出发,为 ULS 推广提供理论支持,还提供了一个"自下而上"的决策路径,以提升城市物流效益。

9.1 利益相关者互动视角下的地下物流发展及其效益分析

ULS 是一种新型的城市物流基础设施,能够有效应对城市货运量的爆炸性增长及城市可持续发展对绿色物流的迫切需求[1]。将城市货运转入地下有着巨大的综合效益,不仅可以提高城市的整体物流效率[2,3],还能有效缓解城市交通的一些负面影响,诸如拥堵[4,5]和尾气污染[6,7]等。

尽管从概念层面来看,ULS 被认为是对当前不可持续的城市物流模式的有效补充,但其广泛应用仍面临许多障碍。例如,即便相关技术难题已被攻克,ULS 的运营机制仍未得到妥善解决[8]。尤其是这种创新技术使得传统城市物流体系所涉及的主要利益相关者的行为发生了巨大的变化[9]。首先,ULS 是一种新型的地下城市基础设施,地方政府的角色可能会从城市物流市场的监管者转变为直接参与者。其次,网络化的 ULS 基础设施会使城市物流逐渐向联合配送方向发展,这便使得物流企业之间的合作更加紧密。此外,高昂的建设成本使得 ULS 的发展依赖于当地政府和潜在用户的支持。

平衡多方利益相关者的关注目标并实现资源有效配置是 ULS 发展的关键。然而，如何协调相互依存的供需侧管理措施是一项具有挑战性的任务。一方面，主要利益相关者（如 ULS 运营商、用户和地方政府）的目标和动机并不总是一致的。因此，在 ULS 运营的关键问题上，例如网络扩展、ULS 运费定价、货运量分配等方面，很难达成共识。特别是，鲜少有研究系统地分析利益相关者之间复杂的相互作用给 ULS 发展所带来的影响。另一方面，清晰的运行模式及准确的效益分析的缺乏也阻碍了 ULS 的广泛应用[10]。此外，当前已有的线性 ULS 发展评估模型无法有效地分析主要利益相关方之间动态和非线性的相互作用。

基于此，本章运用系统动力学方法分析关键利益相关者动态交互作用下的 ULS 发展趋势。模型以北京市为研究对象，仿真模拟了不同利益相关者组合策略下的 ULS 效益。在此基础上，提出可行的推动策略以平衡各主要利益相关者的利益，促进 ULS 实施。

9.2 利益相关者互动视角下的地下物流效益仿真模型构建

本章运用 Vensim 7.2 软件构建了基于关键利益相关者互动的系统动力学（SD）模型。根据 Sterman[11] 提出的理论，SD 模型的建立分为 4 个步骤：背景分析、模型范围与边界分析、因果循环图设计和存量-流量图设计。

9.2.1 仿真案例背景分析

模型以北京市核心功能区真实的城市及物流数据作为案例背景。核心功能区占地面积约 1 381 km²，占北京市总面积的 8%。然而核心功能区的人口却占全市总人口的 52.2%，2022 年数据显示为 1 123 万人。根据北京市邮政管理局的数据，2022 年北京市的快递量达到 19.6 亿件[12]。核心功能区的货运量约占总货运量的 21%。

北京货运需求的快速增长给城市交通和可持续发展带来了巨大压力。数据显示，货运过程产生的污染物排放量占机动车总排放量的 70%，对空气质量造成严重影响[13]。尽管物流业已进行了转型升级，但北京社会物流总费用占 GDP 的比例仍高达 14.1%，远超发达国家 8% 的水平[14]。其中，运输成本占物流总成本的 50.7%，且随着人工成本的增加呈上升趋势。

9.2.2 模型范围与边界

为了明确利益相关者的主要关注点及决策过程，将 SD 模型划分为 3 个子系统，分别是 ULS 运营子系统、用户响应子系统和政府决策子系统。针对 ULS 运营过程，模型考虑了与 ULS 运营相关的一些基本参数，如运价、货运量、货运需求、运力、经营利润等。另外，针对用户的反应，模型主要关注用户对货物运输方式的偏好以及 ULS 的实施所带来的效益。此外，政府决策也被纳入模型中，例如政府为 ULS 的实施提供的基础设施投资和运营补贴。

9.2.3 因果循环图设计

基于上述 ULS 仿真模型边界,模型首先设计了因果循环图(CLD)来说明利益相关者的代表性变量间的微观相互关系。图 9-1 所示为 3 个子系统之间形成的 6 个反馈回路。

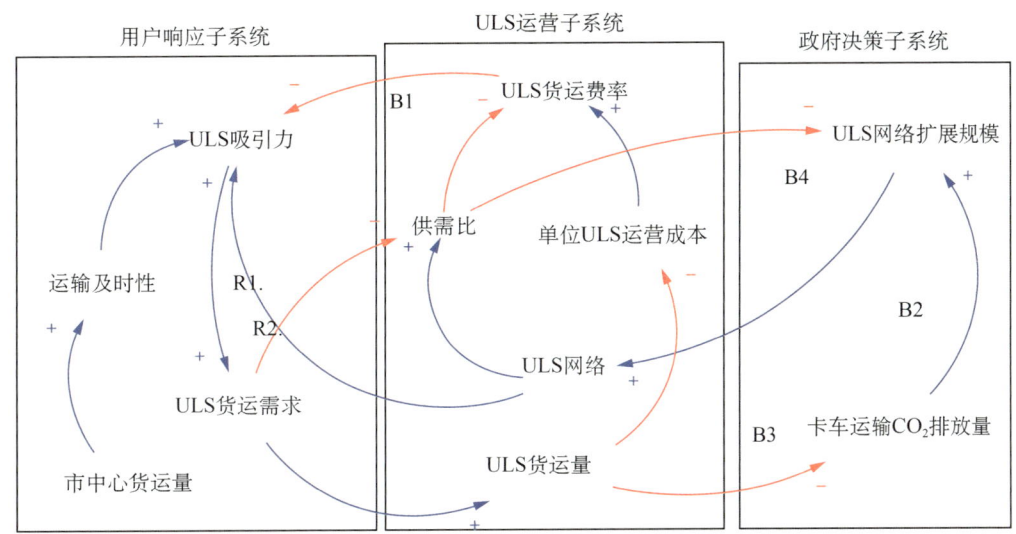

图 9-1 代表性变量的因果关系

强化回路 R1 和 R2 以及平衡回路 B1 显示了 ULS 运费和 ULS 服务的可用性对用户偏好的影响。随着 ULS 货运量的不断增加,单位 ULS 运营成本将逐渐降低,从而使 ULS 在货运市场中形成了价格优势。ULS 的高市场接受度不仅能为其网络建设获得更多的投资,还会进一步提升其吸引力。值得注意的是,ULS 的优势会使需求持续增长,一旦突破设计供需平衡,或将引发运费上涨。

平衡回路 B2、B3 和 B4 反映了 ULS 运营产生的外部性与地方政府对 ULS 投资之间的相关性。既有研究表明,ULS 的实施对减少卡车运输的碳排放有着积极的影响[15]。因此,可以认为空气污染程度与政府对于 ULS 基础设施网络的投资计划呈正相关关系。随着空气污染得到缓解,政府对于 ULS 的建设投资将会减少。

9.2.4 仿真模型构建

考虑到整个 SD 模型层次结构的复杂性,下文将分别对 3 个子系统进行描述,以阐释模型构建的全过程。表 9-1 列出了模型中的主要变量及其缩写形式。

表 9-1   模型的主要变量及其缩写形式

变量	缩略形式	参考文献
ULS 吸引力	AU	[7]

（续表）

变量	缩略形式	参考文献
ULS可用性	AVU	[16]
用户利益	BU	[17]
卡车运输CO_2排放量	CET	[4]
柴油转换系数	DCC	[4]
环境指数	EI	[10]
城市货运量	FV	[4]
市中心货运量	FVCC	[4]
货运量指数	FVI	[7]
政府补贴	GS	[16]
物流减少系数	LRF	[12]
市场指数	MI	[10]
卡车运输里程	MT	[16]
ULS运费变动值	NUFR	[17]
利润率	PR	[10]
柴油消耗量	RDC	[12]
CO_2排放减少量	RCE	[12]
每年减少的CO_2排放量	RCEY	[12]
减排指数	RI	[17]
供需指数	SDI	[17]
运输成本指数	TI	[17]
运输及时性	TT	[17]
ULS能力	UC	[4]
ULS货运需求	UFD	[4]
ULS运费	UFR	[17]
ULS货运量	UFV	[4]
ULS网络扩展规模	UES	[4]
ULS营业利润	UOP	[16]
ULS服务覆盖率	USC	[4]
ULS目标运价	UTFR	[10]
单位卡车运输成本	UTTC	[7]
单位ULS运营成本	UUOC	[7]

1. 用户响应子系统

图 9-2 描述了用户对采用 ULS 的态度，以及 ULS 广泛应用所产生的经济效益。考虑到物流业的主要关注点，故模型选择运输成本、交付及时性和物流服务可用性作为影响用户偏好的主要因素[9]。AVU 主要取决于 ULS 服务覆盖率(USC)。式(9-1)描述了 ULS 可用性(AVU)，式中 $WITH\ LOOKUP$ 表示变量之间的函数关系由一个数据表来表示。

$$AVU = WITH\ LOOKUP(USC，(USC_{t0}，USC_{tn}))\qquad(9\text{-}1)$$

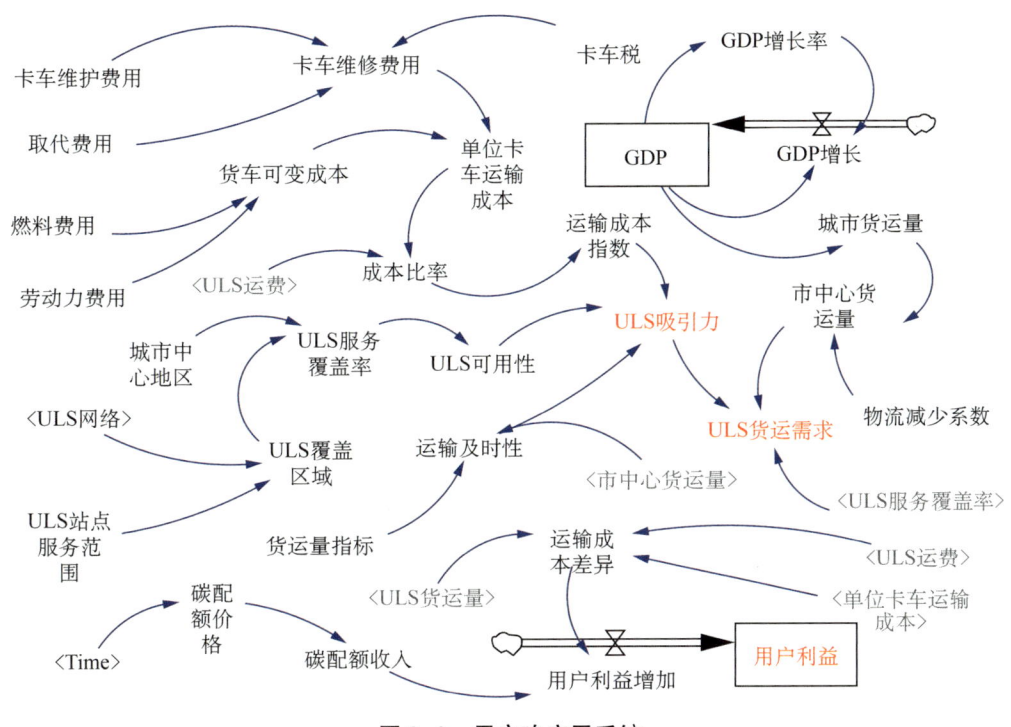

图 9-2 用户响应子系统

运输及时性(TT)被认为是 ULS 应用的直接动机，可描述为市中心货运量($FVCC$)与货运量指数(FVI)的比值，如式(9-2)所示。随着城市货运量的快速增长，用户对高效配送服务的迫切需求将促进 ULS 的使用。

$$TT = \frac{FVCC}{FVI}\qquad(9\text{-}2)$$

模型引入运输成本指数(TI)以反映运输成本如何影响用户选择 ULS 的偏好。TI 取决于 ULS 运费(UFR)与单位卡车运输成本($UTTC$)的比率，即 ULS 的成本优势越显著，选择使用 ULS 的用户数量就越多。

ULS 吸引力(AU)作为 ULS 供给侧的关键元素，可以采用 TI、AVU 和 TT 的函数来表示，如式(9-3)所示。然后，根据 AU、$FVCC$ 和 USC 进一步提出 ULS 货运需求(UFD)的量化表达方法，见式(9-4)。

$$AU = TI \cdot AVU \cdot TT \tag{9-3}$$
$$UFD = AU \cdot FVCC \cdot USC \tag{9-4}$$

$FVCC$ 取决于城市货运量(FV)和物流减少系数(LRF),如式(9-5)所示。根据北京市统计局的数据,FV 可以通过数据拟合方法得到[15]。FV 的拟合方程见式(8-7)。

$$FVCC = FV \cdot LRF \tag{9-5}$$

用户利益(BU)主要考虑碳配额的收入以及在 ULS 实施下节省或额外支付的运输成本。由于 ULS 比地面卡车货运更环保,同时,减少 CO_2 排放所带来的收入也包含在 BU 中,因此,在该模型中,BU 代表整个模拟期间随仿真时间累计的用户总收益。

2. ULS 运营子系统

图 9-3 描述了 ULS 运营过程中的运费定价机制和营业利润。ULS 运营商根据单位卡车运输成本($UTTC$)和 ULS 目标运价($UTFR$)来调整运费,从而得到 ULS 运费变动值($NUFR$),如式(9-6)所示。$UTFR$ 取决于单位 ULS 运营成本($UUOC$)、利润率(PR)和供需指数(SDI),如式(9-7)所示。

$$NUFR = 0.5 \times UTFR + 0.5 \times UTTC - UFR \tag{9-6}$$
$$UTFR = UUOC \cdot (1 + PR) \cdot SDI \tag{9-7}$$

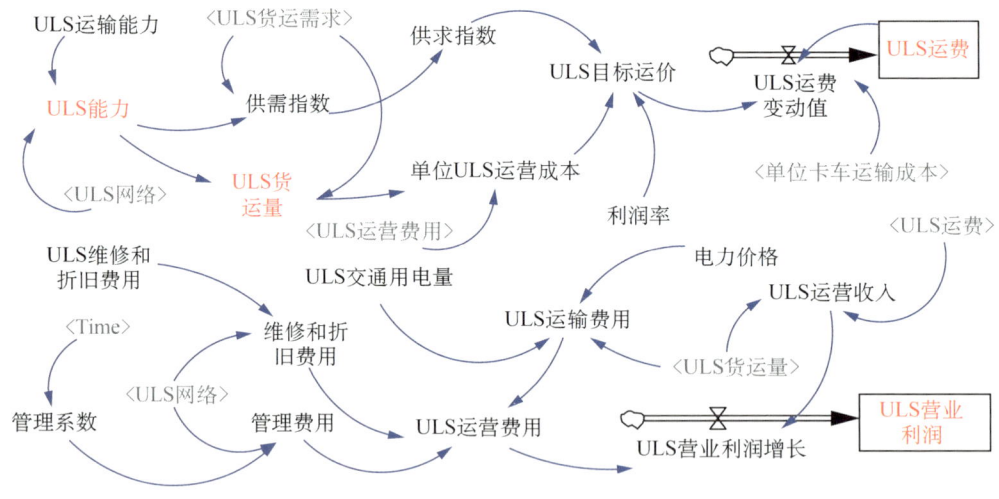

图 9-3 ULS 运营子系统

ULS 营业利润(UOP)代表模拟期间累计的运输利润,其主要取决于 ULS 的运营费用和运营收入。其中,ULS 运营收入由 ULS 货运量(UFV)决定,而 UFV 是实际转入地下的货运量,即现有 ULS 网络决定的 ULS 货运需求(UFD)和 ULS 能力(UC)二者之间的较小值。此外,模型中假设 UC 的值与可运行的 ULS 网络的货运站点数量成正比。

3. 政府决策子系统

政府决策子系统的核心在于仿真模拟地方政府对于 ULS 网络建设的决策支持,如

图9-4所示。由于ULS是一个具有公共基础设施属性的项目,因此地方政府应该为ULS的可持续运营提供一定的财政支持。例如,当收入不足以支付运营成本并维持合理的经济回报时,政府应向ULS提供运营缺口资金。此外,模型中还引入政府补贴这一变量来表征模拟期间所提供的累计补贴总量。

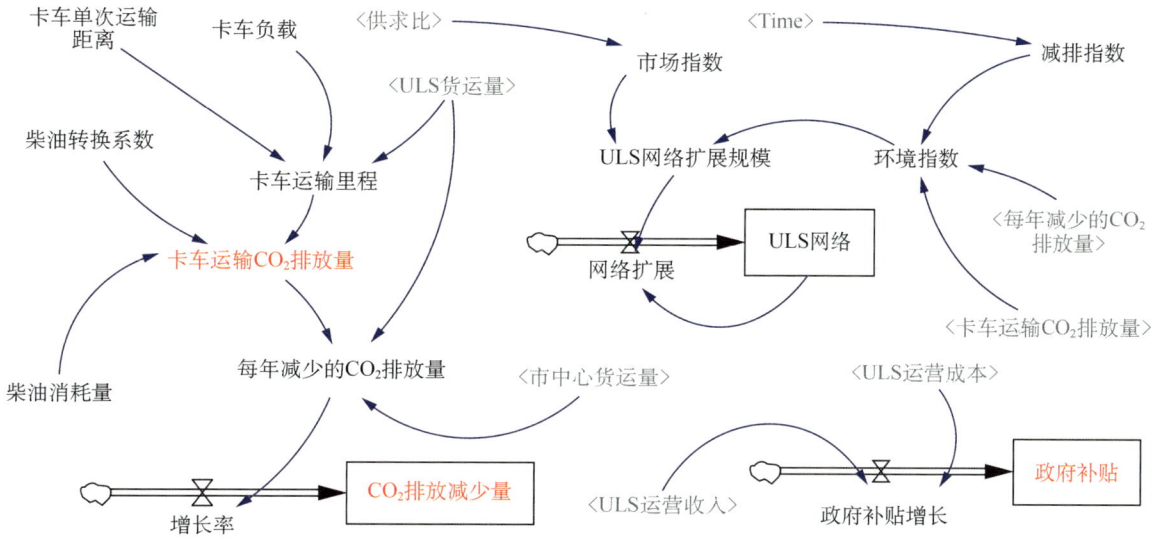

图9-4 政府决策子系统

ULS的广泛应用可以大大减少卡车运输CO_2排放量(CET)。CET可根据卡车运输里程(MT)、柴油消耗量(RDC)和柴油转换系数(DCC)计算,如式(9-8)所示。基于CET则可通过引入FVCC和UFV进一步计算每年减少的CO_2排放量(RCEY),如式(9-9)所示,以表征ULS的环境效益。在模型中,CO_2排放减少量(RCE)代表了整个模拟期间RCEY的总和。

$$CET = RDC \cdot DCC \cdot MT \tag{9-8}$$

$$RCEY = \frac{CET \cdot UFV}{FVCC - UFV} \tag{9-9}$$

ULS网络扩展的底层逻辑也如图9-4所示。ULS网络扩展是由ULS日益增长的货运需求和缓解环境问题的需要共同推动的。ULS网络扩展规模(UES)可通过市场指数(MI)和环境指数(EI)计算得到,如式(9-10)所示。其中,MI为ULS供需比的表函数,即当ULS接近满负荷运行时,政府将对ULS网络建设进行投资;EI则取决于实时CET和CO_2减排目标之间的差距。如果EI或MI任一变量经过仿真计算超过设定阈值,政府即投资建设ULS网络。考虑到新建网络需要一定的建设时间,模型假定从做出网络扩展决策到建成运营存在2年的延迟。此外,为了便于模拟仿真,假定单次建设网络长度为24 km。

$$UES = DELAY\ FIXED$$
$$(IF\ THEN\ ELSE(MAX(EI, MI) > 0, 24, 0), 2, 0) \quad (9\text{-}10)$$

9.3 北京市核心功能区案例数据检验与仿真场景设置

9.3.1 基础数据和模型验证

在进行仿真分析前,我们选取了2007—2022年的真实数据进行模型有效性检验。其中,基础数据来自北京市统计局的统计年鉴,检验内容包括模型行为再现检验和极端条件检验,并选取城市货运量(FV)和卡车运输CO_2排放量(CET)作为主要变量进行模型测试。表9-2列出了主要变量及其设置值和数据来源。

表9-2　　模拟中的主要变量的值

主要变量	数值	单位	参考文献
柴油转换系数(DCC)	2.6	kg/L	[4]
物流减少系数(LRF)	0.211	—	[4]
利润率(PR)	0.05	—	[17]
柴油消耗量(RDC)	0.114	L/km	[4]
卡车负载	2	t/辆	[4]
卡车单位运输距离	30	km	[4]
ULS站点服务范围	4	km^2	[10]
ULS能力	0.26	×10^6 t/a	[16]

检验步骤1:模型行为再现检验。由图9-5可知,FV的仿真模拟结果与2007—2014年的真实数据吻合度较高。但在2015—2022年期间出现了较大偏差,历史数据显著下降,而模拟结果仍保持上升趋势。这主要归因于强制性环境政策的实施迫使郊区大型工厂搬迁,从而导致FV下降。但该策略对市中心货运量($FVCC$)的影响很小,因此仿真模型仍然有效。此外,除2015—2022年以外,模拟结果与历史值的误差均在5%以内。基于Sterman[11]的检验误差概述,本研究所建立的仿真模型是有效的。

检验步骤2:极端条件下的模型稳健性分析。将FV分别设置为原值的5倍和1/5,从而模拟高货运量和低货运量这两种极端场景。图9-6所示为在这两种极端场景下的CET。总体来说,CET的输出符合实际情况,可以将仿真结果作为基准来模拟不同激励策略下ULS的发展状态。

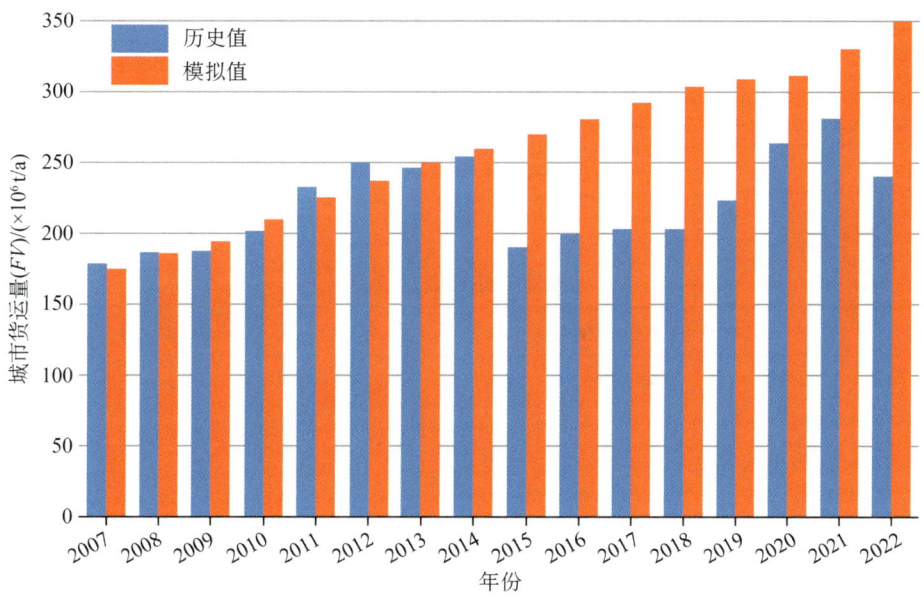

图 9-5 模型行为再现检验的仿真结果

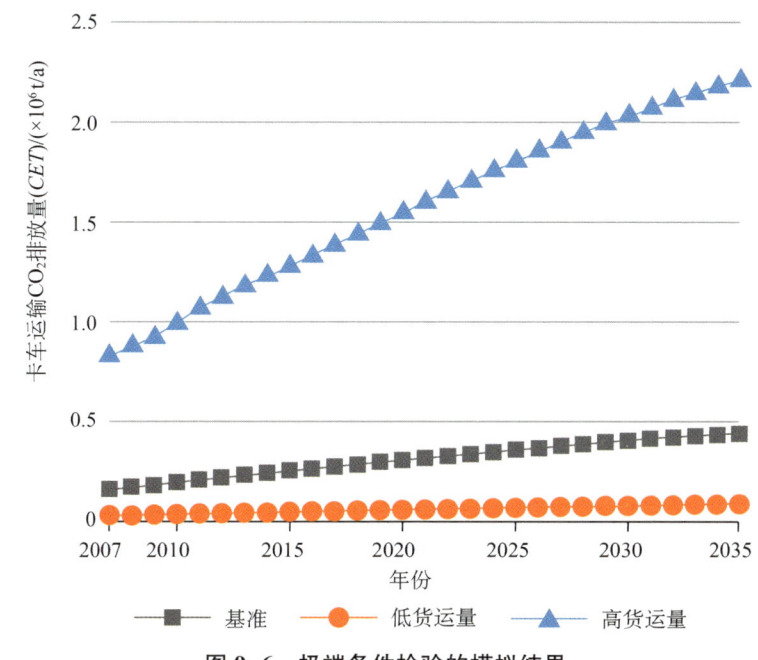

图 9-6 极端条件检验的模拟结果

9.3.2 利益相关者互动仿真场景设置

本研究选择了一组与利益相关者偏好及 ULS 运营有关的关键变量，如供需指数

(SDI)、运输成本指数(TI)、市场指数(MI)和减排指数(RI),模拟利益相关者对 ULS 开发的推动策略。在本研究中,每个利益相关者的推动策略包括初始推动策略和积极推动策略,用以表征不同的推动水平。一般来说,在积极推动策略下,利益相关者会倾向于采用更激进的定价或投资方案;在初始推动策略下,利益相关者则会采用更保守的方案。上述所选的 4 个关键变量的值均根据 Pan 等[4]和 Hu 等[10]的研究成果进行设置,具体如表 9-3 所列。

表 9-3 推动策略和变量设置

变量	利益相关者的策略	变量设置
SDI	在积极推动策略下,ULS 运营商将采取更激进的 ULS 运费(UFR)减少策略,SDI 值将设置得更低	供需指数(SDI)随供需比变化曲线(初始推动、积极推动)
TI	UFR 对于用户对 ULS 的偏好会有很大影响。在积极推动策略下,用户对 UFR 的敏感度较低,TI 值相对较高	运输成本指数(TI)随成本比率变化曲线(初始推动、积极推动)
MI	地方政府将根据 ULS 供需比扩展 ULS 网络。在积极推动策略下,投资方案更加激进	市场指数(MI)随供需比变化曲线(初始推动、积极推动)
RI	地方政府基于货运排放水平,扩展 ULS 网络。在积极推动策略下,政府将实施更严格的排放政策	减排指数(RI)随年份(2022—2035)变化曲线(初始推动、积极推动)

仿真场景主要基于不同推动策略进行设置,如表 9-4 所列。本章选取与 ULS 运营相关的变量以及各利益相关者的利益作为评估指标,用以衡量不同策略产生的最终影

响。此外，本章假设最初的 ULS 线路仅覆盖了核心功能区 25% 的区域，并从 2022 年开始投入使用。模拟周期为 2022 年至 2035 年。同时，考虑到 ULS 站点的覆盖范围和货运能力，经计算，当地下货运网络覆盖整个核心功能区时，ULS 每年最大货运量可达 6 240 万 t。

表 9-4　方案设置

场景	ULS 运营商	用户	地方政府
S1	初始推动策略	初始推动策略	初始推动策略
S2	积极推动策略	初始推动策略	初始推动策略
S3	初始推动策略	初始推动策略	积极推动策略
S4	积极推动策略	初始推动策略	积极推动策略
S5	初始推动策略	积极推动策略	初始推动策略
S6	积极推动策略	积极推动策略	初始推动策略
S7	初始推动策略	积极推动策略	积极推动策略
S8	积极推动策略	积极推动策略	积极推动策略

9.4　利益相关者互动视角下的地下物流效益仿真结果讨论

9.4.1　地下物流运营商利益分析

在图 9-7 中，模型选取了 UFR、UFD、UC、UFV、UOP 这 5 个代表性变量来分析 ULS 的运营绩效。图 9-7(a) 显示了 UFR 的仿真结果。受货运市场供求关系和 ULS 运营状态影响，UFR 在模拟期间波动频繁。不同场景之间的 UFR 差异在 2030 年之前较为明显，之后随着 ULS 网络逐步完善，该差异逐渐缩小。此外，随着货运需求的不断增加，UFR 呈上升趋势，有时 UFR 甚至可能超过 $UTTC$。不过，UFR 在大部分时间都低于 $UTTC$，这凸显出 ULS 的成本优势。

UFD 和 UC 是一对相互强化的变量，它们的仿真结果分别如图 9-7(b) 和 (c) 所示。图 9-7(b) 显示了 UFD 的变化趋势，即先保持稳定，之后急剧上升。在 ULS 发展初期，低运费并不能显著地增加 ULS 的吸引力。同时，地下工程建设时间较长，这使得 ULS 公用事业的改善存在时间延迟，导致 UFD 增长缓慢。随着对即时交付需求的增加以及地下货运网络服务的不断扩大，ULS 的效用逐渐显现，UFD 也相应地快速增长。UFD 的上升趋势在 S7 场景中最为明显，到 2035 年 UFD 达到 7 940 万 t。

由图 9-7(c) 可得，UC 的变化趋势与 UFD 相似。当现有 ULS 网络能力不足或 CO_2 排放减少量无法达到政府预期时，UC 将迅速增长。到 2035 年，UC 将达到每年 4 370 万～6 240 万 t。特别是在 S3、S4、S7 等场景下，通过政府的积极推广策略，UC 达到了预先设定的网络容量上限。

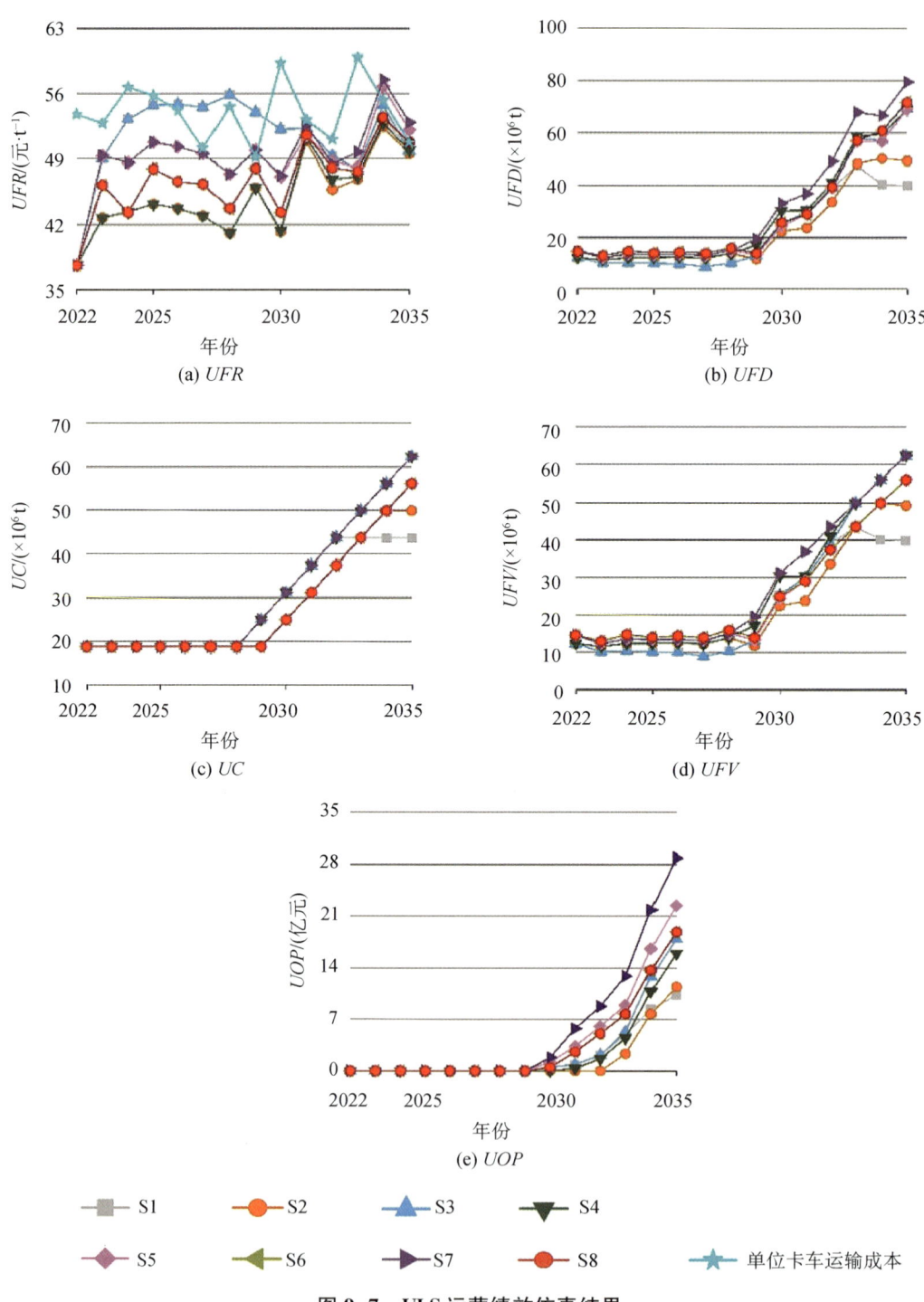

图 9-7 ULS 运营绩效仿真结果

图 9-7(d) 描述了 UFV 的模拟结果，反映了 ULS 货运的供需平衡。仿真结果表明，UFV 随着 UFD 和 UC 的增加而急剧增长，在 S7 场景下，UFV 增长得最快。到 2035 年，

在 S3、S4、S7 场景下，ULS 货运量将达到运力上限，即每年 6 240 万 t。这表明，随着货运需求持续增长，ULS 将面临货运瓶颈问题。

ULS 的应用将为 ULS 运营商带来巨大的经济效益，如图 9-7(e) 所示，到 2035 年，S7 场景设置对 ULS 运营商来说是最有利的，UOP 达到 28.8 亿元，而 S1 场景下 UOP 仅为 10.339 亿元，下降了约 64.2%。然而，值得注意的是，即使在 S7 场景下，ULS 的营业收入直到 2029 年才能弥补其运营成本。由此可见，政府补贴对 ULS 的运作至关重要，特别是在 ULS 的初始发展阶段。

总的来说，ULS 的发展与货运市场密切相关。首先，只有 ULS 实现网络化才能真正发挥其全局性优势。在 ULS 的初始发展阶段，由于货运服务范围有限，仅仅依靠降低运费策略并不能显著提高其吸引力。然而，随着服务覆盖范围的不断扩大和及时交付需求的不断增加，ULS 网络将迅速扩展。高效的物流服务以及可用性的提高将促使更多的用户采用 ULS，从而相应地增加货运量并带来更多的运营利润。其次，仿真结果表明，ULS 网络形成得越快，ULS 运营商的利润就越多。因此，政府应该实施积极的财政政策来扩大 ULS 网络。当然，政府补贴对于维持 ULS 运营也是至关重要的。此外，一旦形成高覆盖率网络，ULS 将在货运市场上具有高度竞争力。ULS 不断上涨的运费并没有降低其货运市场吸引力。与 ULS 运营商相比，用户在运费定价方面处于弱势。

9.4.2 用户利益分析

图 9-8 显示了在不同场景下，各种策略对用户利益（BU）的影响差异。仿真结果表明，ULS 的实施可以为用户带来巨大的经济效益。在 8 种场景中，S4 场景下的 BU 在 2035 年将高达 29.3 亿元，而对于 ULS 运营商而言，其首选方案是 S7 场景，该场景下 BU 仅为 16.26 亿元。这一差异表明，运营商和用户各自首选的 ULS 推动策略相差甚远。

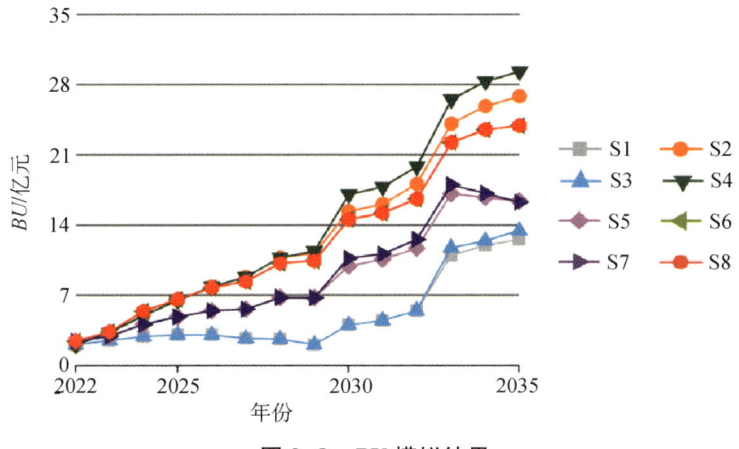

图 9-8　BU 模拟结果

在 S4 场景下，ULS 运营商通过努力降低 ULS 运费来吸引更多的订单。与此同时，用户也因低价服务节省了更多的运输成本。虽然，S4 场景下的地下货运量低于 S7 场景下的,但由于 ULS 运营商在运费上给出了极大的优惠,用户利益反而可以实现最大化。然而,在 S7 场景下,ULS 运营商将更加注重运营利润,并不会采取大幅降低运费的激励策略,因此用户必须接受相对较高的 ULS 运费以实现及时交付。特别是在某些仿真阶段,UFR 甚至可能超过 $UTTC$,从而导致用户产生额外的运输成本。因此,如何就 UFR 的设置达成共识,是平衡主要利益相关者之间的利益并有效促进 ULS 发展的关键所在。

9.4.3 地方政府利益分析

图 9-9(a)和(b)显示了 ULS 的实施所带来的环境效益。卡车运输 CO_2 排放量(CET)和 CO_2 排放减少量(RCE)在 S7 场景下表现最好,这与 UFV 的模拟结果一致。到 2035 年,S7 场景下的碳排放量将降至 15.51 万 t,而 S1 场景下碳排放量最高,约为 25.61 万 t。同时,在整个模拟期间,RCE 在 S7 情景下将达到 180 万 t。

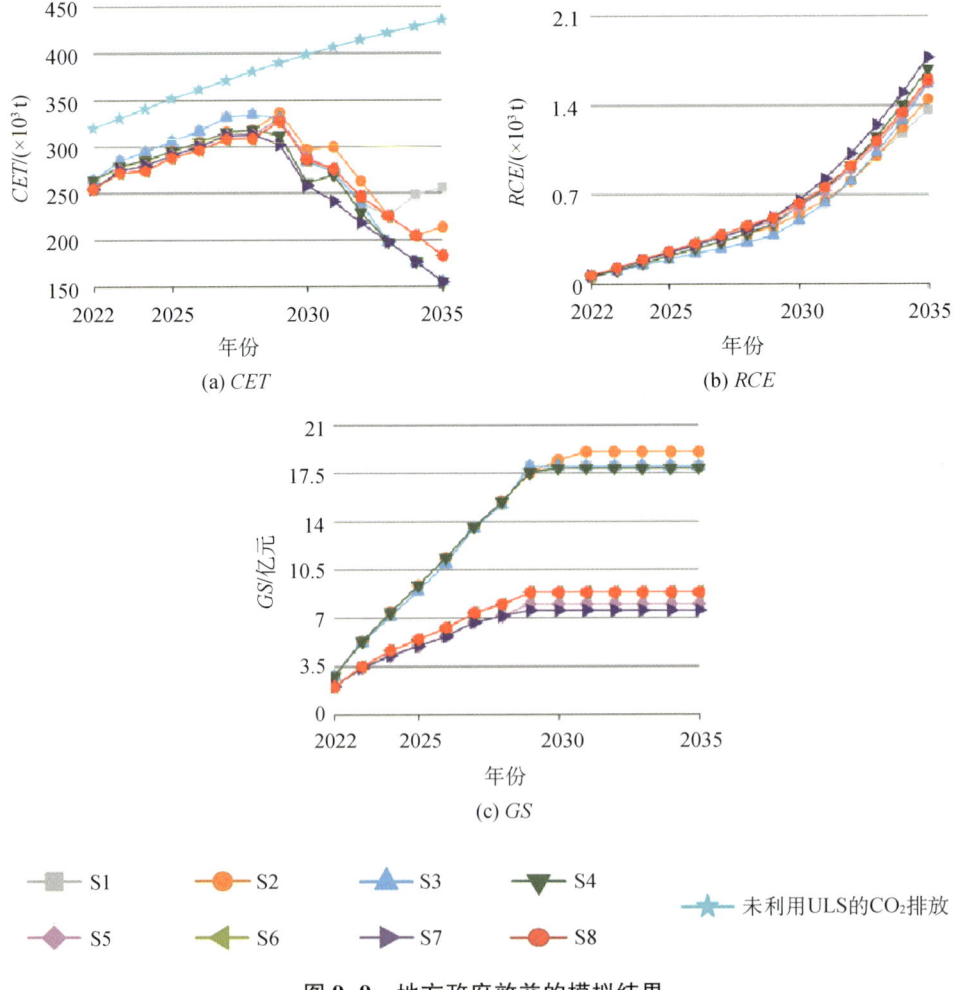

图 9-9 地方政府效益的模拟结果

从图 9-9(c) 可以看出，随着 ULS 网络的不断扩展，对政府补贴的需求逐渐下降，这与 UOP 的仿真结果保持一致。到 2035 年，S7 场景下的 GS 是最低的，约为 7.546 亿元。此外，一个重要的现象是，用户采取积极推动策略可以显著减少政府补贴，这表明用户对 UFR 的妥协不仅可以极大地提高 ULS 运营利润，还能有效减少政府补贴。然而，这种定价策略并不符合用户的利益，从而导致用户与地方政府之间存在不可避免的冲突。

总的来说，政府采取积极且更为激进的 ULS 基础设施投资策略将有利于所有利益相关者，而 S7 场景下的组合策略对地方政府而言是最为有利的。具体而言，更积极的政府投资计划将快速提升 ULS 的网络覆盖度，从而促进 ULS 的市场渗透，并显著增加 ULS 的营业利润。与此同时，ULS 运营所带来的可观的经济回报将显著减少政府补贴。当然，随着 ULS 的广泛应用，货运所带来的空气污染问题也可以更快地得到缓解。

9.5　地下物流项目实施激励措施分析

仿真结果表明，ULS 的实施会给项目的利益相关者带来巨大效益。然而，单一的推动策略并不能平衡所有利益相关者的利益。在 ULS 网络发展过程中，利益相关者应根据特定的市场需求、供应能力和运输成本，适当调整其对于 ULS 的推动策略。一个用于平衡所有利益相关者利益的激励措施体系如图 9-10 所示。

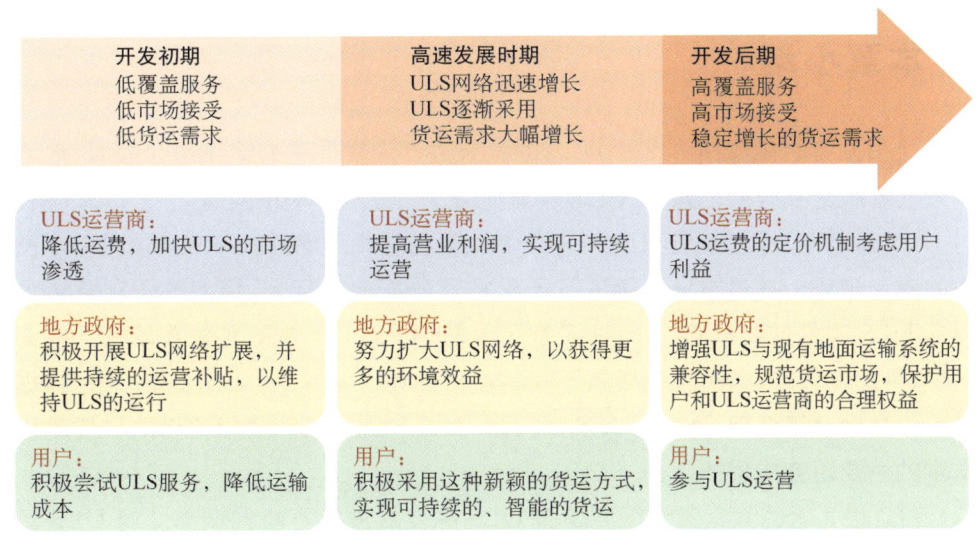

图 9-10　ULS 的激励措施体系

在 ULS 网络发展初期，由于市场接受度相对较低，激励措施应聚焦于提高 ULS 的吸引力和效用。鉴于 ULS 具有明显的公共基础设施属性，政府应积极推进 ULS 的网络扩展，并提供持续的运营补贴，以维持 ULS 的运行。对于 ULS 运营商来说，强有力的市场营销是必要的。鉴于货运需求低，可通过降低运费策略来加速 ULS 的市场渗透。用户应积极尝试 ULS 服务，以降低运输成本。此外，政府还应提供财政支持，如运营补贴或税收减免等，以缓解用户的焦虑。

在 ULS 网络高速建设时期，及时交付能力的提升和基础设施网络的逐步完善所带来的货运优势将使得 ULS 货运量快速增长。此时，政府应该加快扩大 ULS 基础设施网络，以获得更多的环境效益。同时，政府也应实施更严格的环境法规和运输限行政策，从而将货运的外部成本内部化，迫使用户改变其货运模式。对于 ULS 运营商而言，其可通过将 ULS 单位运输成本与货运市场的实时供需关系相结合，以适当提高货运费率，在提高营业利润的同时，实现可持续运营。用户则应积极采用这种新颖的货运方式来实现可持续且智能化的城市货运。

在网络发展后期，高覆盖度的 ULS 网络已投入运行，此时的激励策略应优先考虑用于平衡所有利益相关者的利益。政府应在 ULS 干线网络的基础上，进一步投资 ULS 次级网络的建设，以增强 ULS 与现有地面运输系统的兼容性。同时，政府应规范货运市场，以保障用户和 ULS 运营商的合理权益。例如，增加的碳配额补贴可以维持用户的积极性以及市场对 ULS 的高接受度。此外，ULS 运费的定价机制不仅要考虑 ULS 的运营成本和市场因素，还要考虑用户的利益。在定价过程中，鼓励用户积极参与 ULS 运营是实现公平性的一种有效手段。此外，持续的技术创新和运营优化也有利于降低 ULS 的运营成本，从而为用户和 ULS 运营商带来更多的效益。

9.6 本章小结

多利益相关者的参与和协作在 ULS 的发展过程中发挥着关键作用。然而，缺乏基于异质偏好的动态交互分析已成为 ULS 实施的障碍。因此，本章构建了一个 SD 模型，旨在探讨 ULS 运营商、地方政府和用户这三个关键利益相关者之间的交互机制，以及其动态效益的变化趋势。在对市场规律进行因果循环分析的基础上，模型基于利益诉求提出了不同的 ULS 实施推动策略，并构建了基于供需侧决策行为的 8 种仿真场景。在此基础上，以北京为案例背景，通过仿真模拟不同利益相关者所关注的 ULS 效益。最终，提出了一个多阶段激励政策框架，通过协调各方行为，有效管理不同利益相关者的异质动机和目标。本章的主要研究成果如下：

（1）利益相关者的激励策略需要随着 ULS 的发展进行不断的调整。对 ULS 运营商而言，ULS 运费定价是一个动态的过程，需从单纯的市场驱动或成本导向的定价模式向考虑所有利益相关者利益的定价模式转变。此外，用户在广泛采用 ULS 的同时，应积极参与 ULS 运营，以实现合理的利益分配。地方政府则应将环境法规、运输政策与财政支持相结合，协调地面和地下货物运输，从而保障所有利益相关者的权益。

（2）ULS 的网络扩张和市场渗透是市场响应和 ULS 运营协同作用的结果。在发展初期,降低运价策略的效果并不明显,快速形成高覆盖的地下货运网络才是提高 ULS 市场吸引力的关键。随着时间的推移,ULS 的成本优势会随着 ULS 运费上升而逐渐减弱。此时,高质量的物流服务成为吸引用户的主要驱动力。在发展后期,当 ULS 货运量趋于饱和,运营优化与合理的运费定价策略成为维持用户积极性和巩固 ULS 货运市场占有率的关键。

(3) ULS 已被证明是一种具有盈利潜力的基础设施项目,在货运市场上具备较强的竞争力。然而,政府补贴对于维持 ULS 的运作至关重要,特别是在发展初期。

参考文献

[1] Liang C, Hu X, Shi L, et al. Joint dispatch of shipment equipment considering underground container logistics[J]. Computers and Industrial Engineering, 2022, 165: 107874.

[2] Visser J. The development of underground freight transport: an overview[J]. Tunneling and Underground Space Technology, 2018, 80: 123-127.

[3] Hu W, Dong J, Yang K, et al. Modeling real-time operations of Metro-based urban Underground Logistics System network: a discrete event simulation approach[J]. Tunneling & Underground Space Technology, 2023, 132: 104896.

[4] Pan X, Dong J, Ren R, et al. Monetary evaluation of the external benefits of urban Underground Logistics System: a case study of Beijing[J]. Tunnelling and Underground Space Technology, 2023, 136: 105094.

[5] Cotana F, Rossi F, Marri A. Pipe§net: Application study and further development of system[C]//Proceedings of the Pipe§net: Application Study and Further Development of System, 2010.

[6] Hu W, Dong J, Yang K, et al. Reliable design of urban surface-underground integrated logistics system network with stochastic demand and social-environmental concern[J]. Computers and Industrial Engineering, 2023, 181: 109331.

[7] Xu Y, Dong J, Ren R, et al. The impact of metro-based Underground Logistics System on city logistics performance under COVID-19 epidemic: a case study of Wuhan, China[J]. Transport Policy, 2022, 116: 81-95.

[8] Kim M, Kwon Y, Kim J, et al. Image classification of parcel boxes under the Underground Logistics System using CNN MobileNet[J]. Applied Sciences, 2022, 12: 3337.

[9] Di Z, Yang L, Shi J, et al. Joint optimization of carriage arrangement and flow control in a metro-based Underground Logistics System[J]. Transportation Research Part B: Methodological, 2022, 159: 1-23.

[10] Hu W, Dong J, Hwang B, et al. Using system dynamics to analyze the development of urban freight transportation system based on rail transit: a case study of Beijing[J]. Sustainable Cities and Society, 2020, 53: 101923.

[11] Sterman J D. All models are wrong: reflections on becoming a systems scientist[J]. System Dynamics Review, 2002, 18(4): 501-531.

[12] Beijing Postal Industry Development Statistical Bulletin 2022[EB/OL]. http://bj.spb.gov.cn/xytj_14733/tjxx_14735/202005/t20200526_2231585.html.

[13] Liang Z, Chiu Y, Guo Q, et al. Low-carbon logistics efficiency: analysis on the statistical data of the logistics industry of 13 cities in Jiangsu Province, China[J]. Research in Transportation Business & Management, 2022, 43: 100740.

[14] 北京市商务委员会. 北京市"十三五"时期物流业发展规划[EB/OL]. [2025-03-10]. https://fgw.beijing.gov.cn/fgwzwgk/2024zcwj/ghjhwb/wngh/202204/t20220413_3733092.htm.

[15] Chen Z, Hu W, Xu Y, et al. Exploring decision-making mechanisms for the metro-based underground logistics system network expansion: an example of Beijing[J]. Tunnelling and Underground Space Technology, 2023, 139: 105240.

[16] Hu W, Dong J, Hwang B, et al. Hybrid optimization procedures applying for two-echelon urban underground logistics network planning: a case study of Beijing[J]. Computers & Industrial Engineering, 2020, 144: 106452.

[17] Hu W, Dong J, Hwang B, et al. A preliminary prototyping approach for emerging metro-based Underground Logistics Systems: operation mechanism and facility layout[J]. International Journal of Production Research, 2021, 59(24): 7516-7536.

第10章
地下物流系统成本-效益研究展望

我国是典型的物流大国,城市货运需求急剧增长带来的社会、环境和交通问题愈发突出。当前,我国社会物流成本占GDP的比重远高于欧美国家,其中城市物流配送环节是物流总成本的主要来源。物流活动伴随的环境污染、交通拥堵、交通事故、能源浪费、土地资源浪费、噪声等问题,已对社会经济造成严重负担。尽管货车交通量仅占城市道路交通总量的8%,但货车占用了30%~40%的城市交通资源,超过35%的交通污染气体排放与货运直接相关。目前,城市物流缺乏适宜的基础设施载体,自动化、智能化水平相对较低,导致物流园区利用效率低下、场站设施滥用、社区管理矛盾、配送货车"通行难、停靠难、装卸难"以及物流作业中的暴力拆装和包装浪费等问题普遍存在。

新型城市货运模式是解决中国式现代化进程中客货交通矛盾激化、城市物流业态演变加剧等问题的可行途径。《国家综合立体交通网规划纲要》提出要推进各种运输方式统筹融合发展,通过集约利用交通资源,促进传统运输方式由单一向综合、由平面向立体发展。《"十四五"现代综合交通运输体系发展规划》也指出发展货物多式联运和现代邮政快递服务,推动交通运输绿色低碳转型,加强智能交通技术的推广应用。相关规划政策已体现出对以地下物流为代表的现代交通运输方式的迫切需求。

地下物流系统(ULS)致力于打造集"高效运输、智能仓储、便捷配送、智能终端"于一体的多级网络化地下基础设施体系,实现城市干线运输和城市末端配送的立体互联。ULS基于地下运输技术的发展积累,构建了以新一代基础设施和智慧地下空间开发治理模式为支撑的新型城市货运交通范式。该范式超越了传统交通规划与管理范畴,以促进物流业、特色产业与城市协同发展为目标,集成城市地下配送与区域货物地下多式联运,实现物流园区、空港、公铁枢纽与城市节点之间的有机衔接。

ULS的实施可进一步补齐物流配送"短板"。一方面,能提高城市物流空间利用效率与物流业集约化水平,有效节省物流资源与人力资源,最大限度地优化城市货运流程,实现城市供应链闭环高效运营,释放供应链潜力,带动产业转型升级;另一方面,基于ULS形成的地面地下一体化城市物流服务平台可以有效促进交通、邮政、商贸、供销、快递等资源的开放共享,通过推广城市地下共同配送模式,破解运输环节衔接不畅、市场壁垒、决策条块分割等"瓶颈",推动批发、零售、电商、餐饮、进出口等商贸服务企业与物流企业深度合作,促进管营物流、企业自营物流与第三方物流协调发展,最终实现城市物流的"降本增效"目标。

近年来,ULS 获得国家政策层面的大力支持。中国科学技术协会发布的 12 个领域 60 个重大科学问题和重大工程技术难题中,将地下交通和物流系统列入交通运输领域重点攻关方向。此外,ULS 已被写入《雄安新区控制性规划规划纲要》《北京城市副中心控制性规划纲要》《中国(上海)自由贸易试验区临港新片区总体方案》等国家级新区规划文件。国家在"全球 123 快货圈"建设、绿色货运试点、智慧物流关键技术供给、新型立体城市空间布局等方面的战略部署也为 ULS 纳入城市发展规划提供了政策依据和现实保障。我国地下物流产业化进程正处于加速发展阶段,国内市政、交通、城建、港口、物流、机械等领域龙头企业陆续参与 ULS 开发,包括中国建筑、中国中车、京东、振华重工等在内的多家企业已将 ULS 开发与技术研发作为重要业务方向。除天津、北京、雄安新区等地正在开展的试点项目外,粤港澳大湾区、青岛、南京、武汉、昆山等地也正在积极评估实施 ULS 的可行性。

ULS 在我国的实践正如火如荼地开展,其理论研究方面则呈现出如下新趋势和共识。

(1) 各界对 ULS 的认识和信心不断提升,但理论研究仍显滞后。

近十年来,随着一批新试点项目的实施,各界对 ULS 的认识不断更新,"面对未来城市物资供应的挑战,发展地下物流系统"的观点正逐渐被社会接受。系统开发理念已从以往局限于"单线单层"的简单地下货物运输方式,转变为适应多种货运需求的集成式 ULS 解决方案,包括但不限于区域级地下物流专线系统、港口地下集疏运系统、城市地下垃圾收集系统、地铁货运系统、地下冷链运输系统、末端智慧配送管道系统等。此外,ULS 与其他地下基础设施的共同建设方案也正在被广泛讨论,例如将地下物流设施集成至综合管廊、人防廊道等。在此背景下,ULS 的应用范围、规划视野和建设可行性得到了极大拓展。

尽管各国对地下物流的关注度逐年升高,发展 ULS 的必要性和效益已得到政府和业界的普遍认可,但目前世界范围内尚无真正落地的成规模项目。纵观地下物流 40 年发展历史,大部分试点项目和概念设计最终未能落地成为实际工程,这表明成套研究知识体系的缺失和发展策略的不明晰仍然是阻碍地下物流实施的主要因素。许多关键科学问题尚未形成标准化的解答范式,其科学性无法判断,甚至尚未被识别。

(2) 中国式现代化新区建设背景下的 ULS 发展机理有待深入剖析。

城市级规模的 ULS 基础设施网络具有投资大、建设周期长的特点,其规划建设必须综合考虑城市民生、城市安全、地上地下空间协调等多维度问题。ULS 的发展战略需要融合物流、交通、工程建设、商贸、城市治理等领域的基础知识,并在这一新型城市地下基础设施的规划建设中进行深度融合。上述属性决定了 ULS 需要从城市重大基础设施工程视角,围绕其功能定位及成本-效益评估开展创新研究。首先,地下物流不再单纯是地面物流的替代品,在保证常规城市配送功能的前提下,需要思考 ULS 如何兼顾更多功能,例如"门到门"全过程自动化运输、城市应急物流配送、城市地面地下供应链集成等。为实现这一目标,需开展更多研究以探索适配新型城市多元化发展需求(如韧性城市、绿色交通、智慧物流等)的 ULS"渐进式"规划-实施目标控制关键技术理论。当前,与 ULS 发展机理的相关研究大多存在以下局限:①主要采用系统动力学的宏观分析方法;②仅考虑包括交通、物流、环境、社会效益的传统分析框架;③聚焦单线层面研究,缺乏对战术和运营层面问题的深入剖析。既有研究的局限性愈发难以满足我国当前对 ULS 集成开发的现实需求。

(3) ULS 的规划、设计与运营管理未充分考虑城市发展复杂情景,缺乏成套的决策方法,亟需建立行之有效的模型。

ULS 是具有综合交通运输网络、地下基础设施、城市新型物流服务供应链等特性的复杂巨系统,其规划设计应统筹考虑城市发展的多样性和动态性,与城市空间形态、城市物资供给需求等多重要素耦合。目前,以 ULS 网络规划为背景的大部分研究仍局限于简单的网络设置或同类设施选址范畴,面向城市真实开发应用场景的 ULS 规划实证研究还十分匮乏。ULS 运行调度、网络关键参数优化等方面仍存在研究空白,现有网络规划模型难以适配复杂决策场景。

当前物流交通网络规划问题中的建模理论(如不确定性建模)和经典问题类型(如运行调度、设施布局、网络拓扑优化等)尚未纳入 ULS 网络规划设计的主流框架中,鲜有研究能够清晰地界定 ULS 网络的规划目标、开发形式和网络布局特征,且缺乏基于真实城市地理信息的成熟建模途径与仿真解决方案。传统物流交通网络规划及供应链网络规划知识体系,虽能够为 ULS 网络规划设计提供广阔思路,但海、空、公、铁等传统交通网络多式联运建模优化领域和城市系统规划领域也已发展形成成熟的方法论。后续需要将这些前沿方法与 ULS 网络规划、设计与运行决策问题相结合,综合考虑决策过程的不确定性、动态性和泛边界性,开发成套的建模优化途径和智能决策工具。

总体而言,尽管围绕 ULS 已开展大量研究与实践工作,并获得国家政策的一定支持,但以往实践经验表明,面向复杂应用场景的 ULS 建造与运营仍在成本-效益评估领域存在诸多管理障碍和知识缺陷,需从以下方面开展进一步研究。

(1) 应急管理视角下的 ULS 成本-效益分析。

ULS 作为高韧性的网络化城市基础设施,能够有效应对地震、冰雹、大雾、沙尘暴等自然灾害造成的城市货运交通系统瘫痪,为救灾物资提供地下储备和快速运输通道,从而提升城市适灾韧性和应急供应能力。此外,地下物流具备无人运载、货物智能检疫、自动化分拣配送等技术特征,可在公共卫生事件期间实现非接触式配送。同时,ULS 也能满足民用与军事、平战结合的地下空间综合开发需求。通过在 ULS 与地下防护设施、城市轨道交通设施之间建立高效转换机制,可以大幅增强城市人员掩蔽、疏散撤离与物资跟进能力,为战时生命线提供保障。然而,当前针对 ULS 应急管理的研究仍然欠缺,尚未建立突发事件下 ULS 的成本-效益评估框架。

(2) 动态视角下的 ULS 成本-效益分析。

从动态的角度来看,当 ULS 在塑造新的交通模式与物流运行范式时,城市本身也通过感知、参与或修正对 ULS 发展产生影响。然而,当前针对 ULS 的成本-效益评估仍然局限于静态视角,未能捕捉政策、技术、互动关系变化等因素带来的动态影响。后续研究可重点聚焦如下三方面:①考虑时间价值,即在成本-效益分析中采用贴现率将未来的成本和效益折算成现值,从而反映资金的时间价值并更准确地评估 ULS 的长期投资回报;②模拟城市发展、技术进步、政策调整等因素对 ULS 建设成本和效益的影响以预测 ULS 的未来表现;③引入风险评估模型来量化各种风险因素对 ULS 成本和效益的影响,例如评估技术故障、自然灾害等风险对 ULS 运营成本的影响。

(3) 多参与方博弈下基于成本-效益分析的 ULS 资源配置。

以往围绕 ULS 资源配置的研究主要基于整体网络运作视角,构建包含总建设和运维成本、外部效益等在内的多目标优化模型,并求解最优资源配置结果。然而,各决策参与方(如 ULS 运营商、政府、第三方物流企业)在各自成本-效益目标优化中的协同与博弈过程往往被忽略。鉴于 ULS 运营模式可能存在多样性,项目实际实施过程中各参与方均会基于自身利益对成本分摊和效益分配提出要求。因此,未来研究需考虑多参与方博弈因素,基于博弈论等基础理论,构建基于多方协同博弈的 ULS 成本-效益评估框架及对应的资源配置优化模型。

(4) 考虑多货物类型下的 ULS 运营成本-效益评估。

理论上,ULS 能够承担除异构和危险物品以外的所有城市货物运输任务。然而,不同货物具有不同的运输成本和外部效益,需在 ULS 运营中根据货物特征确定具体的成本-效益评估方法。现有研究大多聚焦于物流包裹,后续研究可基于冷链、农产品、外卖等货物类型,对 ULS 的成本-效益进行精细化评估。

(5) 提出以综合成本-效益为目标导向的地下物流网络建设布局与运行效率协同优化方法。

在既有研究中,由于缺乏建模数据,ULS 网络的选址布局优化与运行绩效仿真往往被割裂研究。网络布局规划未考虑系统运行的潜在影响因素(如网络运行的中断概率、时间窗排班等对于成本-效益的影响);动态运行仿真也未考虑网络中不同节点选址及二级地下通道拓扑结构对系统运行绩效(如运营成本、效益和效率)的影响。未来研究可考虑实现二者的交互与模型重构。此外,在合适的案例中,除本书中所讨论的地下物流网络建设成本、运营成本和环境效益等常见目标外,还可纳入直接经济效益、运行效率提升、鲁棒性、拥堵瓶颈缓解效益和其他外部效益等综合建模目标,进一步分析全生命周期视角下的 ULS 网络规划方法,并在成本-效益分析的基础上探讨项目建设的可行性。

(6) 基于多源数据融合的 ULS 综合效益测算方法。

随着人工智能、大数据预测等技术的普及,如何基于城市多源大数据开展 ULS 综合效益的精细化测算逐渐成为热点话题。未来研究可首先针对 ULS 综合效益指标计算所需的城市多源大数据（如物流需求、时空轨迹、城市 POI）进行采集、清洗与融合，构建综合效益指标测算模型与外源异构数据之间的交互映射关系，形成涵盖地理信息层、多源数据层、物理设施层、计算指标层的 ULS 综合效益数据驱动计算模型。其次，需建立并论证 ULS 实施后的城市地面地下一体化物流运输业务结构、模态分割、服务定价与利益分配机理模型，在考虑项目全生命周期成本的基础上，形成适配多样化、多业务设施运营需求的物流经济效益框架与运营经济指标量化方法。此外，从系统-城市耦合角度分析 ULS 与城市同步动态发展演化过程中的综合效益扩散机制也是亟待研究的关键问题。未来研究还需考虑 ULS 基础设施工程项目的动态性、复杂性和不确定性，利用人工智能算法技术对不同需求响应和实施策略下的 ULS 综合效益时空演变规律进行智能推演与预测，揭示不同投入和建设时序下的 ULS 综合效益演变趋势。

（7）深度强化学习驱动下基于综合效益的 ULS 网络智能规划方法。

深度强化学习在网络化基础设施规划中已得到初步应用，然而 ULS 网络规划仍局限于传统运筹学方法，与当前前沿技术的结合性较差。为此，未来研究可基于深度强化学习的智能体动态交互学习机制，结合 ULS 网络规划问题的序列决策特征，刻画决策环境与智能体的互动关系，构建 ULS 网络拓扑结构设计的智能化决策框架。在此基础上，可进一步设计 ULS 网络规划智能体，通过逐步、动态生成 ULS 网络及其与地面的交互路径，采用固定单位步长和随机生成坡度序列值的方法形成低维动作空间，优化动作计算过程，并融合 ULS 实施后的社会、经济、环境等外部效益，设计包含综合效益的多目标强化学习奖励机制，构建引导 ULS 网络布局的智能体寻优机制。

综上所述，ULS 作为一种具有广阔发展前景的物流模式，其成本-效益分析对系统的规划和决策具有重要意义。虽然目前在成本-效益分析方面仍存在一些问题和挑战，但随着技术的进步、评估方法的完善和社会认知的提升，通过合理的规划和管理，ULS 有望成为城市物流的重要组成部分，为城市可持续发展作出重要贡献。